中国产业研究报告·物流与采购

·中国物流与采购联合会系列报告·

中国公路货运发展报告

中国物流与采购联合会
China Federation of Logistics & Purchasing
中国物流学会
China Society of Logistics

China Road Freight Development Report(2015-2016)

中国财富出版社

图书在版编目（CIP）数据

中国公路货运发展报告．2015—2016／中国物流与采购联合会，中国物流学会编．—北京：中国财富出版社，2016. 10

ISBN 978－7－5047－6295－5

Ⅰ．①中…　Ⅱ．①中…　②中…　Ⅲ．①公路运输－货物运输－研究报告－中国－2015—2016　Ⅳ．①U492. 3

中国版本图书馆 CIP 数据核字（2016）第 244953 号

策划编辑　葛晓雯　　**责任编辑**　戴海林　黄正丽

责任印制　何崇杭　　**责任校对**　梁　凡　张营营　　**责任发行**　敬　东

出版发行　中国财富出版社

社　　址　北京市丰台区南四环西路 188 号 5 区 20 楼　　**邮政编码**　100070

电　　话　010－52227568（发行部）　　010－52227588 转 307（总编室）

010－68589540（读者服务部）　　010－52227588 转 305（质检部）

网　　址　http://www. cfpress. com. cn

经　　销　新华书店

印　　刷　北京京都六环印刷厂

书　　号　ISBN 978－7－5047－6295－5/U·0106

开　　本　787mm×1092mm　1/16　　**版　　次**　2016 年 10 月第 1 版

印　　张　22. 25　　**印　　次**　2016 年 10 月第 1 次印刷

字　　数　388 千字　　**定　　价**　160. 00 元

《中国公路货运发展报告》
（2015—2016）

编　委　会

《中国公路货运发展报告》
（2015—2016）

特 约 撰 稿 人

王　坚　新杰物流集团股份有限公司
韩雪峰　卡行天下供应链管理有限公司
史大兴　浙江图众网络科技有限公司
唐文全　联想集团
黄　强　深国际物流发展有限公司
潘永刚　上海先烁信息科技有限公司 oTMS
周　焱　武汉双视角保险理赔咨询有限公司
张子龙　随行付支付有限公司
张文东　福建和诚智达汽车服务有限公司
唐晓兵　四川东方物流有限公司
孙俊杰　卡车之家
钱　钰　卡行天下供应链管理有限公司
蒋啸冰　重庆精驿行供应链管理有限公司
修　平　物流智家运营管理有限公司
侯海云　鞍钢股份物流管理中心
董　娜　交通运输部科学研究院
陈兴元　天津安联程通信息技术有限公司
陈嘉勉　天地华宇
冯　雷　合肥维天运通信息科技股份有限公司
李岩溪　苏州好易通物流科技有限公司 E－COD
李竹云　武汉京昌物流蕲春公司
刘雪飞　深圳市敏思达信息技术有限公司

《中国公路货运发展报告》（2015—2016）

编　辑　人　员

主　　编：周志成

主要成员：陈　征　范　杰　刘　倩

联系方式：

中国物流与采购联合会公路货运分会

地　　址：北京市西城区月坛北街26号恒华国际商务中心15层

邮　　编：100045

电　　话：010－58566588转190、135

电子邮箱：glhyfh56@163.com

前　言

历时半年，由中国物流与采购联合会公路货运分会组织，集分会特约专家智慧编写的《中国公路货运发展报告（2015—2016）》与大家见面了。这是分会成立一年多来的重要工作成果，也是对公路货运行业一年来的系统观察和深入思考。

如果说物流业是支撑国民经济发展的基础性产业的话，那么，公路货运业就是“基础的基础”。这个行业的现状与特点需要客观的描述，发展的趋势与路径需要具体的分析和研判。这是公路货运分会的职责所在，也是本书的主体内容。社会上各类机构多有涉及，本书特约专家均有表述。本人试图以“大、小、多、少”和“上、下、来、去”几个字，做一简要概括。难免挂一漏万，权当抛砖引玉。

一是产业规模“大”。据统计，2015 年，我国公路运输完成货运量 354.5 亿吨，货运周转量 6.47 万亿吨·千米，分别占综合运输总量的 75.5%和 32.7%；公路运输费用为 3.3 万亿元，约占 GDP 的 4.88%，占服务业增加值的 9.7%；公路货物运输从业人员 2138.8 万人，加上与之配套的辅助工种，其供养人口应在一亿人上下。可以说，公路货运业是支撑经济、惠及民生的重要行业。

二是经营主体“小”。同年，全国营运货车总计 1389.2 万辆，从事公路货运的经营业户为 718.2 万户，其中，个体运输户占 91.8%。平均每户拥有营运车辆还不到 2 辆，86.5%的货运企业拥有车辆不足 10 辆。由此可见，是“一家、一户、一辆车”的“小业主”，托起了公路货运这个“大行业”。

三是运营环节“多”。业户的“小而散”与货源的“多而杂”，是公路货运行业“多环节”生存的土壤。一单货运业务的流程一般经由货主单位、物流企业、零担快运（专线、整车）企业、货运经纪人（信息平台），最终才到实际承运的个体司机。这一方面促进了专业分工和资源整合，同时也导致运营环节多、管理不规范、责任难界定等问题。

四是优势企业“少”。2015 年，业内拥有 100 辆及以上营运车辆的道路运输企业户数仅有1317家，还不到业户总数的万分之二。“物流企业50强”当中，以公路运输为主的企业还不到10家，年度经营规模在100亿元以上的更是屈指可数。规模较大、技术领先、管理先进的公路货运企业少之又少。

公路货运是较早开放的业态之一，也是观察我国经济发展状况的“晴雨表”。随着经济进入“新常态”，供给侧结构性改革深入推进，“互联网+”风起云涌，公路货运也出现了新的发展趋势。

一是上规模、上服务、上平台。这两年产业基金加大投入，风险投资持续火热，企业通过兼并重组、加盟合作、连锁复制，资源向优势企业集中，一些发展势头良好的“小巨人”迅速成长。随着多样化、一体化、信息化服务需求的快速增长，倒逼企业不断开发新的服务产品，“客户体验”提档升级。随着“互联网+”战略的实施，“天网+地网”的平台模式热潮涌动。“平台与平台”的竞争与合作，成为集约发展的推动力。

二是下乡镇、下农村、下社区。随着我国新型城镇化的推进，消费升级带动物流业转型，农村和乡镇地区对物流服务水平提出了更高要求。随着农村产业链的完善和县域经济的发展，农产品进城和工业品下乡带动城乡“双向物流”潜力巨大。电子商务、网上购物快速发展，社区末端配送压力增大，对物流业的城市布局和网络优化提出了新的挑战。农村、乡镇、社区将成为物流企业的“主战场”。

三是政策来了、技术来了、资金来了。这两年，国务院和有关部门关于交通物流融合发展、物流业“补短板”、交通提质增效等多个文件密集出台，提出了通行、财税、投资、土地等一系列政策措施，行业政策环境持续改善。随着以移动互联网为代表的信息技术快速发展，信息互联和开放共享成为引领行业发展的新潮流。大量私募基金、风险投资以及社会各类资本看好公路货运行业，一批货运企业纷纷登陆“新三板”。政策推动、资金拉动、技术驱动，市场格局正在发生重大调整。

四是去运力、去库存、去环节、去“黑洞”。据统计，2015年，我国公路运输经营业户和运营货车总数，分别同比减少5.2%和4.4%，“去运力”初见端倪。随着生产和流通模式的转变，商品周转速度加快，库存规模缩小，“去库存”对运输结构优化提出了新要求。随着流通环节“扁平化”，运输组织方式将趋于集约高效，过多的运营环节必然调整。随着用户服务要求提高，互联网技术日益普及，物流运行“全程透明化”，“去黑洞”要求越来越强烈。

当前，党和国家重视物流业发展，把物流业作为供给侧结构性改革的重要领域，陆续出台多项政策措施。公路货运行业在当前国民经济转型和“互联网＋”战略带动下，面临新的机遇和挑战。行业的健康发展需要变革和创新，也需要理性思考和判断，这也是我们出版《中国公路货运发展报告（2015—2016）》的初衷。

《中国公路货运发展报告（2015—2016）》（以下简称报告）分综合报告、专题报告、特约报告、附录等四大部分，以“回顾与展望”为主题，以实际案例为参考，以热点问题为突破，试图对2015年中国公路货运行业发展状况进行全面、客观的总结评价，对2016年行业趋势做出权威的分析预测。力求为政府、企业、院校、研究机构及境内外投资者提供有价值的决策参考。

本报告的作者大多数为公路货运分会聘请的特约专家，他们来自分会会员单位，长期奋战在公路货运第一线，具有丰富的实战经验。近年来，他们积极参与分会组织的各项活动和工作，对行业发展的重点、难点、热点和痛点有着切身体会。他们既是报告写作的核心作者，也是分会工作的骨干力量。

本报告研究编写过程得到了交通运输部、国家发改委等有关政府部门的指导，中国物流与采购联合会会长何黎明等领导提出顶层设计，分会轮值会长单位：上海卡行天下供应链管理有限公司、新杰物流集团股份有限公司和北京中交兴路车联网科技有限公司领导参与策划，中国财富出版社供应链与物流技术编辑室的相关编辑给予许多中肯的建议。在此，一并表示衷心的感谢。

公路货运行业涉及领域广、存在问题多、分析难度大。我们的年度报告首次出版，还存在许多不足和疏漏，敬请各位读者不吝赐教。

二〇一六年八月三十日

（作者：中国物流与采购联合会副会长、中国物流学会副会长（执行））

目　录

综合报告

专题报告

特约报告

附　录

综合报告

2015年我国公路货运发展回顾与“十三五”时期发展展望

一、2015年公路货运行业发展回顾

（一）市场下行压力加大

1. 市场规模小幅增长

2015年，中国物流与采购联合会统计数据显示，我国道路运输费用为3.3万亿元，约占GDP（国内生产总值）的4.88%，占服务业增加值的9.7%，是我国重要的服务产业。

从增长速度看，2015年，道路运输费用增长4.4%，低于同期GDP增长速度，增速呈逐年放缓态势。如图1所示。

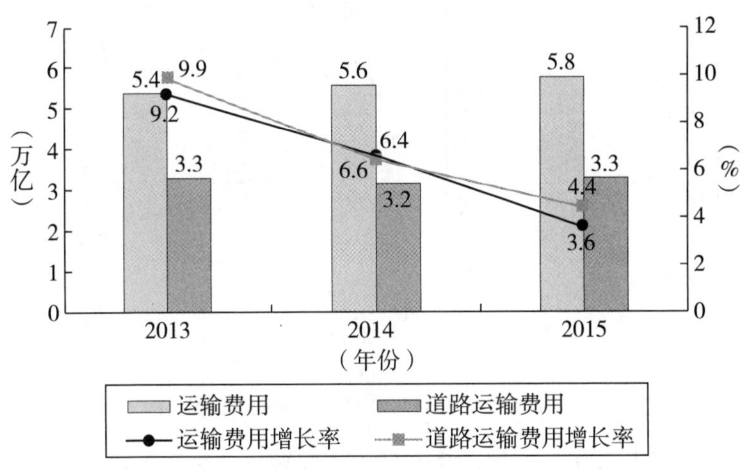

图1　2013—2015年运输费用和道路运输费用及其增长率

总体来看，随着中国经济进入新常态，经济增速放缓、结构调整加快

导致货运需求不足，价格低迷，公路货运业总体呈现增速放缓趋势。

货运企业经营压力加大，市场竞争加剧，粗放式的规模速度型增长难以为继，各自为政的市场格局开始转变，产业新增投资进入低谷，存量资源整合兼并成为焦点，行业进入关键的整合调整期。

2. 货物运量连年下滑

2015 年，全国公路完成货运量 354. 5 亿吨，同比增长 6. 4%，货运周转量 6. 47 万亿吨 · 千米，同比增长 6%，货运量和货运周转量连续 5 年增速回落，下滑幅度有加快趋势。如图 2 和图 3 所示。

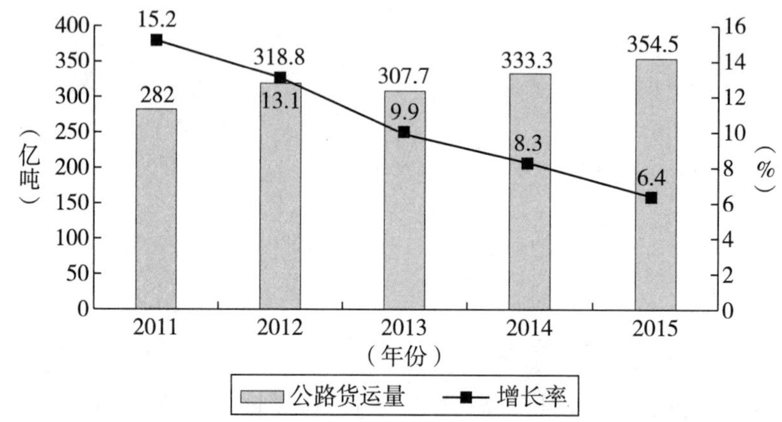

图 2　2011—2015 年公路货运量及其增长速度

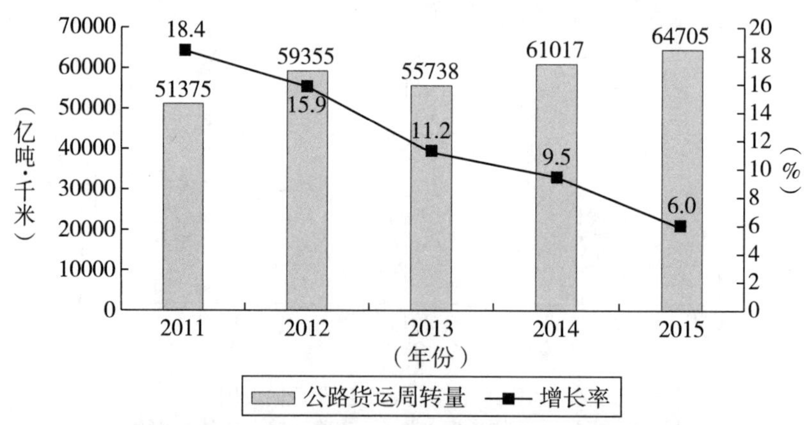

图 3　2011—2015 年公路货运周转量及其增长速度

随着中国转变经济结构，第三产业增加值占 GDP 的比重首次突破 50%，达到 50. 5%。第三产业以服务业为主，实体货物运输需求少于第一和第二产业，导致货运需求增速下滑。2015 年，每万元 GDP 的货运量为 6. 16 吨，较上年的 6. 93 吨减少 0. 77 吨。

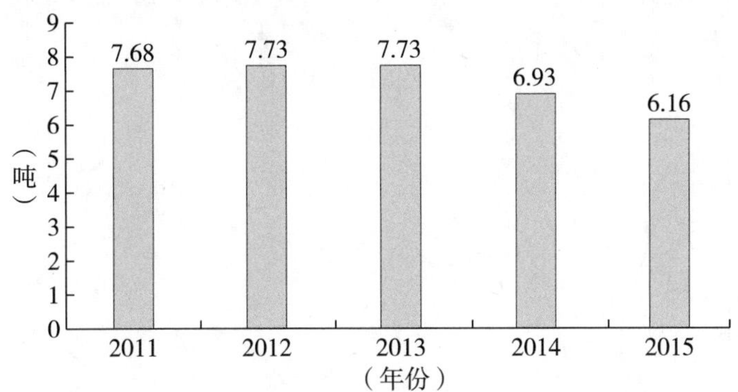

图 4　2011—2015 年货物生成量（每万元 GDP 的货运量）

总体来看，随着公路货运市场增速趋缓，货源不足成为制约行业发展的重要问题。

货运企业揽货能力成为关键环节，市场竞争日趋激烈，部分没有竞争力的企业退出市场，存量企业以效率提升带动成本下降，货源逐步向优势企业集中。

3. 货运价格持续低迷

2015 年，中国公路物流运价指数均值为 106. 3，较上年下滑 2. 5%。目前，中国公路物流运价指数已经连续 3 年小幅回落。如图 5 所示。

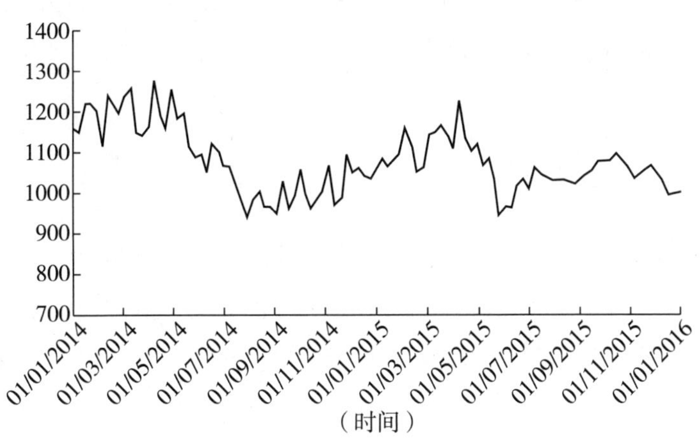

图 5　2015 年中国公路物流运价指数

公路物流运价分车型指数中，整车指数为101.6，较上年下滑2.8%；零担轻货指数为112.8，较上年下滑2.3%；零担重货指数为113.7，较上年下滑1.9%。分车型指数全面下滑，其中整车指数下滑幅度偏大，且全年价格波动幅度较大。如图6所示。

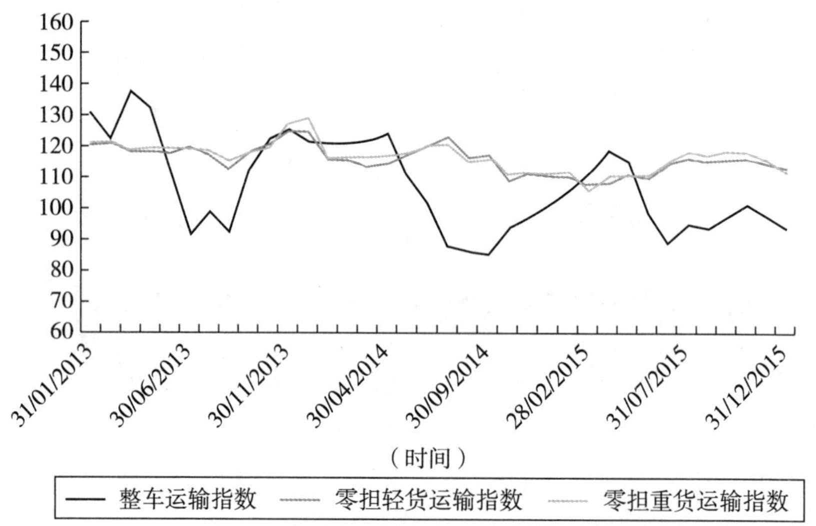

图6　2013年以来各月中国公路物流运价分车型指数

总体来看，受经济下行压力增大影响，客户企业降价压力快速传导到下游货运市场，低价竞争仍将是市场常态。

货物运价低迷，而人工、房租等各项成本持续高位运行，单纯依靠压低价格的竞争方式不可持续，企业需要寻找更加多元化的方式，以组织集约、效率提升、模式创新、协同发展等多种方式来系统降低成本，应对客户降价压力。

4. 运输效率小幅下滑

公路货运效率指数是中国物流与采购联合会公路货运分会发布的月度报告指数，核心指标是月均单车有效运行时长和月均有效运行里程。

2015年，公路货运效率指数年均指数值为97.3，较上年下滑2.54个点，显示以月均单车有效运行时长和有效运行里程为代表的车辆利用率有所下降。

2015年，效率指数水平超过100的月数仅为6个，较上年减少4

个。除第一季度指数均值正增长外，其余三个季度均为负增长。如图 7 和表 1 所示。

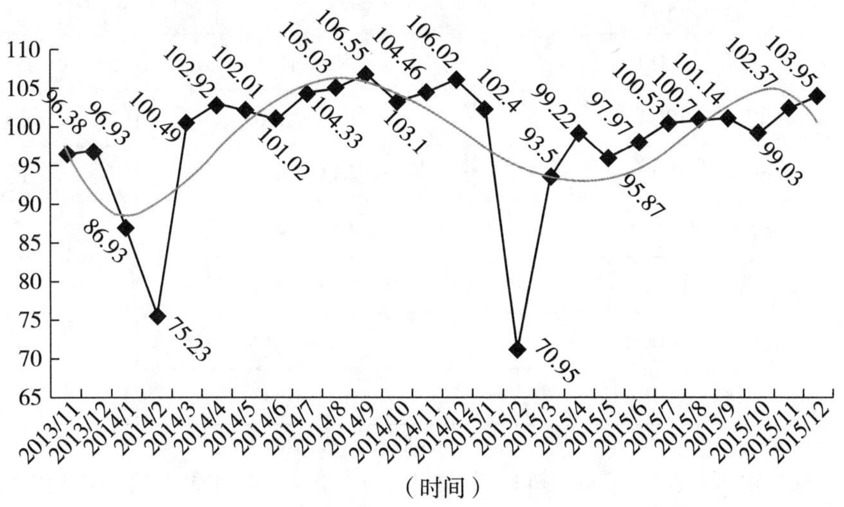

图 7　2014—2015 年各月的公路货运效率指数

表 1　2014 年、2015 年公路货运效率指数对比

	2014 年	2015 年	与上年差值
指数水平超过 100 的月数	10	6	-4
第一季度指均值	87.55	88.95	1.40
第二季度指均值	101.98	97.69	-4.29
第三季度指均值	105.30	100.79	-4.51
第四季度指均值	104.53	101.78	-2.75
年均指数值	99.84	97.30	-2.54

2015 年，样本企业月均行驶里程 3916 千米，日均 130.5 千米，与标杆企业的日均 500 千米相比，运输效率还有较大差距；样本企业月均行驶时长 102.5 小时，日均 3.4 小时，以 1 天 8 小时工作计算，月有效工作日为 12 天，货运市场总体处于不饱和状态。

从结构来看，样本车辆中，56% 的车辆月均单车有效运行里程在 3000 公里以下，使用效率不够充分；有 10% 的车辆月均有效里程达到 9000 公里以上，达到业内较高水平。如表 2 所示。

表 2　　**2015 年月均单车有效运行里程**

月均（公里）	日均（公里）	占比（%）
1 ~ 1500	1 ~ 50	34
1500 ~ 3000	50 ~ 100	22
3000 ~ 6000	100 ~ 200	23
6000 ~ 9000	200 ~ 300	10
9000 ~ 12000	300 ~ 400	5
12000 ~ 15000	400 ~ 500	2
15000 ~ 18000	500 ~ 600	1
18000 以上	600 以上	2

样本车辆中，67% 的车辆月均单车有效运行时长在 120 小时以内，车辆使用效率较低；25% 的样本车辆月均有效运行时长在 120 ~ 240 小时，车辆使用效率较高；还有 8% 的样本车辆月均有效运行时长在 240 小时以上，车辆使用效率较为充分。如表 3 所示。

表 3　　**2015 年月均单车有效运行时长**

月均（小时）	日均（小时）	占比（%）
1 ~ 60	1 ~ 2	35
60 ~ 90	2 ~ 3	17
90 ~ 120	3 ~ 4	15
120 ~ 150	4 ~ 5	10
150 ~ 180	5 ~ 6	7
180 ~ 210	6 ~ 7	5
210 ~ 240	7 ~ 8	3
240 ~ 270	8 ~ 9	3
270 ~ 300	9 ~ 10	2
300 以上	10 以上	3

总体来看，受需求不足和供给过剩影响，公路货运市场车辆利用效率

有所下滑，大批运力存在闲置和不充分利用，逐步退出市场。

随着货源集中，存量企业加快整合具有竞争力的高效运力资源，实现优质货源和高效运力良性互动。标杆企业日均单车有效运行里程超过 500 公里，有效运行时长近 8 小时，车辆效率提高，经济效益显著，成为新时期的竞争优势。

未来货运企业将把竞争焦点从成本价格转向高效运输，通过发展甩挂运输、甩箱运输、多式联运、模块化运输等先进的运输组织方式，强化双边运力的组织调配，从单车效率向组织效率转换，提高车辆和人员利用率，实现系统化的降本增效，以应对市场成本压力。

（二）细分市场分化加剧

2015 年，随着产业结构和市场需求调整变化，公路货运市场分化进一步加剧。按照基础服务分，公路货运市场主要有快递运输（30 千克以下）、零担运输（30 千克～3 吨）、整车运输（3 吨以上）3 种形式。零担运输中的零担小票（30～300 千克）往往时效性要求较高，细分出了零担快运市场。

从细分市场看，快件运输、零担运输、整车运输分别占到市场容量的 5%、40%和 55%。零担快运市场占市场容量的 8%左右，约 2000 亿元。各细分市场的特点与结构如表 4 所示。

表 4　　各细分市场的特点与结构

类型	单票重量	平均价格	服务对象	经营主体	货源结构	运输方式	代表企业
快件运输	30 千克以下	5～10 元/千克	个人、企业、电商企业	快递企业、合同物流企业、货运企业	消费品	中心分拨	顺丰速运、EMS（邮政特快专递服务）、三通一达
零担运输（快运）	30～300 千克	1.5 元/千克	工商企业和个体经营户、个人	网络型和区域型货运企业	小批量产成品	中转或直达运输	德邦物流、天地华宇、佳吉快运等网络型企业

续 表

类型	单票重量	平均价格	服务对象	经营主体	货源结构	运输方式	代表企业
零担运输（专线）	300～3000千克	0.5元/千克	工商企业、合同物流	中小货运企业、货运经纪人	大批量产成品	直达运输	专线市场中的物流企业、卡行天下等平台型企业
整车运输	3000千克以上	0.5～1.5元/千克	工商企业、合同物流、零担物流	中小货运企业、车队、个体司机	大批量原材料、产成品	直达运输	合同物流企业

1. 快件运输市场

快件运输是为快递企业提供干线运输和城市配送的运输业务。快件运输以单票30千克以下货物为主，主要服务于快递、电商行业，经营主体为快递企业、合同物流、货运企业，运输方式以轴辐式的中心分拨为主。快递企业具备发达的运输网络、分拨体系和末端网点，往往能够直接送达客户手中。合同物流、货运企业分包干线运输和城市配送业务。

由于公路货运的灵活性、经济性，公路运输是当前快件的主要运输方式，占快件运输的90%以上。

快件运输具有较高的运输时效性，往往采取货运班车模式，主要是配套快递企业产品的时效要求。快递产品体系较全，标准化程度相对较高。以顺丰为例，按照时限区隔，有当日达、次日达、隔日达、三日达、经济达（3～5天）等。如表5所示。

表5　顺丰按照时限区隔的快件运输模式

顺丰	时效	服务时间	服务范围
当日达	当日20：00前送达	周一至周五提供收派件服务，周六、周日及法定节假日不提供	主要覆盖同城、省内、经济圈内线路近100个城市

续 表

顺丰	时效	服务时间	服务范围
次日达	次日 18：00/20：00 前送达	全年 365 天无休服务	超过 300 个城市可提供次日达服务
隔日达	隔日 18：00/20：00 前送达	全年 365 天无休服务	超过 300 个城市可提供顺丰隔日服务

近年来，电子商务对快递的需求成为产业升级的助推器。2015 年，全国网络零售交易额为 3.88 万亿元，同比增长 33.3%，其中实物商品网上零售额为 3.2 万亿元，同比增长 31.6%，占社会消费品零售总额的 10.8%。如表 6 所示。

表 6　　2010—2015 年网络零售交易额及其增长情况

年份	网络零售额（亿元）	增速（%）
2010	4610	75.3
2011	7846.5	70.2
2012	13040	66.2
2013	18500	42.0
2014	27898	49.7
2015	38773	33.3

近年来，随着电商市场的发展，快递市场保持高速增长态势。持续高速增长的货运需求带动快递运输的发展，预计未来五年，快件运输仍将保持 30% 左右的快速增长。

快递丰富的标准化产品明确了服务的时限、内涵、模式等，为快件运输企业集约化运作和提升盈利能力提供了重要基础。

2. 零担专线市场

零担运输是指不符合整车运输条件，将若干件符合体积、重量和包装规定的货物组合拼装成整车，并对每件货物分别按重量或体积计算运费的货物运输。国内零担运输主要分零担专线和零担快运两大细分市场。

零担专线运输是“点对点”直达运输模式的零担运输，经营主体为零担专线企业。适应了我国中小企业占比大、运输时效和服务要求较低的特点，广泛服务于工业制造和商贸批发企业，为其提供小批量货物的直达运输业务。由于规模有限，零担专线运输集中在各大城市的货运市场中，专做成熟货源地之间的业务，业务模式以 B2B 为主。

适应我国经济发展的阶段特点和需求特征，零担专线运输占零担运输市场的 80% 左右。

零担专线运输进入门槛低，投资强度不高，具有经营方式灵活、价格敏感度高、适应能力强、决策迅速等优点。由于区域化经营的特点，先进入市场企业凭借稳定揽货能力、配载能力和成本控制能力在部分经营线路上建立了竞争壁垒。

零担专线没有标准化产品提供，主要按照货主需求提供非标准运输服务，灵活性强，但定制成本高，行业缺乏市场话语权。随着需求层次的提高，专线企业不断提高运输的时效和体验，专线快运化将成为发展趋势。

近年来，零担专线往往开展代收货款业务，成为企业新的利润来源和资金池。由于风控体系缺失，一些企业由于挪用货款或代垫货款出现问题导致无法收回，在一些地方出现了“跑路”问题，影响了行业的诚信度。

零担专线市场分散经营的格局难以转变，互联网平台的出现为整合分散市场创造了机会。以卡行天下为代表的轻资产、平台型企业通过搭建公路货运互联网平台，推动线上线下资源融合发展，有效整合和组织社会运力资源，提升组织效率。随着下一阶段“无车承运人”政策的出台，将打破平台型企业的政策约束，更好地发挥平台整合和组织运力的优势，有望形成个体运输业户分散经营、平台企业组织运力、物流企业平台采购的市场新格局。

此外，专线企业仍在尝试联盟模式，通过抱团取暖，实现协同发展。但是，此前成立的一批联盟纷纷消失。近年来，一批以商会名义成立的联盟快速兴起，以商会为纽带，开启新的模式探索。

近年来，受工业制造和商贸批发企业增速放缓影响，零担专线传统货源增速下滑，对零担专线行业增速产生较大影响。随着货源结构的调整和服务标准的提高，电商大件物流货源增多，专线快运化逐步成为趋势，对未来专线运输的标准化、规范化、信息化提出了更高的要求。

零担专线市场以中小企业为主，揽货能力、运力组织能力、成本控制能力、灵活应变能力是企业自身优势，由于服务的区域性特点，很难形成作业规范化、服务标准化、管理系统化，导致专线企业较难形成规模，具有适度规模经济性，这为轻资产的平台模式整合和组织专线资源提供了重要条件。

3. 零担快运市场

零担快运是指在约定的时间内，按托运人要求将零担货物交付收货人，包括零担货物的受理、仓储、运输、中转、装卸、交付及事故处理等过程。

零担快运经营主体为网络型和区域型货运企业，以工商企业、合同物流企业和个体经营户的小件货物为主要服务对象，采取集拼中转运输方式，网络覆盖和服务能力要求较高，时效性要求强。

作为零担运输中的高端服务，零担快运网络规模效应明显，进入门槛高。

近年来，由于生产和消费方式的转变，货物需求逐步从大批量、少批次向小批量、多批次转变，特别是电商市场的蓬勃发展，电商大件产品成为新增长点。

零担快运以德邦物流“卡车航班”为代表，提供标准化产品，时效性较强，服务价格较高。标准化产品的出现是零担快运细分市场形成的关键，也是匹配货运需求，实现集约经营，掌控市场话语权的重要成果。德邦物流、天地华宇与佳吉快运三家企业的对比分析如表7所示。

表7　　德邦物流、天地华宇与佳吉快运的对比分析

企业	产品	线路	网点	服务地区
德邦物流	精准卡航			全国188个城市
天地华宇	定日达	3000多条	1600多个	环渤海湾、长江三角洲、珠江三角洲、东北三省以及中西部经济活跃地区
佳吉快运	红色快线		1700个	全国主要城市

截至2016年4月，德邦自有营运车辆9900多辆，运输线路有6000多条，已开设6400多家标准化的门店，全国转运中心总面积超过124万平方米。

零担快运市场集中度较高，2015 年，零担快运市场总体规模约为 2000 亿元，CR5（排名前 5 的企业占市场规模的比例）约为 11%，CR10 约为 15%，市场集中度相对较高。2015 年国内 10 大零担快运企业如表 8 所示。

表 8　　2015 年国内 10 大零担快运企业

	零担业务年收入（亿元）	主要发展模式	车辆数（辆）	网点数（个）	员工人数（人）
德邦物流	111.5	直营	9900	6400	75000
中铁物流	39.8	直营	11280	5320	41000
天地华宇	24.0	直营	3000	1600	18000
佳吉快运	23.0	直营	3500	1700	10000
盛丰物流	21.0	加盟	3800	180	4100
安能物流	20.0	加盟	6000	2100	10000
盛辉物流	19.8	直营	1500	330	6700
远成快运	16.0	直营	26000	2000	30000
新邦物流	12.0	直营	2100	600	8000
佳怡物流	11.0	直营	3500	2000	5000

数据来源：运联传媒、中国物流与采购联合会公路货运分会。

作为公路货运市场中的中高端细分市场，零担快运市场规模效应和网络效应较强。经过 20 多年的发展，在零担快运细分市场涌现出一批以德邦物流、佳吉快运、天地华宇等为代表的规模型企业，以重资产的直营模式为主，具有明显的规模效应。2015 年，德邦物流年收入 111.5 亿元，遥遥领先于其他企业。天地华宇、佳吉快运等一批 20 亿元规模的企业处于第二梯队，还有一批 10 亿元规模的企业处于第三梯队，初步形成了“一超多强”的市场格局。

近年来，轻资产的加盟模式在零担快运等细分市场得到推广，带动市场加快集中。在 5 年多时间内，安能物流、百世物流、中铁物流、商桥物流等一批加盟型企业实现了跨越式发展，网点和业务规模直追领先的直营企业。轻资产的加盟模式通过整合中小货运企业和经营网点，统一品牌、统一服务、统一价格，实现模式复制和网络扩张，有效推动市场的集中发展。

随着联盟模式的深化，区域型零担快运企业开始尝试股份制联盟模式，打造轻资产的全国零担网络。2015 年，由湖北大道、陕西卓昊、四川金桥、吉林金正、山东奔腾、山西三毛 6 家区域零担企业发起成立壹米滴答，开创了区域联合、网络众筹、运力众包，搭建全国零担网络的新模式。

总体来看，生产和消费模式的转变，对货运企业时效和服务要求的提升，以及电商大件物流的快速增长，都加大了零担快运的需求，预计未来五年将保持 10% ~15% 的增长速度。

零担快运和快递运输由于服务对象、经营模式和基础设施的趋同，近年来有相互融合渗透趋势。2013 年，德邦物流延伸进入快递市场，2015 年德邦快递收入 19 亿元。而顺丰速运、百世汇通、全峰快递等纷纷进入快运市场。

零担快运市场逐步形成一批大中型物流企业和平台型企业，近年来，出现重资产独立发展和轻资产协同发展路径分化，加快了市场的集中。

4. 整车运输市场

整车运输是指以整车为单位进行运输和计价的货物运输。以中小货运企业、车队、个体司机为经营主体，主要满足各类工商企业、合同物流、零担物流整批货物运输的需求，经营业务以 B2B（Business - to - Business，企业对企业）为主，采取整车直达运输方式。

合同物流企业作为整车运输的主要采购方，对接大中型货主物流需求，提供整车运输、仓储配送、分拣包装、信息跟踪等一系列第三方物流服务，盈利点更多在于服务的增值性。

近年来，随着生产方式从大批量、少批次向小批量、多批次的精益方式转变，整车运输有向零担运输转换的趋势。

煤炭、矿石、粮食等大宗商品在整车运输中占有较大比重，由于近年来大宗商品货源大幅下降，对整车运输造成较大影响。冷链、家电、机械电子等消费品在整车运输中所占比重逐步上升，成为整车运输新的增长点。

近年来，由于运输需求转换和渠道下沉影响，整车运输逐步向零担运输转换，导致整车运输整体呈下滑态势，价格较为低迷，下滑幅度总体大于零担运输市场。

受国家投资和产业结构影响，原材料、大宗商品等公路货运传统货源出现大幅萎缩，与消费相关的货源继续保持快速增长，货源结构的调整对细分市场的分化产生重要影响，也对行业快速应变提出了挑战。

（三）模式创新各具特色

2015 年，公路货运行业进入整合调整期。货运企业加快模式创新，主要着眼于整合优化存量资源，实现降本增效和转型升级，赢取竞争优势。

1. 高效运输模式

随着市场竞争的加剧，存量货运企业强化专业化能力建设，开展甩挂运输、甩箱运输、带板（箱、笼）运输、多式联运等运输组织方式创新，提升运输效率，应对成本压力。

2015 年，交通运输部、财政部再次批准 30 个项目为公路甩挂运输第四批试点项目，甩挂运输在行业得到推广应用。甩挂运输作为一种先进的运输组织方式，在国外已得到长足发展，是未来公路运输的发展方向。甩挂运输通过加强运输组织管理，保障了车辆有效运营时间，提升了车辆和人员利用率，能有效应对降低运输成本的要求。

高效运输模式将竞争焦点逐步从价格竞争转向运输组织，通过发展甩挂运输、甩箱运输、多式联运、模块化运输等先进的运输组织方式，强化运力组织调配，从单车效率向组织效率转换，实现系统化的降本增效。

2. 加盟连锁模式

近年来，受快递市场影响，公路货运行业兴起了加盟连锁模式，通过设计标准产品、使用统一品牌、规范业务流程、控制转运网络，实现了轻资产快速扩张。

2015 年，安能物流超过大部分传统直营制企业，收入实现 20 亿元，网点达到 2100 多个，连续多年保持了高速增长态势，对传统公路货运市场带来了巨大的“鲶鱼效应”。通过整合收货点、干线运输、城市配送等分散资源，搭建轻资产的零担快运网络，有效服务货主和揽货企业。吸取快递加盟的教训，安能物流加强了末端网络和分拨网络的控制力。

2015年，德邦物流、佳吉快运、天地华宇等直营制企业纷纷开放网络，尝试在部分地区和网点推行加盟模式，作为自身直营制的补充。通过轻资产方式，降低扩张成本，发挥自身品牌优势，实现空白区域的快速覆盖。

加盟连锁模式需要具备较强的网络控制力，较高的服务标准化水平，以及良好的品牌效应。

3. 联盟合作模式

近年来，企业间建立联盟合作热度不减，但是由于机制不顺、组织不善、运作不灵导致联盟联系不紧密而难以成功。一些企业开始探索更为紧密的公司制联盟新模式。

目前，比较普遍的联盟合作模式是双方互换区域网络，当地企业承接合作方当地落地配业务。2015年，6家区域零担企业共同成立了壹米滴答，开创了区域联合、网络众筹、运力众包，搭建全国零担网络的新模式。还有此前成立的深圳好友汇，发端于松散的专线联盟，逐步过渡到紧密的股权关系。还有一批企业开始探索商会性质的联盟新模式，通过商会的联系纽带，加强组织抱团取暖。

联盟合作模式需要双方或多方的充分信任和共识，以及处理联盟合作关系、具有一定约束力的制度规范和分配机制。

4. 平台整合模式

在“互联网+”时代背景下，市场不集中、信息不对称的公路货运行业受到技术和资本的关注，具有互联网基因的竞争者不断进入，市场中互联网平台一度达到200多家。

2015年下半年以来，资本市场逐步转冷，互联网平台整体投融资节奏明显放缓。大批互联网平台销声匿迹，一些起步较早、转型较快、模式清晰的互联网平台继续获得资本青睐。

单纯的车货匹配模式逐步向多元化转型。一些平台进入货运经纪、合同物流、汽车后市场、物流金融等领域，寻找新的增长点。一些平台加强与实体企业的战略合作，深化服务创新。

无车承运人试点政策的出台，将充分发挥平台整合模式的内在价值，互联网平台将逐步从撮合业务过渡到自营业务，承担全程运输业务和责任。

随着互联网平台有效整合分散资源，将逐步形成个体运输业户分散经营、平台企业整合运力、货主和物流企业平台采购的新格局。

由于当前货运业务非标性明显，如何解决产品的标准化、服务的规范化、信息的透明化、企业间的信任仍是未来平台整合模式的焦点。

5. 大车队模式

近年来，凭借资本、技术与运营优势，滨拓物流、志鸿物流、则一物流、狮桥物流等大车队模式快速兴起，通过整合分散的车队资源，对车队的实施专业化、集约化、信息化管理，提升运输组织效率。同时，依靠成本价格优势，由大车队统一承揽货主企业外包运输业务，车队分包运营，充分提高车队组织效率。

这种车队代理模式有效发挥了自身的管理能力和车队的运营能力，管理能力和运营能力实现有效整合，是未来挂靠模式企业的主要转型方向。

6. 第三方物流模式

近年来，为提升企业盈利水平和综合竞争力，专业化货运企业纷纷跨界经营，进入仓储、配送、物流金融等细分市场，逐步由微笑曲线下游的公路货运向上游更具附加价值的第三方物流转变，实现存量资源的充分利用。

2015 年，德邦物流取消收货区间限制，依托零担快运的客户群优势和服务能力优势，实现了快递、零担、大票及整车业务全覆盖，并进入仓储供应链和金融服务领域，为客户提供更多增值服务，逐步向综合物流服务商转型。

第三方物流模式需要企业在原有业务领域具有较强优势，以此为基点向相关领域跨界延伸，更好地服务客户增长的物流需求。

7. 公路港模式

公路港作为公路货运枢纽节点发挥了资源整合集聚作用。目前，大量低水平重复建设的公路场站难以为继，亟待向更高标准的公路港转型升级。

截至 2015 年年底，传化物流实现运营的公路港已达 6 家。传化公路港网络在全国 17 个省和直辖市已有 80 多个“公路港”项目推进落地，2016 年 30 个公路港将全部投入运营。林安物流、深国际、卡行天下、天地汇等品牌公路港和物流园区加快在全国复制扩张。

公路港受到国家的政策支持，未来将加快投资建设和整合兼并，货源将加快向公路港集中，提升物流集聚和辐射效应，如表 9 所示。

8. 物流金融模式

2015 年，物流金融成为行业热点。以代收货款和运费保理为代表的业务融资，以及以司机消费在线支付、结算和小额信贷为代表的消费金融，都在公路货运行业中迅速崛起，极大地丰富了物流金融的内涵。业务融资主要有运费保理和复合信用贷款两种模式。行业内较热的应收账款保理模式在运费保理的金融产品创新上下了很大功夫。在物流行业消费金融市场，关于入口的争夺是最为激烈的。除了各大物流 APP 平台纷纷推出在线支付、结算的功能，抢夺金融资源之外，两家拥有支付牌照的公司，即山东信联支付和传化集团，都非常关注物流支付市场。

总体来看，在市场增速放缓时期，企业竞争更加激烈，模式创新成为竞争焦点，正在沿着高效运输、集约经营、协同发展等多条路径，整合优化存量资源，提升企业整体竞争力，在未来市场竞争中帮助企业赢得差异化优势。

（四）资本市场渐趋理性

1. 风险投资

继 2014 年下半年车货匹配投资热后，风险投资逐步趋向理性，2015 年投资主要为后续跟进投资。一些起步较早、转型较快、模式清晰的互联网平台继续获得资本青睐。特别是 2015 年下半年股灾导致投资缩水，投资热度和规模明显下滑。

表 9　　2015 年部分物流投融资项目

时间	目标公司	投资方/并购方	业务领域	交易模式	交易规模
10 月	58 到家	阿里巴巴集团、平安创投和 KKR		股权投资（A 轮）	3 亿美元
9 月	货拉拉	Mind Works Ventures 领投，清流资本、台湾孵化器 APP（Application，手机软件）Works 以及其他个人投资者参投		股权投资（B 轮）	1000 万美元
9 月	卡行天下	普洛斯、德邦物流领投，菜鸟网络、钟鼎创投、九州通	股权投资（C 轮）		
8 月	蓝犀牛			股权投资（B 轮）	2500 万美元
8 月	货车帮	腾讯领投，钟鼎创投、高瓴资本、DCM 跟投		股权投资（A + 轮）	数亿元人民币
8 月	运东西	深圳协同创新基金		股权投资（A 轮）	亿元人民币
8 月	运满满	云锋基金领投，红杉资本、光速安振上轮投资者跟投		股权投资（C 轮）	数亿元人民币
7 月	斑马快跑	投资方有三家，其中华登国际的 A 轮基金进行了跟投		Pre – A 轮	3500 万元人民币
7 月	一号货车	DCM 领投，红杉资本跟投		股权投资（B 轮）	数亿元人民币
7 月	1 号货的	天神娱乐	股权投资（A 轮）		数千万元人民币
6 月	安能物流	凯雷投资集团领投，高盛跟投		股权投资	1.7 亿美元

续 表

时间	目标公司	投资方/并购方	业务领域	交易模式	交易规模
6 月	达达	领投方为 DST，红杉资本和景林跟投	众包物流	股权投资（C 轮）	1 亿美元
5 月	汇通天下	腾讯	股权投资（C 轮）		
1 月	云鸟配送	经纬中国、金沙江、盛大资本	城市配送	股权投资（A 轮）	1000 万美元
1 月	快收	策源创投		天使融资	300 万美元

2. 兼并重组

2015 年，公路货运市场收购兼并，壮大物流网络。4 月，招商物流收购恒路物流 70% 股份，一举拥有全国公路网络，跨入零担快运市场。一些中型企业尝试通过参股合资，形成新的合作关系。如由湖北大道、陕西卓昊、四川金桥、吉林金正、山东奔腾、山西三毛 6 家区域零担企业发起成立壹米滴答，通过采取股权联系深化区域联盟合作。

3. 上市融资

2015 年，传统货运与物流企业积极拥抱资本市场，全年有几十家货运与物流登陆新三板，数量超过了过去全部上市企业总和，为下一步利用资本市场直接融资奠定了基础。2015 年上新三板的物流企业情况如表 10 所示。

表 10　　2015 年上新三板物流企业情况

证券代码	证券简称	公司名称	行业分类（小类）	上市日期	流通（万股）	总资产（亿元）	排名	主营收入（亿元）（2014）	排名	主营收入（亿元）（2015 上半年）	排名
833171	福建国航	福建国航远洋运输（集团）股份有限公司	远洋货物运输	20150804	20624	25. 49	1	12. 75	2	2. 9	4

续 表

证券代码	证券简称	公司名称	行业分类（小类）	上市日期	流通（万股）	总资产（亿元）	排名	主营收入（亿元）（2014）	排名	主营收入（亿元）（2015上半年）	排名
834337	宏川智慧	广东宏川智慧物流股份有限公司	仓储业	20151119	2925	18. 7	2	2. 88	10	—	33
833371	蓝天燃气	河南蓝天燃气股份有限公司	管道运输业	20150821	10815	8. 06	3	19. 52	1	10. 11	1
833362	海通发展	福州海通发展股份有限公司	沿海货物运输	20150820	1183	6. 33	4	1. 8	15	0. 76	16
832383	大通物流	湖北大通互联物流股份有限公司	道路货物运输	20150505	2038	4. 67	5	2. 26	12	0. 92	12
831683	金航股份	重庆新金航船务股份有限公司	内河货物运输	20150115	0	3. 45	6	1. 66	17	0. 64	18
430377	海格物流	深圳市海格物流股份有限公司	货物运输代理	20140124	7403	3. 42	7	7. 33	3	4. 15	2
832143	海昌华	深圳市海昌华海运股份有限公司	沿海货物运输	20150310	5780	3. 32	8	1. 3	18	0. 77	15
831733	宏图物流	四川省宏图物流股份有限公司	道路货物运输	20150120	2370	3. 07	9	3. 37	7	1. 58	7
832659	盛航海运	南京盛航海运股份有限公司	沿海货物运输	20150626	270	3. 07	10	2	14	1. 06	10
831963	明利仓储	广西明利仓储股份有限公司	仓储业	20150216	33162	2. 71	11	0. 14	35	1. 23	8
831573	佳盈物流	云南佳盈物流股份有限公司	货物运输代理	20141230	1475	2. 68	12	0. 74	27	0. 31	25

续 表

证券代码	证券简称	公司名称	行业分类（小类）	上市日期	流通（万股）	总资产（亿元）	排名	主营收入（亿元）（2014）	排名	主营收入（亿元）（2015上半年）	排名
831626	胜禹股份	苏州胜禹材料科技股份有限公司	货物运输代理	20150105	4630	2.26	13	7.3	4	3.33	3
831159	安达物流	天津安达物流股份有限公司	道路货物运输	20140924	2484	2.09	14	3.3	8	1.6	6
833570	万全物流	万全现代物流股份有限公司	货物运输代理	20150916	3660	1.86	15	3.06	9	—	32
833478	侨益股份	侨益物流股份有限公司	货物运输代理	20150928	911	1.5	16	4.49	6	—	31
834007	华溢物流	江苏华溢物流股份有限公司	道路货物运输	20151109	0	1.45	17	1.14	22	—	35
831952	华图股份	北京华图供应链管理股份有限公司	沿海货物运输	20150305	1266	1.36	18	6.54	5	2.37	5
833013	泛湾物流	泛湾物流股份有限公司	货物运输代理	20150729	3235	1.16	19	2.14	13	0.95	11
832178	递家物流	沈阳递家物流股份有限公司	道路货物运输	20150407	5938	0.87	20	0.67	30	0.32	24
833567	和谐通航	云南和谐通用航空股份有限公司	通用航空服务	20150918	0	0.82	21	0.13	36	—	37
831151	全胜物流	上海全胜物流股份有限公司	仓储业	20140923	1533	0.76	22	0.88	24	0.39	22
832627	锦达保税	江苏锦达保税仓储股份有限公司	仓储业	20150610	0	0.69	23	0.13	37	0.1	29

续 表

证券代码	证券简称	公司名称	行业分类（小类）	上市日期	流通（万股）	总资产（亿元）	排名	主营收入（亿元）（2014）	排名	主营收入（亿元）（2015上半年）	排名
833653	凯东源	深圳市凯东源现代物流股份有限公司	道路货物运输	20151008	880	0.49	24	1.17	21	—	34
833497	小田冷链	深圳小田冷链物流股份有限公司	道路货物运输	20151014	97	0.38	25	0.81	26	—	36
832252	荣进睿达	天津荣进睿达物流股份有限公司	货物运输代理	20150407	0	0.37	26	2.3	11	1.1	9
831570	鸿益达	深圳市鸿益达供应链股份有限公司	道路货物运输	20141230	679	0.36	27	0.84	25	0.4	21
831900	海航冷链	海航冷链控股股份有限公司	道路货物运输	20150129	114098	0.31	28	1.25	20	0.79	14
832103	齐畅物流	山东齐畅冷链物流股份有限公司	货物运输代理	20150320	0	0.29	29	0.71	29	0.12	27
830941	明硕股份	上海明硕供应链管理股份有限公司	货物运输代理	20140801	476	0.23	30	1.06	23	0.6	19
832412	同益物流	江苏同益国际物流股份有限公司	货物运输代理	20150513	645	0.17	31	0.73	28	0.44	20
832879	开瑞物流	开瑞国际物流（山东）股份有限公司	货物运输代理	20150720	33	0.14	32	1.3	19	0.73	17
830930	天行健	青岛天行健物流股份有限公司	道路货物运输	20140813	160	0.09	33	0.18	34	0.07	30

续 表

证券代码	证券简称	公司名称	行业分类（小类）	上市日期	流通（万股）	总资产（亿元）	排名	主营收入（亿元）（2014）	排名	主营收入（亿元）（2015上半年）	排名
831333	世航国际	江苏世航国际货运代理股份有限公司	货物运输代理	20141114	228	0. 08	34	0. 22	33	0. 1	28
831773	金巴赫	青岛金巴赫国际物流股份有限公司	货物运输代理	20150123	0	0. 07	35	0. 23	32	0. 13	26
832134	宇都股份	宇都供应链（山东）股份有限公司	货物运输代理	20150320	700	0. 06	36	0. 55	31	0. 33	23
833985	三方股份	湖南三方供应链股份有限公司	道路货物运输	20151026	459	0. 05	37	0. 1	38	—	38
831466	软通股份	深圳市软通供应链股份有限公司	道路货物运输	20141217	3675	—	38	1. 79	16	0. 8	13

总体来看，资本市场已经成为公路货运市场的重要驱动力，资本力量的加入正在快速改变公路货运市场的格局。

随着公路货运行业对资本市场的逐步适应和娴熟应用，以资本为后盾的上市融资、兼并重组在行业内将日益普遍，不断推动市场的规模化、网络化、集约化发展。

（五）运输体系竞争加剧

2015 年，我国公路货运量和货运周转量分别占货运量和货运周转量的 75. 5% 和 32. 7% 。铁路货运量和货运周转量分别占 8% 和 13. 4% 。目前，我国已经形成了以公路运输为主、铁路运输为辅的内陆运输体系。如图 8 和图 9 所示。

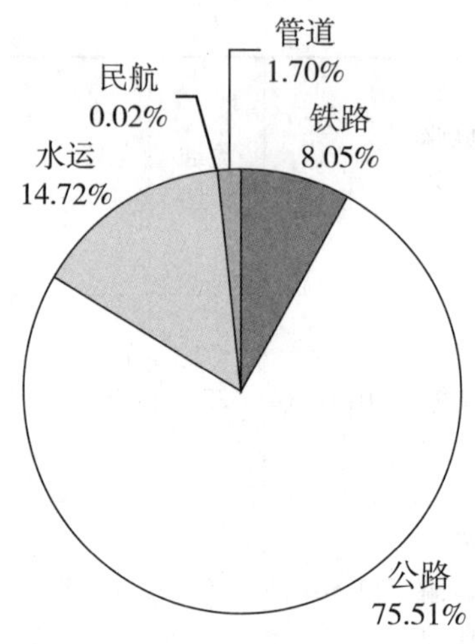

图8　货运量占比

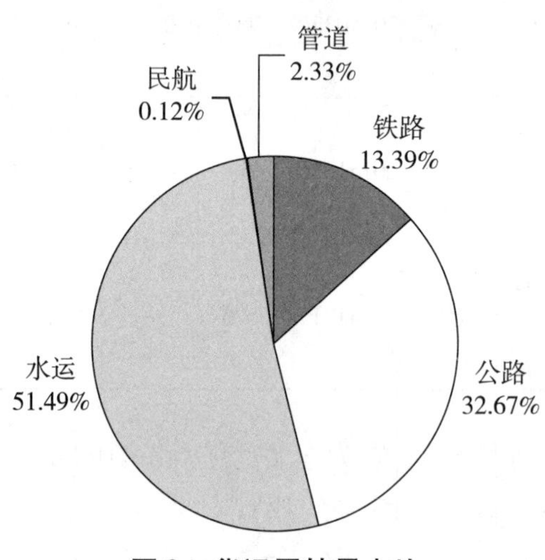

图9　货运周转量占比

内陆运输体系主要受基础设施条件影响。2015 年，全国公路通车总里程达 457 万公里，路网密度 4760 公里/万平方公里。其中，高速公路里程突破 12 万公里，达到 12. 54 万公里，“7918” 国高网基本建成。2015 年，全国铁路营业里程达到 12. 1 万公里，路网密度 126 公里/万平方公里，与世界发达国家还有较大差距。其中高铁营业里程超过 1. 9 万公里，居世界第一。畅通便捷的公路运输网络为公路货运业快速发展奠定了基础。目前，与铁路运输方式相比，公路运输在 1500 ~ 2000 公里以内具有竞争优势。

受铁路传统货源快速下滑影响，近年来铁路货运市场货量大幅下滑。

2015 年，全国铁路累计完成货运量 33.6 亿吨，同比下降 11.9%，为 1979 年有可比数据以来最大年度降幅。铁路货运量自 2013 年开始逐年递减，已经跌回到 2010 年前的水平。为此，铁路货运改革继续深化，加快向现代物流转型发展。2015 年 11 月 20 日，中国铁路总公司发布新的列车运行图，2016 年 1 月 10 日起全国实行。优化调整货物班列方案，扩大开行规模，安排各类货物班列 193 列，较之前增加 28 列。

铁路货运价格调整幅度加大，积极拓展公路货运传统优势的白货市场，开展零散货物快运、特需货物列车、行包快运、电商、特快、快速班列，以及集装化运输等多种业务和产品，一批公路货运业务逐步转移到铁路货运市场。近年来，国家支持多式联运发展，致力于提升铁路运输在内陆运输体系中长距离运输中的市场份额，提升社会运输整体效率。

铁路货运改革一方面为运输市场提供了更具成本竞争力的运输产品，另一方面对公路货运市场也产生了挤压，内陆运输体系出现调整趋势。多式联运的发展，提出了培育多式联运经营人的要求，这为公路货运企业承接多式联运业务、全程组织货源和运力提供了重要机遇。

依托优良的基础设施条件，我国建立了以公路运输为主、铁路运输为辅的内陆运输体系。随着高铁的快速发展和大宗货源的快速下滑，原来紧缺的铁路货运运力加速释放，如何应对铁路对公路运输的市场挤压，构建公路、铁路协同发展的内陆运输体系成为国家战略举措。

（六）园区场站亟待升级

据 2015 年 7 月中国物流与采购联合会、中国物流学会发布的《第四次全国物流园区（基地）调查报告》显示，全国包括运营、在建和规划的各类物流园区共计 1210 家。

其中，综合服务型物流园区占比 62%，仍然是占比最多的园区类型，大部分综合服务型物流园区具备运输中转、配送分拨、多式联运功能；其次是商贸服务型，占比 15%，货运枢纽型占比 12%，生产服务型占比 6%，口岸服务型占比 5%。如图 10 所示。

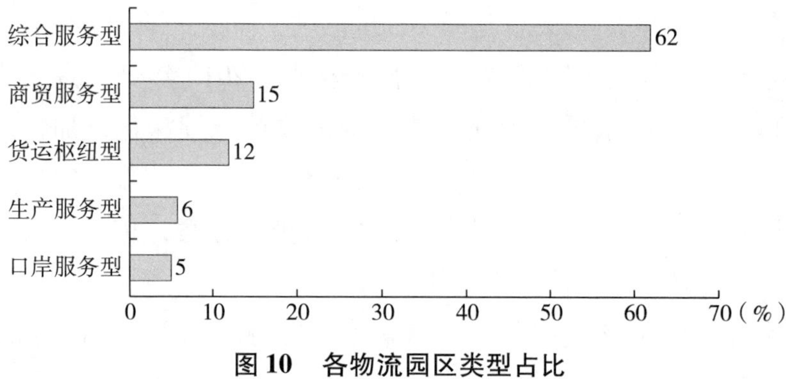

图 10　各物流园区类型占比

2015 年多种园区模式并存，主要包括以下三种：

（1）物流园区实体平台模式。直营的全国网络型园区平台，即我们常说的地网，这些网络型园区企业数量不多，多是实力雄厚的大型企业。简单地说，他们就是仓库物业的提供者，不懂物流业务，不会去介入物流业务。

（2）“天网 + 地网”的平台模式。就是所谓实体网络叠加信息网络的双网平台，做实地网，扩展天网，最终联网实现各园区节点间的互通互联。

（3）单个园区的全网线路模式。踏实做好自己的单个独体园区，优选运输线路，同一目的地只设一条线路，以自身园区为核心，构建辐射全国的精品运力网络平台。

此次调查不包括 150 亩（1 亩 ≈ 667m^2，下同）以下的中小型园区，而大量公路货运场站、基地、园区属于这种规模，布局分散且数量不少。盈利模式主要以土地、铺位租赁和停车收费为主，附加价值较低。

随着城市化加快推进，为缓解交通拥挤，零散货运需求需要集中集聚，大量公路货运场站加快向物流园区转型，但是面临模式、土地、拆迁、资金、市场等一系列问题。

总体来看，公路货运园区场站等基础设施初具规模，但是服务能力和服务需求差距正逐步扩大，粗放式的收租模式效益下滑，分散化的节点布局集聚效应难以显现，物流网络还没有真正形成，行业面临较大的转型升级压力。

（七）政策环境持续向好

2014 年 9 月，国务院印发《物流业发展中长期规划（2014—2020 年）》

（国发〔2014〕42 号），明确了物流业作为国民经济战略性、基础性的产业地位。提出了三大发展重点、七大发展任务、十二项重点工程。

2014 年年底，国家发展和改革委员会同有关部门印发《促进物流业发展三年行动计划（2014—2016 年）》（以下简称《行动计划》）（发改经贸〔2014〕2827 号）。《行动计划》共分五个方面六十二项重点工作任务。其中，多项内容涉及公路货运行业。

近年来，公路货运行业主要政策利好有：

1. 甩挂运输试点

2015 年 10 月 16 日，交通运输部、财政部印发《关于确定公路甩挂运输第四批试点项目的通知》（以下简称《通知》）（交办运〔2015〕153 号）。《通知》确定京津冀区域清洁能源运输一体化甩挂运输试点项目等 30 个主题性项目为公路甩挂运输第四批试点项目。截至 2015 年年底，甩挂运输试点项目超过 200 个，对于引导企业转变运输方式、提高运输效率具有积极的示范效应。

2. 车型标准化工作

目前，我国货运车辆车型超过 2 万多个，严重影响了高效运输组织方式和业务模式的推广，制约了社会效率的提升。2015 年，工信部、交通运输部、公安部组织开展 GB 1589 的修订工作，为下一阶段车型标准化提供技术支撑。

3. 无车承运人试点

近年来，随着“互联网 + 公路货运”的发展，无车承运人模式成为轻资产发展方向。但是受制于资质、税务、工商、保险等限制，无车承运人无法实际运作。2015 年，交通运输部牵头组织制订《无车承运人试点办法》，预计将于 2016 年下半年出台。

4. ETC 全国联网

2015 年 9 月 28 日，交通运输部部长杨传堂在全国 ETC（电子不停车收费系统）联网电视电话会议上宣布，全国 ETC 联网目标成功实现，持卡用户实现一卡畅行全国。截至 8 月底，全国累计建成 ETC 专用车道 1.2 万余条、人工刷卡（MTC）车道5万余条，发展ETC用户约2170万，建成自营服务网点1100多个、合作代理网点约1.6万个，各类服务终端约2.7万个。目前，货运车辆ETC联网工作正在研究推进。

5. 运输资质审批

2015年3月13日，国务院印发了《关于取消和调整一批行政审批项目等事项的决定》（国发〔2015〕11号），其中规定，道路货运经营许可证核发由工商登记前置审批改为后置审批。

6. 零担运输安全

2015年4月28日，公安部、交通运输部联合发布了《关于加强道路运输零担货物受理环节安全管理工作的通知》（以下简称《通知》）（公通字〔2015〕11号）。《通知》要求，公安机关会同交通运输主管部门，制定道路零担货物运输违禁物品目录，向社会公布，并督促道路货运企业严格防控列入目录的物品。

7. 多式联运

2015年7月23日，交通运输部、国家发展改革委联合印发《关于开展多式联运示范工程的通知》（以下简称《通知》）（交运发〔2015〕107号），共同开展多式联运示范工程。《通知》提出工作目标：先期开展一批多式联运示范工程建设，形成具有典型示范意义和带动作用的多式联运枢纽场站、组织模式、信息系统以及多式联运承运人。《通知》还提出了五项主要任务：一是强化多式联运基础设施衔接；二是探索创新多式联运组织模式；三是统一规范多式联运服务规则；四是推广应用快速转运装备技术；五是推进多式联运信息系统建设。目前，第一批16项多式联运示范工程已经公布。

8. 车辆二级维护

2016年1月22日交通运输部重新颁布《道路运输车辆技术管理规定》（交通运输部令2016年第1号），将车辆维护周期由管理部门统一规定，改为由经营者自行确定车辆维护周期，自行组织实施，将保持车辆良好技术状况的责任落实到经营者。

9. 节能减排

2015 年《政府工作报告》中提出，治理机动车尾气，提高油品标准和质量，在重点区域内重点城市全面供应国五标准车用汽柴油；2005 年年底前注册营运的黄标车要全部淘汰。

2015 年国四排放标准全面实施。工信部产业政策司发布《中华人民共和国工业和信息化部第 27 号公告》表示，定于 2014 年 12 月 31 日废止适用于国家第三阶段汽车排放标准柴油车产品公告，2015 年 1 月 1 日起国三柴油车产品将不得销售。

2015 年 10 月 10 日，环保部、公安部、财政部、交通运输部、商务部五部门联合印发《关于全面推进黄标车淘汰工作的通知》（环发〔2015〕128 号），要求各地积极开展营运黄标车集中清理工作，督促企业及时淘汰 2005 年年底前注册登记的营运黄标车，集中排查达到强制报废标准的机动车，严格查处报废车上路行驶违法行为。

10. 部际联席会议

近年来，我会积极参与全国现代物流工作部际联席会议工作。会议由国家发改委牵头，商务部、交通运输部、工业和信息化部等 19 个部门和单位组成，自 2005 年建立，2015 年重新调整了运行机制。每两月左右召开一次办公室会议，分别由国家发改委运行局、经济贸易司、商务部、交通运输部、工信部有关司局和中国物流与采购联合会 6 家单位轮流主持，协调解决物流业发展中的突出问题。2015 年召开了三次会议，讨论了 20 多个重点问题，许多问题涉及公路货运行业。

总体来看，公路货运政策环境持续向好，简政放权、放管结合、优化服务，推动行政体制改革，转变政府职能。

二、当前行业面临的主要问题

1. 物流需求趋缓

当前，我国经济发展进入新常态，经济保持中高速增长态势，社会物流需求增速放缓。2015 年，全国社会物流总额 219. 2 万亿元，按可比价格计算，比上年增长 5. 8%，较 2011 年增速回落 6. 5 个百分点。如表 11 所示。

表 11　2011—2015 年社会物流总额及其增长速度

年份	社会物流总额（万亿元）	同比增长（%）
2011	158. 4	12. 3
2012	177. 3	9. 8
2013	197. 8	9. 5
2014	213. 5	7. 9
2015	219. 2	5. 8

从需求结构看，工业品物流增速放缓。2015 年，工业品物流总额 204 万亿元，增长 3. 6%。“十二五”时期，工业品物流总额年均增速 9. 2%，增速有逐渐放缓趋势。如图 11 所示。

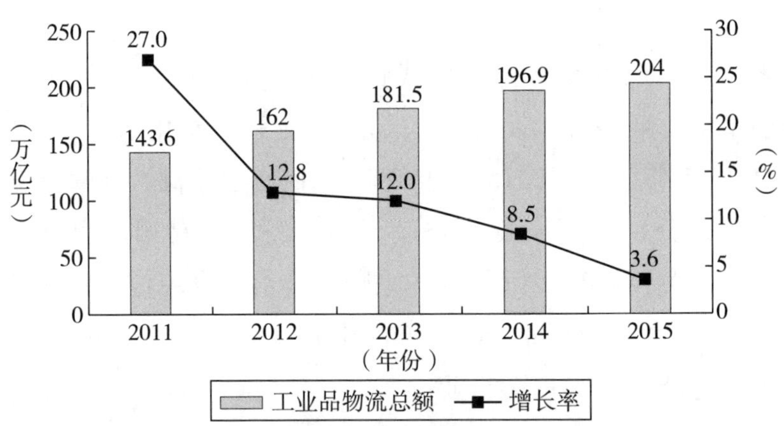

图 11　2011—2015 年工业品物流总额及其增长率

与消费相关的生活性物流高速增长。2015 年，单位与居民物品物流总额 5078 亿元，增长 37. 4%，“十二五”时期，单位与居民物品物流总额年均增速 26. 2%，增速有加快增长趋势。如图 12 所示。

随着中国经济增速放缓、结构调整，公路货运市场需求总体趋缓，货源结构快速调整，由于短期内难以调整到位，企业出现资源错配，造成供给结构性过剩。

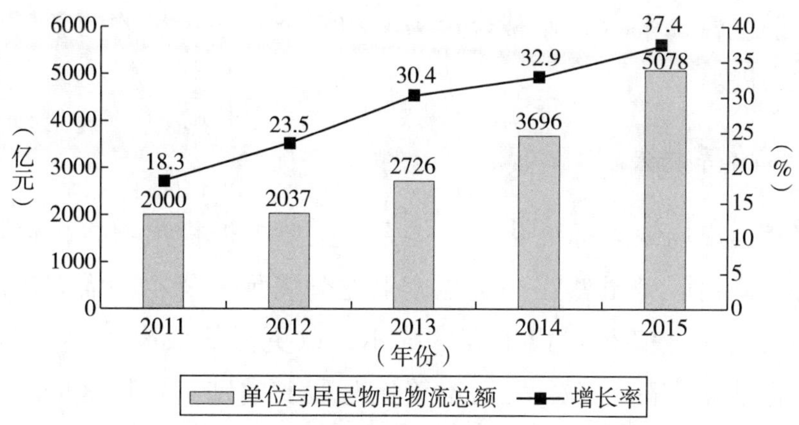

图 12　2011—2015 年单位与居民物品物流总额及其增长率

扩大内需和消费升级成为新常态的突出特点，带动生活性物流潜力释放，消费对物流增长的贡献度增加，但是短期内尚不能弥补大宗商品、产成品等工业品物流下滑导致的损失。工业品物流随着制造业转型升级的需要，对物流的需求从单纯的运输、仓储要求向上下游协同、供应链一体化的方向发展。

2. 运力过剩严重

当前，公路货运市场承运主体为中小货运企业和个体运输业户，个体运输业户分散经营、物流企业层层分包运力是公路货运市场的基本格局。2015 年，全国约有 810 万家运输经营业户，其中，90% 以上为个体运输业户，平均每户拥有车辆不到 2 辆。

从车辆有效运行里程和时长看，大量运力存在闲置或利用不充分现象。2015 年，样本企业日均 130.5 千米，月有效工作日仅为 12 天，货运市场运力总体过剩。

公路货运市场门槛较低，导致大量中小企业和个体运输业户进入市场。大量中小企业承载着市场中实际运输任务，这是行业发展的现实情况，具有一定的经济合理性。由于缺乏有效的事中事后监管，导致市场出现“劣币驱逐良币”现象，大企业合规成本过高，行业集约化困难重重。

货运市场运力过剩局面难以改变，中小货运企业和个体运输业户分散经营的格局继续存在。随着市场需求趋缓，一批不适应市场需要的零散运力退出市场，货源和运力向存量企业集中，行业进入关键的整合调整期。

轻资产的加盟和平台模式的出现，有助于整合零散资源，形成个体运输业户分散经营、平台企业整合运力、物流企业平台采购的新格局，带动市场集约发展。

3. 产品体系缺失

公路货运市场缺乏标准化产品体系，主要根据货主需要提供定制化服务。这种定制化服务虽然在一定程度上充分满足了货主的需要，但是也意味着公路货运企业必须付出更高的成本，以更低的效率提供定制化服务。行业缺乏标准化产品体系，无法准确区分服务类别和价格区间，难以实现标准化、批量化、规模化服务，导致行业缺乏市场话语权。

公路货运市场企业同质化竞争普遍，目前主要采取成本价格竞争形式，价格仍然是企业选择服务对象的主要指标。货运需求不足、市场供给过剩导致行业市场价格持续低迷。

货运产品化成为未来货运市场集约化发展的趋势，也是赢得市场话语权、提升市场盈利水平的关键点。

随着整合调整期的到来，价格竞争将日趋激烈，不适应市场竞争的企业将退出市场。货源和运力加快向存量企业集中，为进一步降本增效，适应价格竞争提供了实现可能。

4. 成本费用高企

2015 年，社会物流总费用 10. 8 万亿元，比上年增长 2. 8% 。社会物流总费用与 GDP 的比率为 16. 0% ，比上年下降 0. 6 个百分点。社会物流运行效率有所提升，但是与国外发达国家相比仍有较大差距。如图 13 所示。

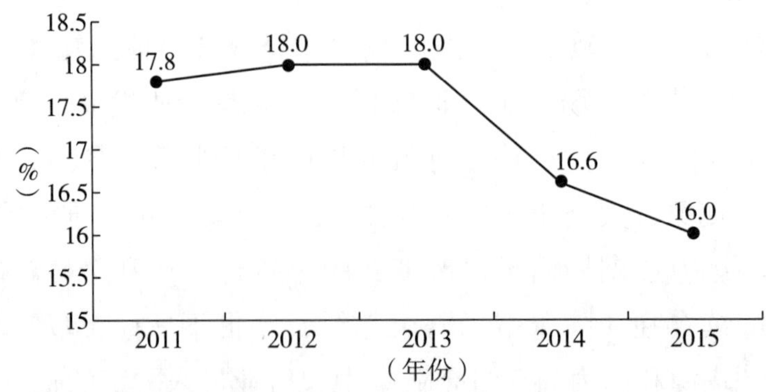

图 13　社会物流总费用与 GDP 的比率

物流成本高是当前社会面临的主要供给侧问题。这既与我国经济结构和产业布局有关，也与我国生产和消费方式密切相连。当前，我国生产和消费主要面临环节多、中转慢、效率低等问题，大量运输成本的节约被高昂的存货成本、仓储成本、配送成本等抵消，整个社会降低物流成本潜力巨大。公路货运行业价格持续低迷，价格下调空间不大。企业降低成本更多来源于运输以外的仓储、配送、供应链等物流成本的节约。

过路过桥费、燃油、人工、房租成本成为公路货运企业较大成本支出。近年来，燃油价格受国际油价下跌影响持续低位运行，部分缓解了企业成本压力。人员工资和房租开支快速上涨正在成为企业经营最主要的压力。过路过桥费占干线运输企业成本的30%左右，挤占了企业大量利润。高企的成本费用和持续低迷的价格增加了企业经营压力。

未来一段时期，降本增效仍是行业发展的主旋律，企业降本增效的着眼点逐步从单车效率向组织效率、社会效率延伸，从单纯的运输环节向上下游的仓储、配送、装卸、供应链等环节转移，寻找系统化的解决方案。

5. 从业人员短缺

公路货运市场从业人员增速持续放缓。2015年，公路货运业从业人员约3000万人，占各种运输方式从业人员总数的60%左右，占服务业从业人员的10%左右。2015年，公路货运驾驶员总数近2000万人，近年来保持低速增长态势。

从年龄来看，26~35岁占56%，说明年轻司机已经成为卡车司机的主流群体。36~45岁占29%，中青年司机仍然是卡车司机的重要组成部分。随着20世纪六七十年代进入市场的老一批卡车司机逐步退出，80年代后的年轻卡车司机已经成为主流群体。卡车司机职业由于其职业特点对年轻人的吸引力减弱，卡车司机总体增速渐趋放缓，行业将面临人力紧缺局面。

公路货运市场是广大学历较低人员就业的重要渠道。调查显示，卡车司机从业人员学历不高，70%的从业人员学历在初中及以下，与全国普查数据（69%）相比较为近似，说明目前卡车司机从业人员文化素质偏低。

当前，我国改革开放以来的人口红利正在消失。2012年起，我国劳动年龄人口连续4年出现下降，2015年流动人口30多年来首次出现减少，我国劳动力供给高峰已产生并出现拐点，劳动力将从充裕转为短缺，这对用工需求较大的公路货运行业产生重要影响。

如何在保证业务正常运行的基础上降低劳务用工水平，加快实现企业管理的信息化、机械化、自动化，这对企业未来经营提出了艰巨挑战。

6. 行业监管乏力

当前，公路货运行业面临的政策问题主要是监管乏力。当前，行业监管仍停留在年审年检环节，政府信息没有互联互通，跨区域、跨部门执法存在信息障碍。路面执法规范和标准不明确，执法自由裁量权较大，乱罚款问题仍时有发生。二级维护取消政策没有落到实处，企业主体责任与政府监管要求存在矛盾。

ETC 全国联网并没有惠及公路货运行业，货运车辆仍需通过收费站计重收费后通行。收费站口货车排队收费问题严重，降低了通行效率。

二线以上的大部分城市采取限制货车进城通行的管制政策来缓解交通拥堵，货运车辆无法进城，大大降低了城市物流效率。很多企业不得不改用金杯面包车或依维柯客车送货，增加了道路占用和污染排放。

2016 年 5 月 1 日全面“营改增”后，公路货运业税收链条断链问题仍然存在，进项抵扣不足问题没有改变，“确保所有行业税负只减不增”的承诺还有待检验。

2016 年起，在一些地区国四车辆不能上牌，一些地区率先推行国五排放汽柴油，有关部门正在全面淘汰黄标车，增加了企业车辆置换和购置成本，提升了市场进入的环保门槛。

当前，交通运输管理部门正在研究推进道路货运市场监管模式改革措施。从规范车型、资质入手，通过信息化手段，加强事中事后监管，放管结合，优化服务，创造良好的治理环境。

三、“十三五”时期行业发展趋势

“十三五”时期，我国社会经济进入发展新常态，增速放缓、结构调整、动能转换使公路货运行业面临着新的挑战和机遇。

预计“十三五”时期，公路货运行业增速将继续趋稳放缓，市场规模渐趋饱和，结构调整速度加快，传统的依靠成本价格竞争的粗放式发展难以为继，行业进入整合调整期，通过大力整合分散资源，实现效率提升和创新驱动，推动行业提质增效和转型升级，适应国民经济对行业发展提出的要求。

1. 去运力

随着公路货运行业质量、安全、环保等进入门槛的提高，人工、房租、路桥等成本的提升，行业监管力度的加大，车型标准化和车辆绿色化工作的开展，加上市场增速趋缓，没有市场竞争力的零散运力将逐步退出市场。特别是大量独立经营的个体运输业户由于没有稳定的货源和信息源，将成为去运力的主要对象，零散、粗放的行业生态体系将加快重构。高质量、高标准、高时效的运力资源将成为运力主体。

优质货源将加快向存量优势企业集中，高效运力受货源吸引加快集聚，形成优质货源和高效运力的良性匹配。优势货运企业将充分发挥自身信息优势和管理优势，实现运力整合和轻资产扩张。企业集中管理与个体分散运营的有效结合将成为常态，为过剩运力的消化吸收提供了重要渠道。

货运企业加强对高效运力的运输组织，管理标准趋于规范严格，这也为效率提升创造了条件。单车效率逐步向车队效率转换，组织效率的提升有助于进一步降低成本、提高效益。

2. 大平台

随着“互联网+”战略的实施，过剩运力和分散主体为轻资产平台提供了发展条件。随着撮合模式向自营模式的转换，平台为分散的货源和运力提供直接连接，层层分包模式将被去中间化的平台采购替代，采购透明度提升，进一步降低企业物流成本。

目前主要的问题是缺乏对接标准、交易规则和诚信问题，同时还存在行业监管和税务操作问题。随着“无车承运人”政策试点启动，将逐步理顺监管和税收链条，为平台发展扫清政策障碍。

平台型企业将加快向“无车承运人”转变，由撮合交易向自营模式转换，作为货主、物流企业和承运商之间的连接渠道，承担运输责任和风险，提供货源收集、分类和发包服务。

由于平台具有开放共享的特征，可以为分散资源提供各类增值服务，提供以前无法解决的税务、保险、人事、管理、金融等实务问题，建立完善服务分散资源的社会化服务体系，有效推进市场的规范化经营运作。

未来市场有望形成个体运输业户分散经营、平台企业组织运力、货主和物流企业平台采购的市场新格局。

3. 两极化

（1）多元化。随着传统市场增速纷纷趋缓，市场边界日益模糊，规模型货运企业为谋求较高增速，纷纷加快向具有较高增长性的快递、快运、仓储、配送、供应链、物流金融等相关领域和细分市场跨界延伸，逐步从单一的公路运输业务向多业态的综合物流服务商转变。规模型企业在原有市场的优势和资源是多元化发展的重要基础。

（2）专业化。立足现有市场，强化专业能力是企业发展之本。随着货物类型多样化、客户需求多元化的发展，不同类型货物所需的运输、装卸装备和服务要求的差异越大。这一趋势将促使运输业的市场细分，在冷链、汽车、医药、危化品、服装、家具、电器等专业运输市场，企业通过精耕细作形成服务口碑和客户忠诚度，货源更为稳定，收入更有保障，是企业发展壮大的有效途径和趋势。

4. 全链条

随着铁路运能的释放、铁路货运市场的开放，公铁水全链条、一体化管理成为可能。如何利用铁路运力资源，打破链条上各环节间的瓶颈，调整运输组织方式，实现公路和铁路的联动发展，成为产业发展的新机遇。

公路货运企业将逐步进入铁路运输市场，承担多式联运经营人责任，发挥铁路运输在中长距离运输中的优势，改变单一的公路运输方式，通过多式联运达到系统降低物流成本的目的。

目前，多式联运市场尚未建立，需要加快培育多式联运市场主体，建立多式联运代理人制度，统一多式联运运单、推广电子单证，实行“一单制”。

5. 变模式

随着跨界进入者带来新的战略思路、商业模式、组织结构、人才梯队，原有竞争模式跟不上市场发展，企业加快转变模式，适应新时期发展需求。

“互联网＋”推动公路货运与互联网融合发展，产业互联网与消费互联网相比，具有独特的理念、思路和办法，也为产业创新驱动提供了重要方向。

新进入的互联网企业加快与实体货运企业联盟合作，通过线上线下融合发展，加快商业模式的调整转型，重构自身竞争力。

传统货运企业在掌握互联网手段后，将充分利用自身经营优势，通过信息化手段更好地服务客户，使传统业务模式焕发出新的生机，实现赶超发展。

6. 促联动

当前，企业间的竞争已经被供应链之间的竞争取代。产业链上下游的联动发展、同类企业间的协同发展成为客观要求，通过资源的有效配置，提升产业链价值。

公路货运企业通过向第三方物流转型，提供综合物流解决方案，深入服务客户需求，增强客户黏性，提供增值服务，实现联动融合发展。

作为产业链上连接生产和消费的重要环节，公路货运等物流行业具有明显的渠道优势，通过贸易、金融与物流的结合，将物流的渠道优势转化为产业链联动优势，是行业发展的亮点。

7. 建生态

随着供给侧改革和“互联网＋”的发展，供需结构、上下游关系加快重塑，公路货运可持续发展的生态体系正在形成，高效、集约、协同、共赢将成为行业新生态的理念指引和发展方向。

（1）高效：提高运输效率，降低运输成本。

高效运输仍然是今后较长一段时期行业发展的重要方向。通过车型标准化、车队集中化、企业规范化，运输效率逐步由单车效率向组织效率、社会效率转换，满足社会日益增长的运输需求，达到进一步降低成本、提升效益的目的。

（2）集约：集中要素资源，优化资源配置。

集约经营是企业在市场竞争中赢取竞争优势的战略选择。分散经营是行业发展的现状，集约化、规模化发展是行业发展的趋势，未来货运市场将加快通过兼并重组、联盟合作、平台整合等多种方式向规模型企业集中，各类互联网平台为分散市场的集中提供了新的途径，这也是“互联网 +”赋予行业的重要机遇。

（3）协同：协调多种关系，完成同一目标。

协同发展是行业企业的共同追求，也是构建行业发展新生态的核心价值。货运企业间协同发展构建联盟合作体系，上下游企业间协同发展形成联动融合关系，不同运输方式间协同发展形成多式联运体系，协同发展是行业新生态的关键。

（4）共赢：兼顾不同利益，实现效益最大。

合作共赢是兼顾利益相关方，实现效益最大化的最终目标。公路货运行业利益相关方众多，关系错综复杂，通过推进高效运输、集约经营、协同创新、合作共赢的理念和模式，将有助于形成可持续发展的生态体系。

（中国物流与采购联合会公路货运分会）

专题报告

2015 年我国合同物流市场发展回顾与 2016 年展望

合同物流是从英文词 contract logistics 直译过来的，在中国物流行业，一般认为合同物流的定义是：为企业客户提供约定价格、约定服务水准、约定付款周期的多种运输方式的一项服务。合同物流在中文里面更多的是指运输服务，而在英文原意中更多的是指仓储服务，因此很多国外的合同物流公司往往将仓储管理能力看作是合同物流的核心能力。

谈到合同物流，不得不提到“第三方物流（3PL）”，第三方物流特指提供专业运输服务的公司，理论上说，快递公司、零担公司、专线公司、车队等不拥有货物产权的运输公司都可以称为“第三方物流”。“第三方物流”的概念相对于合同物流概念更为宽泛，本文在不同的章节中均有涉及，所以为了更专注讨论合同物流，本文不再用“第三方物流”这个概念。

合同物流是为企业客户提供服务，决定了其提供的服务是个性化而非标准化的服务。合同物流本质上比较偏向于客户服务，而不是操作。

合同物流与客户的相互依赖度很高。由于个性化的操作需求，客户更换物流供应商的磨合时间长、更换后运作质量难以把握，一般不轻易更换物流提供商。从合同物流提供商的角度来看，由于单一客户的销售额较大，丢失一个客户的损失较大，物流公司对客户的依赖度也比较高。因此合同物流提供商与客户之间存在很多博弈的过程，很难形成真正的战略合作伙伴关系。

合同物流公司以自己的名义与客户签订运输、仓储的物流服务合同，并独立承担运输或仓储责任，其可将部分或者全部业务外包给供应商运作。但遗憾的是，根据现行税法的规定，有运输工具的是运输业态，一般纳税人按 11% 计征增值税，无运输工具的按货运代理或者物流辅助服务计征增值税，即按 6% 计算，人为将同一种业态划分为两种不同的税种，使得客户较难比较物流成本，物流公司也很难划分两种业态的成本。好消息是，交通运输主管部门正在研究无车承运人管理办法，拟将运输行为与运输工具脱钩。2016 年 3 月底，财政部、国税总局 36 号文明确“无运输工具承运业务”属于交通运输业，按 11% 缴纳增值税，使这个问题初步得到解决。

合同物流的价值在于对特定行业的理解和方案设计能力、一定的客户服务能力、一定的赔偿能力和一定的垫款能力。随着互联网的发展，赔偿能力、垫款能力逐渐由专业的保险公司和融资机构来担当，需求在减弱。合同物流的价值也在转型过程中。

合同物流的能力主要体现在其专业性上，因此合同物流公司的行业服务特征非常明显。每个行业都有其专业服务的公司，大的行业培养大的物流公司。在中国物流行业中，销售额排名第一的行业是汽车行业，其单一公司最大销售额可以达到 160 亿元人民币，超过德邦物流的销售额；排名第二的是快消品，单一公司的最大销售额可以达到 40 亿 ~50 亿元人民币；排名第三的是家电行业，单一公司的最大销售额可以达到 20 亿 ~30 亿元人民币；排名第四的是高科技行业，单一公司的最大销售额可以达到 10 亿元人民币；排名第五的是服装行业，单一公司的最大销售额可达 5 亿 ~6 亿元人民币；排名第六的是医药行业。这里的排名不包含冷链运输。

一、合同物流在中国发展的历程

合同物流是伴随着跨国制造企业进入中国而发展起来的，1994 年以后，随着大批跨国制造企业对国内运输服务的需求，应运而生了一批合同物流企业，其中一部分先是给外资物流公司做分包方，进而发展成为具有独立销售能力和全国网络的合同物流公司。

与此同时，一批外资物流企业也尝试进入中国国内的运输市场，由于国内运输市场的规则不透明，超载超限运输现象严重，外资企业犹如“坦克进入了沼泽地”，在竞争中处于明显劣势，纷纷退出了实际的操作环节，在操作上采用全部外包的方式，转而进入了不受国内环境影响、需要全球标准化操作的仓储管理领域。20 世纪末到 21 世纪初，部分外资企业试图通过收购的方式进入操作领域，国内知名的合同物流公司如百岁、熙可、宝运等纷纷被收购，但合同物流收购后的整合基本失败，外资企业收购这条路基本也没走通。从运输的环节上说，20 世纪 90 年代中期，TNT（快递和邮政服务提供商，总部在荷兰）与上海交运合资成立的卡车公司；2005 年左右，法国 FM（弗玛集团）公司在中国的独资公司，包括 UPS（联合包裹速递服务公司）试图在中国建立独资的卡车运输公司，基本退出了这个领域。外资合同物流公司的不成功，从某个侧面说明了中国合同物流市场的高度不规范。

国营公司从未放弃过合同物流这个领域，但需要精细化操作的小件货物的操作管理并非国营公司的强项，因此我们看到竞争的结果是除了在需要"血缘"关系的汽车物流领域和主要以整车为主的快消品领域外，其他基本都退出了合同物流领域。

从 20 世纪 90 年代中期至 2010 年，这段时间是合同物流公司的黄金 15 年，在这 15 年中，合同物流公司是整个物流领域的翘楚。个别优秀的公司已经成为拥有全国性的网络、较强的资金实力、数亿或者数十亿销售规模的合同物流公司。

2010 年后，随着人工、仓库等成本的不断上升，而运价在竞争中不断压低、账期越来越长、客户服务要求的不断提高，合同物流公司的利润空间不断被压缩，部分客户的业务成为"鸡肋"业务，合同物流面临着转型的巨大压力。

二、合同物流公司的核心竞争能力分析

合同物流的核心能力随着时间的变化而不断发生变化，今天和未来的核心能力在于信息处理能力、分供方采购与管理能力、物流方案设计和服务能力。今天所谓的垫资能力、运作能力将被专业的金融服务公司和运作型公司所替代。

十多年前，严重的骗货现象、车匪路霸、送货人员蛮横无理、代理间缺乏起码的诚信，这些问题都迫使很多合同物流公司开设自己的专线、建立自己的网点。随着近年来物流行业诚信的初步建立、社会治安环境的改善，分供方（整车和专线公司）服务水准的提高、专业落地配公司的出现，使合同物流公司意识到自己的专线和网点将来不会是自己的核心能力。

同样，作为客户账期与付给供应商账期差而需要的垫款能力，也由于专业的金融服务机构的出现而不会成为合同物流的核心能力。

未来的核心能力首先体现在信息处理能力方面。随着互联网尤其是移动互联网的发展，信息的获取已经变得相对简单，信息的实时交换技术也不是难题，但是具体到执行，每个物流活动的参与者要及时提供信息，合同物流公司对这些信息加工处理后，形成各种预警、各种操作指令、各种报表、各种账单，然后对信息进行合理的处理，进行供应商甄选、评估。如果没有这样的系统，不会成为规模型的合同物流公司。

其次体现在分供方的采购与管理能力上。今天的合同物流公司不能也不会做全部的操作工作，必然会将全部或者部分运输业务外包给分供方。如何在海量的供应商中甄选合适的供应商，并对其运作质量实行有效的管理控制，以及是否有合理的供应商退出制度，是考量一个合同物流公司的主要方面。如何选择新的战略运输方式、与供应商形成战略合作关系、共同服务好客户，是当今合同物流公司的核心能力。

最后体现在物流方案设计和服务能力上。由于合同物流带有鲜明的行业特征，因此分行业的物流方案设计能力就显得尤为重要，物流的原则适应任何行业，但针对行业和企业的方案设计体现了一个合同物流公司的真实水平。与此同时，对于例外情况的处理预案和处理方法也体现了一个合同物流公司的水准。

三、2015 年合同物流公司发展回顾

2010 年以后，合同物流发展进入了低潮期。大型合同物流公司随着成本的上升，经营效益下滑；本来过得很滋润的小型合同物流公司，由于客户的账期越来越长，也出现了部分经营困难，尤其是一些客户企业的倒闭，导致坏账产生，使得一些小型的合同物流公司现金流出现问题。

2015 年，中国合同物流行业发生了一些购并，其中有政府主导的，如招商物流与中外运长航的合并；也有市场化的运作，如招商物流收购恒路物流 70% 的股权。国有公司在快速通过收购获得物流运作能力和客户，尤其是招商物流与中外运长航的物流整合，可能诞生一个年销售额在 7 亿 ~80 亿元的合同物流企业，服务范围包括快消品、汽车等各种行业。

在这些收购中，一起金额不大但却值得关注的收购是运东西平台融资后收购一家合同物流公司，这意味着平台公司开始涉足合同物流领域，从

单纯的平台转向合同承运人，试图打通线上线下的服务通道。

2015 年，各类平台风起云涌，如专线平台卡行天下、SaaS（软件即服务）服务平台 oTMS[①]，都可能转型成为合同物流公司。由于车货匹配平台发展得并不顺利，一些车货匹配平台也开始转型做合同物流，比如罗计物流。同时市场上也出现了一些新型的平台，如共生平台，可能以众包的方式做合同物流。他们携资金优势，以及平台上众多小企业的优势，以一种全新的方式做合同物流可能给传统的合同物流带来巨大的冲击。

合同物流因规模效应不明显、较多依赖于客情维护，所以进入门槛较低，合同物流公司数量估计在 40 万～60 万家，并且门外一直徘徊着众多的拟进入者，包括诸多的专线公司、卡车公司、货运经纪人。尤其是货运经纪人在互联网工具的帮助下，随时可能转变成为合同物流公司，维天运通、福佑、罗计都开发了专门为货运经纪人服务的系统，如果稍加改造，可能会将其中的经纪人改造成为合同物流公司，尤其是他们可以利用大数据测算出目前的市场价格，加上合理的利润率，就会形成新的商业定价模式。

传统的合同物流人也在不断地探索，有的希望用系统连接专线公司与落地配公司，共同为客户提供个性化的服务；有的合同物流公司希望延伸其服务链条，为客户提供更加个性化的服务；也有的专线公司形成联盟，为客户提供合同物流服务，但是目前成效并不大。

2015 年，随着新三板社会关注度的提高，一些合同物流公司在新三板开始挂牌，比较知名的有海格物流和德利得物流。已在创业板上市的华鹏飞则收购动作频频，在传统合约物流利润下滑的同时也在积极转型。

总体来说，合同物流公司在客户和成本的双重挤压下，利润越来越低，转型成为必由之路。

四、2016 年合同物流发展展望

由于合同物流的行业特征明显，受经济周期影响较小的医药、快消品等行业合同物流公司将保持增长，但其他行业的合同物流公司因整体货量

① oTMS 是国内领先的一站式运输服务平台，基于首创的社区型“SaaS 平台 + 移动 APP”模式，将货主、第三方物流公司、运输公司、司机和收货人无缝互联，形成一个基于核心流程、平衡、多赢的现代运输商业网络，带给客户全新管理体验，创造更多商业机会。

下降，经营会更加困难，尤其对于规模以上的物流公司，挑战将更加严峻。

由于合同物流的利润空间将进一步下降，因此这个行业的购并成为2016年的最大看点。从全球的角度看，合同物流也是物流行业购并最频繁的细分领域，最著名的DHL（德国邮政）供应链管理公司就是并购多家货代和合同物流公司组成的。购并的背后往往离不开资本的助力，因此资本如何看待这个市场和评估公司的价值就至关重要，合同物流公司需要放下曾经辉煌的心态，重新认识自己和认识市场。

合同物流公司的并购以获取自己较难拥有的能力为主，有的是获取新的区域市场，有的是获取新的细分领域，有的是获取自己不具备的能力。

互联网化的新型运输企业同样步履维艰，他们缺乏客户基础，缺乏运作团队，缺乏对客户和行业的理解，但是他们具有强大的IT（信息技术）能力，在双方都困难的情况下，抱团取暖，共同发展也许是双方的理性选择。笔者预判，2016年，一定有传统合同物流公司与互联网物流公司合体，如果能彼此交融，一定会爆发出巨大的力量。

当然，还会有合同物流公司在默默转型，有的公司也会分裂成较小的公司，有的公司会将不同行业的合同物流公司整合起来，进入新的细分领域。与此同时，也会有一些合同物流公司因无法转型而倒闭。

合同物流公司的自身突围可以有四个不同的方向：①转型成为领先物流供应商（LLP）或者成为客户的控制塔（Control Tower）；②转型成为专注于运作的零担公司或者专线公司；③转型向工厂进料服务领域发展，做VMI（供应商管理库存）、精益物流等服务；④转型成为为销售服务的经销商以及物流服务提供商。转型的时机和机遇也很重要，选择一个合适的转型切入角度和切入时间，有助于转型的成功。

总之，2016年是合同物流公司重要的转型之年，能否成功转型要看各公司对方向的判断和各自的努力。

（新杰物流集团股份有限公司　王坚）

2015 年我国零担快运市场发展回顾与 2016 年展望

2015 年，中国公路零担快运市场可谓风光无限，不仅仅是吸引了众多资本的眼球，更关键的是众多企业通过自身不懈努力实现了挂牌，更多的企业开始走上资本市场，越来越多的公路货运创新模式开始出现，公路零担物流上了一个新的台阶。更加可喜的是，国家层面也越来越关注公路物流发展，提升了公路物流的产业地位。

我们先给零担快运做一个界定，零担快运有别于现在的公路普通零担和快递，是指在固定的发车时间、标准的在途时间、稳定的到达时间、标准的卸车时间、严格的入库时间、准时的派送时间内按照标准化的操作，给客户提供稳定的收货时间承诺和良好的配送体验，并且对产品的延迟有具体赔偿承诺。遵循产品的属性，有可追源的标准化、可视的透明化或实时化，价格曲线属于中等偏上，高于普通零担产品又有别于快递价格区间的标准产品。总结一下共有三个界定条件：首先是标准，其次是稳定安全，最后是有承诺的保障。

一、行业内具有代表性的零担快运企业

1. 传统的大型网络化、直营化的零担快运企业

以华宇、德邦、佳吉、新邦、远成等为代表的老牌零担快运企业，都属于公路零担行业多年的领头羊，有着自己的管理理念和经营特色，也是部分资本眼中的香饽饽，在快运市场有自己的产品体系和市场定位，比如华宇的定日达、德邦的精准卡航、佳吉的红色快线等。

2. 快速发展的加盟式的零担网络型企业

以安能、商桥等为代表的企业，以加盟模式快速集聚人气，在资本的

助推下实现高速发展。由于加盟的迅猛发展和市场倒逼，很多传统企业开始放宽甚至放开网络。这些企业依托加盟的优势快速发展，取得了快速发展，在短期内实现了网络化。

3. 高速发展的互联网型的网络平台快运企业

以卡行天下为代表的平台快速崛起，依托强大的互联网优势进行线下快运整合，以平台的方式帮助快运企业从个体变成群体，从弱小变得强大。其中比较有特色的是天地汇卡航，以物流园区为核心，对专线班车进行升级的快运模式在已经不同的城市开通。

4. 以控股方式形成的新型网络快运企业

以传统的区域型公司和专线企业为主体，如壹米滴答、好友汇等区域专线企业迎头而上，形成了具有自身特色的零担快运模式。以区域为主，做深做细，实现网络下沉，用控股的方式将原本分散在各区域的快运企业和区域企业进行有效撮合，形成一股强大的力量，对于未来快运发展势必产生不可估量的助推作用。

5. 独立个体快速发展的专线企业

以各地的优势专线为主，他们有自己的优势线路，有独特的操作方式和发展方向，有擅长的区域和客户群体。这些企业以个体居多，既能低头做事又能抬头看天，以独特的管理方式快速发展。这类代表企业众多，有的花费百万请职业经理人，有的年发车超过5000车次以上，这部分企业将在不远的未来形成一股不可小觑的力量。

6. 新型紧凑型的商会组织

2012—2015年，在珠三角，尤其是在广州涌现出了更加具有传统商业氛围的组织——商会。专业化分工的商会开始出现，大批有老乡背景，并且以单线居多的企业在商会的感召下走到一起，形成一股民间力量。商会是一种公益性组织，但是公益性组织背后是无数大大小小的公路快运和专业企业，这种新型的模式一经出现就得到众多的响应并且实现快速聚集。

7. 独树一帜的以科技改变快运的企业

用科技的手段改变物流也是过去一年的重大变化，值得好好关注，尤其是以百世汇通为代表的倡导科技引领快运市场的企业，博得资本的高度关注和认可。

二、2015 年公路零担快运市场回顾

1. 公路零担快运市场风云变幻，各企业群雄逐鹿

2015 年对于公路零担物流来说，是一个改变之年。从年初天地华宇第一家宣布特许经营开始，各家企业接连宣布门店网络布局新政，逐鹿“最后一公里”布局，加快渠道下沉。记得曾经有人说过，天地华宇是一艘巨无霸的大船，调头何其困难，但是在今天市场的倒逼下，在企业经营压力下，也开始寻求新的出路。先不必纠结办法是否见效，只看是否已经行动。另一家公路快运——新邦物流，更是率先提出小件运输和家居上门等业务，这些都是创新改变的开始。这些公路零担企业都是昔日的霸主，都是资本的宠儿，但是在当今互联网的冲击下，在竞争的压力下，也开始加快转变。那些深耕区域的“小霸王”早就已经开始行动起来，再也不是昔日里不学习、守着保守理念的“专线老板”，他们已经开始觉醒，并且有大干一场的气势。零担物流网络型公司、区域小霸王、强有力的默默耕耘的专线企业，一时间三国鼎立，犹如五代十国，这些都是行业内最恰当不过的比喻。按照现在的流行说法就是：物流那么宽、那么大，不闯闯，不看看，我们就老了！

经过 20 年左右的发展，零担快运的格局已经初步形成，危机四伏就在眼前，不敢有半点松懈。中国公路零担物流经过这 20 多年的发展，经过优胜劣汰、适者生存、市场竞争的洗礼，大浪淘沙过后，留下来的基本都是强者。公路零担快运市场基本格局已经形成：一家百亿元企业，几家 20 亿元，不到 30 亿元的企业，第一集团和第二集团距离已经拉开，但是第二和第三差距却越来越近，围墙外的竞争者随时都会破墙而入，取代原地踏步甚至倒退的企业。零担快运的格局已经形成，但是既有格局的背后却是危

机四伏的竞争！

搅局者后来居上，成为麻烦制造者的同时也成为推动行业快速更迭的推动者，跨界者大无畏的精神值得尊重。安能总裁秦兴华有一篇讲话，提到“颠覆、引领、共生”！很有意思的是在安能成立之初，其关注度并没有现在高。现在我们发现他们的模式已经成为主流。可以把他们比喻成行业的“搅局者”，因为他们没有按照常理出牌，搅局者的背后是充裕资本的助推。再看另一家以“聚小微、展力量、体价值”为原则的卡行天下董事长翟国良，他们的切入点是小微企业，是基层的物流从业者，其背后都有一个共同的推手和共同的理想抱负！假设当年这些搅局者都没有做起来，是不是行业今天还是一副事不关己高高挂起的态势。或许会的，因为没有压力。无论如何这个行业应该有搅局者、跨界者，只有这样行业才能快速发展，才能加快优胜劣汰的更迭。

区域型公司开始抱团，形成区域快运联盟，一张大网在暗流涌动，从幕后高调走到幕前，网络不断下沉，形成强有力的竞争优势。在近几年，随着自媒体的崛起，区域型企业开始进入人们的视野。每个区域都有一个大佬群体，他们致力于区域深耕，致力于区域物流发展，虽然在某些方面无法与全国型企业抗衡，比如推出产品的标准化、运作流程的标准化等，但是在单点上，区域型企业有着自己的优势和强项。很多区域型企业已经形成了控股，科技、平台、商会、联盟等一系列的公司，比如深圳好友汇、山东奔腾等，这些地方一直都是暗流涌动，相信有一天会异军突起，形成撼动市场之势！

2. “互联网＋物流”蓬勃发展，公路快运市场先行先试

当互联网风靡全球，当移动智能终端越发普及，当互联网遇到物流，当移动终端应用到物流，一切都发生了变化。2015 年物流领域的互联网新模式成为一个不老的话题，更是成为一个风口，成为众多企业追崇的方向。顶峰时期超过百种的 APP，在物流圈内掀起一股风潮，无论是干线撮合还是城市配送、跑腿送货等，这些新模式的出现都彻底打破了传统物流的操作方式和思维方式，激发了物流人的创业激情。

2015 年，互联网模式下的智能物流平台正是从公路零担物流和整车物

流开始切入，在市场宣传中反复出现的两个重点：一是信息不对称，导致中间环节过多，强调去中间化；二是整合社会化闲散资源，进行撮合交易。这两点在很多的场合被反复论述，只不过方式不一罢了。

2015 年公路零担物流在互联网新模式下，打破了很多年的闭关模式，开始走上接纳包容、尝试创新的新路。企业开始先行先试，成为推动行业变革的改革者。虽然很多模式走到一半就悄无声息了，但是也留给后来者很多思考。无论最终哪种模式成为主流，那些即使成为走在前面的“烈士”的企业，也是值得我们尊重和倡导的。

3. 模式不断创新，直营与加盟并存

2015 年年初，天地华宇的率先转型，让人们看到了传统零担物流的改革之心，紧跟其后的佳吉、新邦、德邦、城市之星等传统物流的领头羊纷纷开始了新模式的尝试。单从这次转型来看，模式出现了不同的变化，曾经倡导自营的大佬们纷纷开始混合制的发展，目的极其简单，就是不希望在市场大潮中倒下，希望成为行业新的充满活力的竞争者！

直营是传统物流企业在多年快速发展中一直秉承的运营方式，在全国快速推进网络布局，实现门店化的扩张，传统物流企业用这种方式经历自己的黄金期。但是新加盟平台的出现，彻底改变了这个行业情况，加盟这种跑马圈地的近乎野蛮的发展方式，打破了行业的沉静，迅速成为主流。“让大象也能跳舞”，成为了诸多行业龙头企业变革的驱动力。

4. 一体化协同开始显现，物流环节越来越受到重视

当公路零担物流发展到 2015 年，一切都在潜移默化中发生了质的变化，一体化协同开始升温。不再只是强调某一个点的概念，而是强调协同、强调共享。作为物流环节的链主也提出了新的要求，作为推动者，行业发生了翻天覆地的变化。链条上的每一个点都是一体化的关键点，需要协同，需要互动，需要一起动起来。一体化在货主端开始显现，在链条上开始实现，物流环节不再只是简单的成本和服务，而是更多的优化和协同，只有这样才能保证完整的链条步伐一致。对于协同的要求一定是开放的、对接的、平台化的，肩负的使命感也越来越强。协同以储备开始，从选择的初期招投标开始，到最后的感受体验结束，这

不再是一个口号，而是一个落实到物流实操中的关键点，得到越来越多的关注和重视。

5. 公路零担物流信息化开始走向“高大上”，沉淀数据凸显价值

公路零担物流信息化要求协同、开放、和谐与包容。一个高效的、快速的引擎是关键，形成供需透明和一体化的解决方案是未来的根本。当物流发展到今天，协同、开放已经成为主流，物流中属于串联的系统就显得更加重要，标准也更加趋于开放并且共融。这个时候的信息化要求更加显著地提升标准，要求能够实现更多的功能，比如从原先的简单贸易、到今天的金融交易、一体化的解决方案，从采购到布局补货、成本测算、优化配送等，这个时候如果信息系统还只是停留在物流操作的环节，就跟不上发展的步伐。一个不断持续改进的信息系统，一个能够承担起更多对接的信息系统，不再是一个简单的企业操作的信息系统，而是能让多者接入并且实现操作运维的平台，因此平台化就显得很关键。现在很多企业都在做的信息系统，都是基于一个开放的社区，开始根据需求在标准化上做改进，保证共融平台使用。数据化的价值开始显现，尤其涉及物流金融和征信系统。物流的基础数据受到热捧并且已经凸显价值，基础数据对未来的升级有着不可或缺的重要性，并且对于引入相关的合作和走出去，最终拿到市场上去，都有着不一样的意义。物流信息系统开始在物流发展中扮演着越来越重要的角色，在物流信息系统的发展中，未来的操作系统一定是基于社会化的、平台化的、开放式的、共融型的、可以不断升级和优化的系统。

三、2016年公路零担快运市场展望

2016年的公路零担快运大幕已经拉开，伴随着经济下行和重组的风口，公路零担快运也难免遇到发展的瓶颈，但是越是在众人说难的时候，越是苦练内功，抢夺市场的好机会，势均力敌的对手已经信心满满准备战斗，让我们多些期待和鼓励。

1. 众筹与加盟变为主导，大型零担网络公司会进一步加快转型步伐

当达达的模式成为焦点时，当安能加盟造就行业的神话时，一切都

变了。2016 年更是如此，众筹和加盟将成为公路零担市场上的热点，昔日引以为豪的自营自建模式不再是宠儿，市场的快速更迭，倒逼传统的零担型企业加快转型步伐。2016 年年初，几家大型公司都在转型的道路上迈出更大的步伐，有的在加盟店的速度上加大力度，有的在产品类型上加以区分，都在市场上开始大张旗鼓的宣传，谁都不想在最后的关头掉队。

2. 区域协同成为主流，抱团成就第三股力量突起

当行业下行压力骤增时，一个新的模式开始出现——区域协同。抱团成了 2016 年的新方向，尤其是在曾经被人诟病“散小乱差”的公路物流行业，今天发生了质的飞越，不再沉沦于过去，而是开始学习和借鉴，造就了新的第三股力量。

3. 细分领域持续开始发力，专业化运输成为趋势

随着这些年的蓬勃发展，公路物流细分领域开始显现，定位越来越专业化、标准化、细分化。正所谓专业的人做专业的事，2016 年公路物流细分领域将更加具有生机和朝气，以运力大车队为代表的专业化运输工具的崛起，以医药冷链为代表的温控市场的强势介入，规模化的城市配送中心一定会在某一时间内成为主流。随着行业的不断挖潜，越来越多的专业化市场将出现，包括越来越多专业化工具的投入，2016 年细分市场必将持续发力，成为行业创新发展的主力军。

4. 物流信息化、互联能量开始集聚，资本关注趋势更加明显

在过去的 2015 年，“互联网 +”蓬勃发展，成为行业的主流。2016 年一定是“ + 互联网”，经历了一年洗礼的互联网型企业开始发力，物流信息化以及集聚的互联网能量将得到爆发。大家会看到，今天的物流企业基本都会转型到智慧物流。智慧物流中关键的一环是信息化和互联网化，这两个是不可或缺的推手。

在过去的一年里，拿到天使投资和风投最多的企业基本都是在互联网范围内的创新型企业，如下表所示。

2015 年融资成功的创新型企业

时间	公司	融资额	折合人民币（千万元）	轮次
2015 年 1 月	货拉拉	1000 万美元	6.2	A
2015 年 5 月	罗计物流	1.26 亿美元	78.0	B
2015 年 5 月	运满满	数亿元人民币	10.0	B
2015 年 5 月	货车帮	数亿元人民币	10.0	A
2015 年 6 月	发哪儿	500 万美元	3.1	天使
2015 年 7 月	1 号货的	3000 万元人民币	3.0	A
2015 年 8 月	福佑卡车	超 6000 万元人民币	6.0	A 和 A +
2015 年 8 月	运拉拉	1000 万元人民币	1.0	天使
2015 年 8 月	运东西	亿元级别	10.0	A
2015 年 9 月	货拉拉	1000 万美元	6.2	B

数据来源：物流沙龙专业统计。

互联网型的物流平台受到了热捧，2016 年将继续发展。越来越多的资本还会在公路零担物流领域投入更多的关注度，红杉资本、钟鼎创投、IDG、经纬创投、腾讯投资、君联资本、高瓴资本、中信产业基金、高盛集团、高榕资本、华平资本、贝恩资本等一大批资本还会持续投入。

5. 物流跨界持续升温，快运跨行快递、快递下沉快运，模式不再是局限

行业跨界成为主流，从顺丰下沉到零担大货，再到安能高调宣布进入快递，整个行业从业者发生了翻天覆地的思维变化，以前认为的隔行如隔山，在今天却变得顺理成章。跨界持续升温，不仅是能力的彰显，更主要的还是业务的延伸和竞争的布局，快递的格局基本已经形成，快运还在厮杀中，谁在竞争中抢得先机，谁就赢得了胜利机会。2016 年跨界从安能高调的宣传进入开始，到德邦宣布本年度快递突破 38 亿元，本年度将会是一场跨界的大战，相信“三通一达”也会积极应对，竞争模式已经不再受限，竞争的号角已经吹响！下沉、下沉，越来越多的行业从业者开始考虑跨界。

6. 诸侯争霸，割据持续，新一轮融资潮和挂牌潮成为主流

曾经如诸侯争霸一样史诗般的场景在 2016 年也会在物流行业显现，行业竞争已经拉开序幕，各企业有能力，有规模，有竞争力，有核心力，有雄厚资金，有强大的造血能力。最终的局面就是一场持续的拉锯战、消耗战，曾经的“大补”变“小补”，最后争夺的就是谁的资源最能让客户感受到良好的体验。市场化的洗礼造就市场化的强者，公路零担物流是饱受竞争压力、最感受冷暖的行业，也是受到冲击最大的行业，所以一切的生存竞争都体现得淋漓尽致，胜者为王。同时，新一轮融资也将更加疯狂，随着行业内不断出现企业挂牌上市，新一轮物流融资潮也将到来。资本作为改变行业最大的推手无形中影响着公路零担物流的走向，随着资本化的不断深入，越来越多的企业将走上资本市场，接受资本市场的考验。走上资本化，决定着企业的标准化、规范化、合规化，对于企业的长期发展有着深远的影响，但是对于微利的公路物流来讲，挑战巨大。

（卡行天下供应链管理有限公司　韩雪峰）

2015 年我国专线物流市场发展回顾与 2016 年展望

专线物流是物流行业和货主企业比较熟悉的形式，但是却没有一个关于专线物流的严格定义和特征描述。根据市场调查和中国物流与采购联合会公路货运分会（以下简称货运分会）会员企业的协助，本报告试图对专线物流的相关概念，专线物流企业的特征、价值、分类进行梳理，以便更清楚地对专线物流市场情况进行总结和展望。

一、专线物流相关概述

（一）专线物流的定义

专线物流是零担物流的一种重要形式，区别于网络零担运输，是一种在始发地、目的地构建或依托货运站，在两点之间组织运力开展直达运输，并通过货运站提供末端物流服务的运输组织方式。专线物流占据了零担物流中超过 80% 的份额，是一个不容忽视的市场力量。

专线是指某一条具体的专线物流线路，由发运站、落货站、干线货运班车组成。专线物流企业是指从事专线物流经营的商业实体，经营至少一条专线线路。

（二）专线物流的特征

专线物流具备以下基本特征：

（1）发运地、目的地至少各有一个固定货运站，能够提供收货、受理、装卸、配送、自提存放服务。货运站不仅限于自建模式，也包括合作模式。

（2）发运地和目的地之间组织干线车源开展直达运输；专线物流是以直达运输为主要特征的运输方式，这是和以中转运输为基本模式的网络零担之间最本质的区别。

而专线物流企业往往还具备以下特征：

（1）专线物流企业因为服务节点相对稳定，工作人员相对专业，具备较强的服务能力。基本上能够做到定时发运、准时到达，服务费用也能明码标价。

（2）专线物流企业的服务范围，包括“上门提货、干线运输、到达派送、装卸搬运、二次中转”等物流过程的基本服务。同时支持“签回单、代收货款、运费到付、代理进仓、代理报关、商超配送、货物暂存”等增值服务。

（3）专线物流企业大部分属于自主经营、独立核算、自负盈亏、风险自担的独立法人主体。也有部分专线企业以加盟、承包等形式入驻物流园区或网络型物流公司，开展公路零担货物运输的组织和经营。

（三）专线物流的经营优势

1. 零担揽货能力

（1）专线物流企业服务节点相对稳定，工作人员相对专业，具备较强的服务控制能力和资源集聚能力，基本上能够做到定时发车、准时到达，服务费用也能明码标价。其服务质量持续、稳定，提高了专线的揽货能力。

（2）专线物流企业提供的“上门提货、到达配送、签回单、运费到付、货款代收、代理进仓、代理报关”等增值服务，有效地满足了客户的个性化需求。极具灵活性和方便性的服务给客户带来选择优势，增添了专线揽货能力。

（3）专线物流企业通过长期的经营积累和稳定的业务支撑，能够在短时间内组织社会运力资源，满足突发性、不均衡性的业务需求。以快速响应、合理的成本控制，吸引了特殊客户群体的个性化需求，提高了专线揽货能力。

（4）专线物流企业独特的小规模、集约化管理，实现了运输管理成本的最优控制和交付时效的稳定保障，是持续吸聚客户、稳定货源的重要因素。

2. 运力组织能力

（1）专线物流企业有充足的货源保障，较容易吸附社会资源，组建稳定、优质的运力保障，持续、稳定的干线运力又促进了专线揽货能力的提升，形成良性循环。

（2）专线物流企业通过长期经营积累，具备充足的车辆信息资源和可信的合作环境，在缺少运力时，临时调用车辆也很方便。

（3）有实力的专线物流企业依托充足货源，自己投资购买运输车辆，使干线运力得到更充分的保障，部分专线已实现甩挂运输，对运力和时效进行了双保险。

（4）有部分专线企业建立了良好的利益分配模式，与司机共同投资购买货运车辆，既解决了车辆的管理难问题，又保障了干线运力稳定和服务质量的稳定。

3. 成本控制能力

（1）专线物流企业作业岗位配置，完全是按照作业场景需求来设定，更多采用一人多岗、一职多能的用人要求。专线日常管理基本不设专职管理岗位，管理层员工熟谙现场操作、贴近一线工作，实现了经济、高效的管理模式。

（2）专线物流企业的经营规模较小，一条专线的从业人员维持在15～20人，组织架构简单、配置精炼。基本上实现扁平化的可视化管理，指令无须层层传递、工作效率明显。

（3）专线物流企业一般实行不定时工资制，更多岗位采用计量、定额考核。劳动力成本控制是专线市场竞争力的重要体现。

4. 灵活应变能力

（1）专线物流企业的经营特性，一条专线的业务与管理职能全系于一个人身上，一般都为专线老板自身。没有过多的层级管理，遇到突发事件或个性需求时只要老板做出决定就行，大大提高了专线运营的灵活应变能力。

（2）专线物流企业的经营管理者，非常熟悉物流经营环境，精通生意经，有社交能力，人脉关系广，对于突发事件处理、特殊需求应对都得心应手，凭经验做出快速的判断、处理简单、有效，这也是专线灵活应变能力的体现。

（3）专线物流的零担货运，服务范围宽泛、不确定性较多，活动过程的随意性和个性化操作多，过度依赖操作人员经验和灵活应变能力，使专线运营很难形成作业规范化、服务标准化和管理系统化，因此，专线企业也就很难形成规模。我们称专线物流的经营模式为适度规模经济，在合理的体量内运作才能保持成本和效力优势。在没有形成有效的管理机制之前，盲目做大企业会面临成本控制和管理风险。

（四）专线物流的市场形态

随着近年来电商的发展和资本市场对于物流行业的关注，标准化程度更高的快递和小件快运得到了飞速发展，专线物流的货源结构不断受到挤压。专线物流企业在这种变革中也在不断学习和进步，网络化、品牌化经营趋势明显，各种区域联盟、跨区域联盟不断在专线物流领域上演。专线物流的市场形态正从以前单一线路经营的单打独斗模式向资源集约化的网络经营模式转变。目前专线物流市场形态，大致可分为以下几种类型：

1. 网络型专线

以卡行天下为代表的网络型物流公司加盟模式。专线加盟网络公司，分担各自线路运营，承接网络内部干线运输业务，费用按网络内部结算价执行。同时专线可自接货源、拓展业务，专线经营的财务性质仍为独立核算、自负盈亏。

网络型专线使用加盟网络企业统一的品牌，推行统一的管理制度和运营规则，有完善的服务标准和作业指导，同时纠纷协调、事故处理、保险理赔等后勤保障服务相对完善。

2. 园区型专线

以浙江宁波“中通物流基地、天地物流基地”为代表的物流园区加盟模式。专线以加盟、承包等方式获取货运专线经营权，并在园区内开展货物运输业务。

物流园区的货运线路布局呈现唯一性，园区管理推行一定的制度、运营规则，有一定的服务标准和作业指导。场站管理设施相对完备，纠纷协调、事故处理、保险理赔等后勤保障服务相对完善。

物流园区以加盟方式开设收货网点，形成枢纽站功能，给园区的货运专线以货源支撑，也给专线到达货物的区域派送提供方便。

物流园区的品牌宣传、规模效应和资源集聚优势，形成当地区域性市场效应，给专线揽货提供了一定帮助，但营业成本也高于市场型专线模式。

3. 市场型专线

市场型专线是物流场站规模集聚模式。专线以租赁方式获取在物流场站内经营货运专线的经营权，开展货物运输业务。在操作系统、品牌建设、日常管理方面均各自为政，没有统一性、规范性，完全自发地各自开展货物运输经营活动。

物流场站管理相对粗放，专线经营者可选择独立注册、执照营业，也可挂靠所属场站的企业。

物流场站更具开放性、市场化的运作与管理。这种类型的物流站场主要依托区域性地理位置的优势、物流资源集聚的规模优势，给专线经营者带来业务组织的灵活性和便利性。

4. 独立型专线

在城市周边物流场站、市场、停车场等物流资源聚集地或工业园区、商贸园区等货源聚集地附近，大型车辆出入方便、适合开展专线物流经营活动的场所，租赁场地并独立开展专线经营业务活动。

独立型模式的专线，自主灵活性更强。没有业务外援、没有集聚优势、没有品牌效应，可依赖资源的缺失反而更加激发了经营者的主观能动性。

独立型模式的专线，以市场为导向，竞争意识自发性，促进了专线企业的快速发展。相当部分专线经营得有声有色，从一条专线发展到3～5条专线。

独立型模式的专线，也更能够适应市场变化，服务意识更强，会更重视客户体验、服务质量，更注重客户关系的维护，更注重自身业务的拓展，更注重企业自身信誉、口碑的建设。

二、2015 年我国专线物流市场回顾

2015 年对于物流行业来说是一个非常重要的年份，在“互联网 +”思维和资本的双重驱动下，各种模式创新不断上演，让这个行业显得格外喧嚣。虽然最终并没有哪一种模式完全胜出，但是对于行业变革的思考却在不断深入。

专线物流作为零担物流最重要的细分市场，也是竞争最激烈的市场之一，同样在探索发展变革之路。回顾 2015 年专线物流市场，总结下来有三大趋势：专线联盟、网络加盟、信息平台。

1. 专线联盟

专线联盟兴起于 2012 年，其轻资产的模式成为专线物流企业整合资源的首选。2015 年全国各地大大小小的专线联盟绝大多数名存实亡或者已经不欢而散，分析其原因主要有以下三个：

（1）大多数专线联盟都存在“带头大哥”，即核心企业，在“带头大哥”率先垂范的表率作用和以德服人的团结下，大家众志成城结成联盟。联盟的盟主必须能够无私地付出，一旦有了私心，联盟就会迅速瓦解。

（2）参与联盟的大多是中小企业，之所以参与联盟是为了能够获取更多的利益，没有太多的战略意识。而盈利需要一定周期、前期投入以及实际的运作能力，一旦达不到预期的盈利周期，不愿继续投入，打退堂鼓就不可避免。

（3）联盟专线的整合需要专业化的经营管理团队以及漫长的周期，如果没有专业的运营管理，就还是一盘散沙，徒有虚名。管理成本和时间成本对大多数“草莽出身”的专线联盟来讲，是一道难以逾越的障碍。

专线联盟看似轻资产的模式，启动容易发展难，但实际上一点也不轻。所有商业模式最终都是为了盈利，足够的利益甚至可以维系一个并不牢靠的联盟，而不能产生预期收益也是专线联盟失败的根本原因。

虽然之前的大多数联盟都以失败而告终，但是专线联盟模式仍然有着

很多优点：

（1）品牌和客户资源：专线联盟可以集中资源，通过统一的品牌运作提升形象，扩大客户知名度，扩大客户资源。

（2）成本共享：专线联盟集中联盟成员可以实现共同采购，共同运作来分享成本。通过专线联盟统一租地可以降低租金成本，通过共同配送可以降低派送成本，通过统一的融资方案可以降低融资成本。

（3）管理提升：专线联盟可以通过集中培训，提供 IT（信息技术）工具以及联盟成员的学习分享来提升联盟专线的管理水平，从而实现服务提升和效率提升。

专线企业通常寄希望于通过好的专线联盟有效地把联盟的专线和社会上的散兵游勇区别开来，形成一定程度上差异化的优势，扩大货源，降低成本，抵御风险。

通过分析专线联盟的优点和失败教训，不难看出，专线联盟启动容易发展难。一个成功的专线联盟必然经过松散的业务联盟走向紧密的股份制联盟企业，通过业务与股权双层的利益分配机制来实现专线物流的集约化整合。

在这方面浙江玉环的陆通物流的联盟案例值得参考：

案例详情：2003 年 12 月，在玉环县交通主管部门和县物流行业协会的协调下，39 家托运企业联合组建台州华联物流有限公司，注册资本 195 万元。

2010 年，经股权重组，82 家托运企业联合组建浙江陆通物流有限公司，注册资本 2188 万元。

2011 年，130 余家托运企业抱团联合，注册资本 7876 万元，实现全县 80% 托运企业大整合，筹建玉环经济开发区综合物流园区。

2013 年，由陆通物流投资兴建的“玉环县经济开发区综合物流园区”开始建设，项目总投资 10.24 亿元，占地 520 亩。其中一期建设项目投资 5.2 亿元，占地 246 亩，总建筑面积 25 万平方米。建设内容为货物集散及配载转运区、仓储管理及城乡配送区、供应链服务及产品展示区、日用品及农产品配送基地、园区公共信息平台和商务配套区。该项目被列入“浙江省交通重点扶持物流基地”“浙江省服务业重大产业项目”“交通部‘十二五’公路货运枢纽（物流园区）规划项目”。

案例分析：陆通物流从业务整合逐步走向股权整合，构建了业务利益初次分配与股权利益二次分配相结合的利益分配模式，较好地解决了专线联盟面临的各种问题，探索出了一条专线联盟可行的实践路径。同时，陆通模式也有一定的局限性，在一个相对封闭的县域经济范围内（玉环是一个海岛县），地方政府的主导和参与给该模式的成功提供了不可复制的政策条件。

2. 加盟模式

2015 年公路零担物流的加盟模式全面开启，与直营模式并驾齐驱，三大零担巨头开放加盟宣告了一个新阶段的开始。

3 月，佳吉快运第一个放出突破直营的信号，在全国寻找合作伙伴；4 月，天地华宇开启全国特许经营模式；8 月，德邦推出事业合伙人制。以安能为典型的新型零担加盟模式实现快速扩张和高速增长，零担加盟已成为业内主流组织模式之一，被越来越多的企业接受。

巨头们在一线城市已深耕多年，而在二三线城市，目前布局偏弱。二三线城市门店的放开，一方面是其对自身服务范围的延伸，另一方面也是对品牌的有效宣传。开放平台可以缓解企业扩张带来的资金成本压力，同时增加货源量。

物流行业经过 20 年的发展，传统的直营开店拓展网络模式，已经跟不上市场竞争所需要的发展速度。眼下应该通过社会化的力量快速布局，网络覆盖度将成为未来物流行业竞争的关键。

随着行业巨头陆续开放加盟，也意味着新一轮的行业竞争开始，一旦这些企业的加盟做起来，势必对原有的市场格局形成冲击。

目前诸多的加盟模式，更多放开的是门店，是揽货和到货服务，并未涉及放开线路的所有权和运营的所有权。这就意味着，线路涉及的诸多利益，运力、枢纽的转运等还是掌握在网络企业手中。

值得关注的是，卡行天下、商桥物流等新兴的网络型物流企业的线路加盟模式给专线物流企业带来了新的选择，但是否能够真正改变专线物流的形态和市场格局仍然有待观察。

3. “互联网 + 物流”平台

虽然 2014 年下半年开始的以车货匹配和同城物流为主题的各种 APP 非

常火热，但更多的是在车与货之间直接匹配的整车、包车解决方案。专线物流企业更多的是作为货源方，然后通过这些 APP 找车。面向零担专线物流的综合性“互联网 + 物流”平台实际上是在 2015 年下半年才逐步兴起的，由于专线零担物流的标准化定价与客户个性化服务要求等问题对互联网平台企业的物流运营协调能力要求较高，所以目前哪种模式能够脱颖而出尚需要时间验证。

“互联网 + 物流”的平台模式实际上是通过外部接入的手段提升专线物流企业的信息化水平。众多中小专线物流企业，因为资金及技术原因，目前信息化程度普遍比较低，难以享受到物流信息化带来的行业变革红利。“互联网 + 物流”时代的到来大大推进了物流行业信息化的进程，专线物流企业未来还将会出现新的模式和变革，但物流行业拥抱互联网已是大势所趋。

三、2016 年我国专线物流市场展望

2016 年对于专线物流来说是更加严峻的一年，制造业仍处于结构化调整的下行区间，货量进一步萎缩趋势明显。电子商务市场规模仍保持高速发展，专线物流必须面对电商物流更高的服务要求。展望 2016 年，我们认为专线物流将面临以下新趋势。

1. 管理精细化

在 2016 年，联盟、加盟、平台的模式探索仍将继续。但是作为专线物流企业应该将更多的精力放在修炼内功上，专注管理提升。专线物流企业作为服务行业的核心应该是提供高品质的运营服务产品，这是一切模式与变革的基础。不管是什么模式什么平台完成行业整合，可以肯定的是整合的对象都是有价值的企业。如何通过管理提升让自己更有价值，这才是专线物流企业应该去努力的方向。

（1）运营管理标准化、规范化、信息化。标准化能够扩大规模，带来规模优势，实现边际成本递减；规范化能够提升服务品质，赢得客户口碑；信息化能够提高效率，降低管理成本。

（2）结合自身经营特点实现更精准的市场定位和产品化发展。专线物

流企业应更专注于细分市场，结合自身情况实现服务的产品化。从网络零担企业的发展经验中不难看出，越早实现非标服务向标准化产品的转变，越能抓住市场机遇，实现企业价值的提升。

（3）优化运营组织方式——甩挂运输。甩挂运输就是带有动力的机动车将随车拖带的承载装置，包括半挂车、全挂车甚至货车底盘上的货箱甩留在目的地后，再拖带其他装满货物的装置返回原地，或者驶向新的地点。这种一辆带有动力的主车，连续拖带两个以上承载装置的运输方式被称为甩挂运输。甩挂运输具有以下优点：

①降低物流成本。一是降低运营成本。甩挂运输要求牵引车和挂车按照 1∶3 的比例进行配置，能有效减少牵引车和驾驶员的配置数量，节省牵引车购置费、人工费和管理费等运营成本；二是降低仓储成本。甩挂运输创造的时间效益使得材料随订随到变为可能，有效增强了货物的流动性，为实现零库存创造了条件，节省了货物仓储成本。

②提高运输效率。一是甩挂运输使牵引车和挂车能够自由分离，减少货物装卸的等待时间，加速牵引车周转，提高牵引车生产效率；二是挂车独特的厢体车轴，使得承载能力与容积明显要比货车厢体大得多，长途货运效益明显。

③实现节能减排。一方面，甩挂运输牵引车和挂车分离的技术特性能够有效降低能耗。据统计，运输同样重量的货物，厢式半挂车的耗油量只有普通货车的一半左右；另一方面，甩挂运输组织模式能够减少车辆空驶和无效运输，从整体上降低能耗和减少废气排放。据交通运输部测算，按 1 台牵引车配置 3 台挂车来计算，运营成本将降低 30% 以上，其中能耗降低 33%。

结合专线物流企业自身的运营情况（运输距离、货源结构、发车班次等）选择适合的甩挂运输方案，带来更高的干线时效、更安全的货物运输保障、更低的运输成本，让专线物流发挥出更大的直达运输的运营优势。

2. 公铁联运

铁路货运作为一种更稳定、更低廉的运输形式，一直以来都是一种稀缺资源。但是随着经济结构转型，大宗货物运输量的剧减，释放出超过 10 亿吨的优质铁路运力，这必然会对公路货运产生深远的影响。铁路在 1500

公里以上的干线运输中具有绝对优势，一方面成本更低，另一方面运力更稳定。但是铁路的末端服务能力不如公路成熟、灵活，在以零担货源占据主导的货运市场，铁路需要与公路企业进行互补合作。随着铁路改革的进行，铁路开通了越来越多的采用标准集装箱运输的特需货运专列，为公铁联运提供了基础条件。2016 年专线物流企业应该抓住铁路货运改革的机遇，与铁路资源优势互补，丰富运力组成方式，提升自身的竞争优势。

3. 借力金融

专线物流企业面临着日常经营支出现金化与应收账期之间的矛盾。专线物流企业的主要成本构成包括加油费、路桥通行费、人员工资、车辆维修等成本项目，每一个项目都是现金支出，每天开门经营就面临着资金压力，而目前绝大多数专线物流企业和客户之间的结算都存在账期。同时，专线物流企业的运营又是轻资产重运营的模式，没有抵押物或抵押物很少，从银行等金融机构获得信贷资金的可能性很小。

2015 年是各种互联网金融平台蓬勃发展的一年，很多的金融公司瞄准了物流金融这一万亿级的市场。其中代表性企业有雷励金融、狮桥资本。尤其是雷励金融的金融产品设计、更灵活的授信方式非常适合专线物流企业。2016 年专线物流企业可以通过借助金融机构的力量，实现自我经营与业务的快速发展。

4. 政策助力

在过去的两年里，国家陆续发布了一系列针对物流行业的政策文件。

2014 年 9 月 12 日，国务院印发《物流业发展中长期规划（2014—2020 年）》；2015 年 7 月 28 日，商务部办公厅印发《关于智慧物流配送体系建设的实施意见》；2015 年 8 月 3 日，交通运输部发布了《交通运输部关于公布第一批综合运输服务示范城市的通知》（交运发〔2015〕120 号）；2015 年 8 月 13 日，国家发展改革委发布《关于加快实施现代物流重大工程的通知》；2015 年 11 月 3 日，国家标准化管理委员会、工业和信息化部等 15 个部门联合印发《物流标准化中长期发展规划（2015—2020 年）》；2016 年 2 月 29 日，国家发展改革委联合九部委发出《关于加强物流短板建设，促进有效投资和居民消费的若干意见》。

随着这些政策的逐步落地，物流行业将迎来快速发展的政策春天。尤其值得一提的是“营改增”的全面落实。物流行业是“营改增”较早的行业之一，但是由于下游客户的开票需求巨大，而上游的过路过桥费未实行“营改增”，个体运输户无法有效提供增值税发票等诸多原因导致物流企业的实际税负大幅提升。随着国家“营改增”改革的全面落实，这种情况将得到改善，压在物流企业身上的税负压力将得到有效缓解。

四、综述

专线物流企业的核心价值体现为：直达运输的模式带来的快速和便捷的用户体验；灵活的运营组织方式能够有效解决弹性需求的刚性兑付问题；业务非饱和状态下最佳的成本控制。

专线物流企业努力提高自身管理水平，摘掉“乱、差”的帽子，让“小、散”成为特点而不是缺点。相信专线物流会作为物流行业重要的组成形式一直存在下去，并为国民经济发展和社会民生改善发挥重要作用。

（浙江图众网络科技有限公司　史大兴）

2015 年我国区域配送市场发展回顾与 2016 年展望

俗话说“得终端配送者，得天下”，在移动互联的今天，配送作为物流离客户最近的环节，其重要性自然不言而喻。因此，无论是品牌商（制造厂家或销售卖家），还是投资商，在 2015 年都纷纷把目光投向了区域配送市场，希望从中能有所斩获。那什么是区域配送呢？区域配送物流市场企业形态有哪些？全国区域配送市场成熟度又是怎样的呢？

区域配送是指在经济合理区域范围内（一般特指一省之内，不包括省际干线运输），根据用户的要求，对物品进行拣选、加工、包装、分货、配货等作业，并按时送达指定地点的物流活动。区域配送的定义反映了物流配送实践中的三个基本要素，即“用户要求、配货、送货”。“用户要求”包含着很多内容，如货物的品种、规格、数量、质量、送货时间、送货地点等，它主要从用户订单中反映出来，是“配货”和“送货”的依据。用户要求的实现程度，是衡量物流配送质量高低的最终标准。“配货”是现代物流业区别于计划经济条件下生产消费与生活消费，基于多品种、小批量、多批次的要求而发展起来的一种新的流通方式。根据配送货物目的地的不同，可将区域配送分为市区同城配送和区域城市配送。

区域配送物流企业因距离近，基本上都是以公路运输为其主营业务，市区同城配送物流企业一般包括第三方物流公司、搬场和搬家公司、运输车队、个体司机、快递公司、邮政、落地配公司、创新整车平台公司、企业自营配送等；区域城市配送物流企业一般包括省内专线运输公司、省内网络零担公司、省内落地配公司、快递公司、个体司机、第三方物流公司、公交汽运公司、创新加盟或联盟平台公司、企业自营配送公司等。

区域配送是离客户最近的环节，因此区域配送市场跟当地的经济发展程度有密切的正相关性，经济发达的区域，区域配送市场也比较发达，为了对全国区域配送市场有一个全面的了解，我们可以建立一个全国区域配送市场成熟度模型，具体的模型分类标准参见下表。

区配物流配送市场成熟度评级分类标准

评价标准	1 级： 区配发达市场	2 级： 区配中等发达市场	3 级： 区配不发达市场
区配物流资源	丰富	一般	缺乏
区配市场竞争程度	高	一般	低
区配到乡镇覆盖率	>80%	>40%	<40%
区配物流时效 （区县 24h）	>80%	>40%	<40%
区配物流成本	合理	偏高	高
区配物流服务	稳定	偏高	不稳定

依此模型，可以得出全国各省区域配送市场成熟度，见下图。

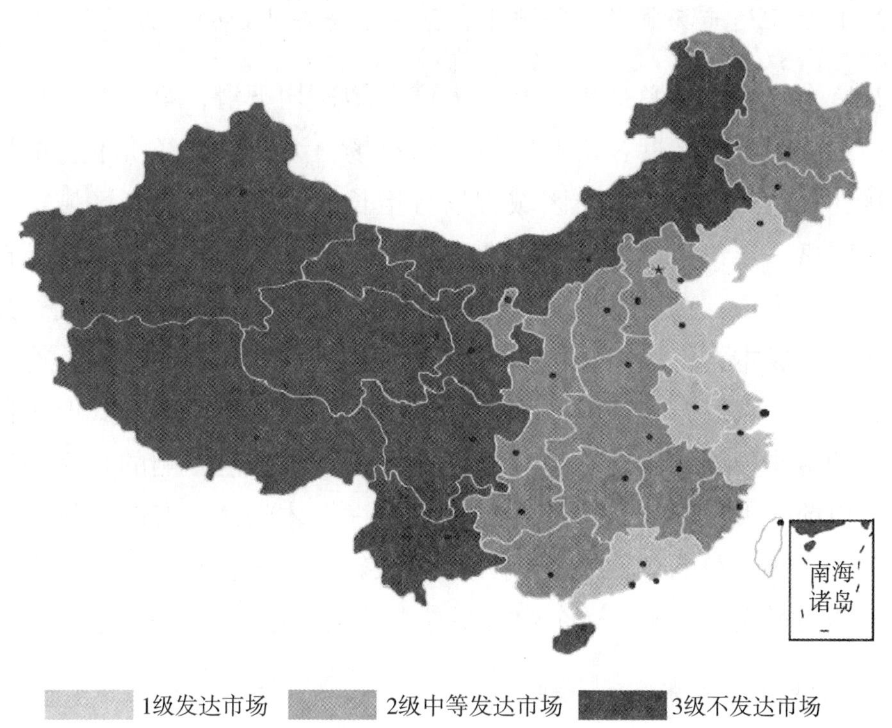

全国各省区域配送市场成熟度示意

接下来，我们回顾一下 2015 年的区域配送市场，看 2015 年区域配送市场呈现什么特点？2016 年区域配送市场发展趋势又有哪些亮点？

一、2015 年区域配送市场发展回顾

1. 区域配送利好政策不断，有利于区域配送市场良性发展

2015 年 7 月 28 日，商务部办公厅下发《关于智慧物流配送体系建设的实施意见》（以下简称《实施意见》）。《实施意见》要求，智慧物流配送体系建设要以“互联网 +”理念为指导，将满足生产和消费需求作为出发点，把握互联网、物联网背景下物流业发展规律，以信息化、智能化设备为载体，加强技术创新和商业模式创新，优化供应链管理和资源配置，推动物流业与制造业、商贸业的融合，物流与商流、信息流、资金流的融合，互联网、移动互联网、物联网与车联网的融合，促进提高效率、降低成本，提升物流业综合服务能力和整体发展水平。

2. 区域配送市场货量下降严重，区域配送企业经营压力增大

2015 年中国经济总体下行，三大产业增速均下滑，第二产业增速下滑幅度最大。作为最接近客户的区域配送市场，无疑受到经济下行的影响更为直接，除电商快递业务在区域市场有增长外，其他产业在区域市场的货量下降明显，导致区域配送企业普遍处于吃不饱状态。由于货量下降，车辆无法满载运行，直接导致单件运作成本上升，收取用户的物流费用还不够车辆运行成本，更谈不上人员工资、租金等管理费用的分摊。有的区域配送企业为了减轻企业经营压力，从以前的天天发班车的模式改为隔天发运班车的运作模式，虽然在盈利能力上有所缓解，但影响的是客户的物流体验。以前一天可以到达，现在经常是两三天才到达。有的区域配送企业开始关停一些不盈利的收货点或开始尝试转型，减轻自身的生存压力。随着经营压力增大，区域配送企业需要寻求转型或寻求新的货源。

3. 区域配送物流市场“散、乱、小、差”局面未得到明显改善

区域配送物流市场，大都是诞生在电脑城、批发市场，建材市场等城市商品主要集散地，这些区域，单票货量不大（属于零散货物），物流价格偏低，仓库场地环境差，仓库和办公面积有限，在这种情况下成长起来的

区域配送企业，散、乱、小、差现象非常明显。2015年“互联网+”的风口对区域配送市场有影响，但影响程度相对偏小，而且主要集中在同城整车方面，因此区域配送物流市场整体散、乱、小、差的情况未得到明显的改善。

4. 区域配送市场从业人员素质较“低”，专业人才缺乏，管理和服务挑战大

区域配送是供应链物流最后一个环节，无法再次转包，其特性决定了物流配送从业人员的基本素质，且由于区域配送操作劳动强度大，工作环境恶劣，待遇不高，从业人员素质普遍偏低，缺乏高素质物流专业人员，不少区域配送物流企业没有专业物流管理人员负责且人员素质总体偏低，大多数都只能从事看管装卸工作的体力劳动，缺乏应用现代化手段管理物流业务的人员。从国外物流配送发展经验看，企业要求物流配送从业人员应具有一定的物流知识和实践经验。为此国外物流业的教育与培训十分发达，形成了比较合理的物流人才教育与培训系统，在相当多的大学中设置了物流管理专业，并广泛地为工商管理各专业学生开设物流课程。相比之下，我国在物流配送人才方面的教育还比较落后，尚未建立完善的物流教育体系和人才培训体系，导致专业物流人才非常缺乏。同时物流配送从业人员素质较低，服务意识不足，缺乏市场开拓的主动性。能够对物流配送进行高效、科学管理，并通晓现代物流配送运作和物流配送管理的复合型专业高层次人才更为少见，这一问题已经制约了我国物流配送的进一步发展，如何管理配送从业者，如何提升这些人员的服务意识，是一个比较大的挑战。

5. 区域配送市场信息化程度有所提高，但整体还比较落后

区域配送物流市场随着移动互联技术的发展，纷纷意识到信息化的重要性，开始提升自身信息化能力。如有很多网点都配置了电脑，扫描枪，自建或购买物流软件。但区域配送物流企业普遍规模小，其从业管理者因为生存竞争激烈，往往只关注眼前利益，缺乏长远的发展观念，对物流信息化的重要性和成效了解不够深刻，这从大多数区配物流企业仍把OA（办公自动化）建设作为未来信息化建设重点就可看出。同时，由于物流信息化建设将对企业的管理理念、组织结构、工作流程产生重大的影响，给企

业带来大范围的变革，这是大多数区域配送物流企业管理者所不愿意见到的。长期以来，由于信息化程度低，区域配送物流企业只重视那些物流专业技术人才的培养与储备，对信息技术人才的需求很少，也没有这方面的专业人才的储备。企业中的一般员工和管理人员往往来自传统物流行业，对仓储、运输、装卸、包装等专业知识精通，但是对计算机操作与应用知识缺乏。这就造成区域配送物流企业在信息化建设过程中，从自身信息需求、项目规划实施到信息系统的管理使用和维护都难以开展，在很大程度上限制了企业物流信息化的开展。另外，由于自身的规模及业务范围限制，不可能拿出大量的资金用于信息化建设，更何况信息化建设在短期内难以收到实效。而市面上较为完善的物流信息系统软件大多数是针对综合型物流企业而开发的，其价格和性能并不适合区域配送物流企业，使得区配物流企业难以与物流软件开发商之间合作开展物流信息化建设。

6. 区域配送市场物流服务单一，打价格战，缺乏核心竞争力

区域配送市场发展到今天，各个公司的业务类型和服务质量都没有太大差别，同质化竞争激烈，也使得价格战成了最有利的武器，而且区域配送企业基本是以送为主，很少涉及配送和仓储业务，服务比较单一，只能通过压价来竞争，但价格战之后行业哀鸿遍野，普遍盈利偏低。这也是为什么目前区配市场今天的价格同十年前的价格基本一致的原因，但我们的员工成本、燃油成本、仓储或办公室租金却直线上升，区域配送市场核心竞争力存在缺失。

7. 区域配送企业服务能力一般，运作绩效和服务意识还有待加强

区域配送物流企业目前大都属于家族式企业，还是老板经验管理占上风，缺乏系统的现代规范化管理，缺乏客户意识，还是以自我为主偏多，如客户有更多的增值需求，无法给出有效解决方案。客户的需求考虑少，自我利益或方便性考虑得多，虽然想转型，但受经营的压力，未做根本性改变，比如，货量不大就不发车，等货有时就要等两三天，服务意识不高，无论是对发货客户还是收货客户，爱发不发，爱提不提。整体运作能力和服务意识还有待提升和加强。

8. 区域配送企业跑路关停比例上升，抗风险能力减弱

在这个人人自危的年代，不仅要当心走在路上会被人抢东西偷东西，防备“掉钱党”“祈福党”等骗局看上自己，还要当心会不会遇到“跑路潮”。每逢年底，都是物流行业较为动荡的时期，每年都有几十甚至上百家物流公司“跑路”，基本集中在年底这段时间。2015 年由于经济普遍不景气，年底区域配送企业跑路关停比例明显比前几年高。有些商家一年也就挣二三十万元，物流公司跑路，商户也得跟着跑路。因此，很多商家都声称不敢轻易发货，听说哪个物流公司的发货量减少了，不管有没有问题，立马找其他物流公司代替，更不敢轻易让某个发货的物流公司代收货款。“宁愿不做这单生意也不想出问题，我一年才能赚几个钱，卷走几万元我一年就白干了。”山西、河南、湖北、东北等省都出现过相关的报道。

9. 阿里和京东电商下乡，物流开始下沉到四、六级市场和乡镇网络

“要想生活好，赶紧上淘宝!”“发家致富靠劳动，勤俭持家靠京东”，这是京东和阿里电商下乡刷墙广告。四、六级市场和农村市场成为电商巨头们下一个必争的主战场，但不论是阿里还是京东，下乡有一个最根本的问题需要解决：物流。在物流方面，京东有个独有的优势——从 2007 年起就有自建的物流体系。毫无疑问，自建物流效率更高，可控性更强，但农村市场地域广阔，人口分散，需要增派大量的配送人员与车油成本。根据测算数据，乡镇农村配送在 30 公里内，物流成本是城区的 3 倍，达到 60 公里则变成 5 倍。京东的“京东帮”服务店面向四、六级市场，解决了大家电“最后一公里”配送问题，这些店铺既可以满足产品物流、安装和维修的需求，又能宣传品牌或者发展会员。尽管是合作关系，“京东帮”就像是京东在乡间建立的一个个小的分公司，让京东商城的全业务可以无缝覆盖到全国县乡级农村市场。一、二线城市的低价正品被接力传递到广大农村，农村消费者也能跟城里人一样以优惠的价格买到商品。而阿里巴巴借助了菜鸟物流。菜鸟物流在 2013 年 5 月建立，是一个覆盖全国的物流骨干网络，能够支持日均 300 亿元的网络零售额，目标是“让全中国任何一个地区做到 24 小时内送货必达”。2015 年 7 月，阿里启动渠道下沉战略，首期推出了覆盖范围最广的标准化产品大家电送货入户，大家电直达 2600 多个区县、

50 多万个村。中国 14 亿人口，有一半人口在农村，因此电商纷纷布局四、六级和乡镇网络，但由于到乡镇网络布局成本比较高，实际推进力度远小于宣传的力度，而且大都以合作和联盟的方式进行，比如到某县一个快递点去看，一个门店，挂了不同的牌子，负责收发货。

10. 区域配送创新尝试风起云涌，但还在路上，突破还待时日

伴随移动互联网的发展，用户思维越来越深入人心，每个企业都希望抓住用户。作为离客户最近、最直观客户体验的区域配送物流企业，在 2015 年创新尝试也是风起云涌，开始从中寻觅商机，“最后一公里”市场的创新和裂变正在孕育之中。比如，做同城配送的云鸟配送、蓝犀牛、速派得等，利用互联网资源，收集运力需求，分享给用车需求方，这个模式解决了需求方的整车问题，但没有解决“最后一公里”的服务问题；又比如，做区域配送联盟的中中物流联盟、华中大道物流联盟等，联盟有松散式的，几个专线合作，你有生意给我，我有生意给你，也有紧密型的，统一形象，以一家公司对外承接业务；再比如，天地华宇、佳吉、德邦三大零担巨头也开始玩起了加盟模式；而顺丰、如风达等，开始了落地配的并购。但由于区域配送整体规模不大，本地化特点严重，无论是哪种创新，大家都还在尝试中，还在路上，是否能真正地突围还有待市场的验证。

二、2016 年区域配送市场发展展望

1. “干配分离”趋势给区域配送市场带来更多机会

客户的需求越来越“碎片化”，小订单时代来临，一个干线整车中订单数量很难出现 10 单以下的情况，基本都在 20 单以上，甚至上百单，这种情况，由干线一票到底，干线和配送都由一家企业来完成，将不是最经济最有效的物流组织方式。同时，干线管理相对简单，配送管理涉及客户的需求，将变得更复杂，干线物流和配送物流运作差别还是很大的，操作的逻辑也不一致，能做干线的，不一定能做配送，能做配送的，不一定能做干线，即使能做，也是两拨人马。互联网时代讲极致，讲透明，因此，干配分离未来一定是一个趋势，为什么目前很多企业还未做分离，就是因为找

不到合适的区域配送企业，干线企业找起来容易，在始发城市，区域配送企业，离得太远，根本无法筛选。目前这种趋势在 2015 年已显现，2016 年将会加重，越来越多的企业选择把自己的干线和配送分离，把干线交给擅长干线的物流企业操作，将配送交给当地区域小霸王操作，对于区域配送物流企业来说将会获得更多的生意机会。因此，我们需要精细化的运作，提升服务水平和管理效率，去迎接市场带来的新机会。

2. 共同配送理念已深入人心，开始发挥威力

目前，环境问题越来越成为大家关心的问题，同时城市物流配送面临着通行难、停靠难、装卸难和收费多、罚款多等诸多问题，致使“最后一公里”物流成本偏高，成为制约城市配送发展的重要瓶颈。为了打破“最后一公里”配送瓶颈，早在 2013 年财政部和商务部就共同启动了共同配送试点。共同配送作为一种先进的配送模式，可以有效降低货车的空驶率，减少货车进城的数量，从而有效节约资源，降低物流成本。然而，受制于物流技术装备落后、标准不统一，市场竞争机制和市场管理法规不健全，以及企业间缺乏合作意识等诸多因素，虽说城市共同配送体系的构建取得了一定进展，但是与人们的预期还有一定距离。但是随着试点效果的显现和移动互联网的发展，共同配送理念已深入人心。不仅政府在大力推进共同配送，第三方物流企业和货主企业也在尝试大力推进共同配送，比如联想集团 2014 年就开始推进将所有的分销代理物流职能剥离，由联想指定的物流企业来进行共同配送，降低链条上端到端物流成本，提升端到端效率。

3. 资本是把双刃剑，资本助力区域配送企业转型升级

资本对物流人来说，已从“冷兵器”变成助燃剂，人人都怀着一颗获得资本青睐的心。但目前资本在物流行业是“短夏已尽、凛冬已至”，自 2015 年下半年以来，物流领域资本的热情度迅速衰减，投资人开始理性看待物流投资，虽然是寒冬，但还是有很多物流企业获得了资本的青睐，其实这对物流行业来说是好事情，资本就应该投入到有助于物流行业整体发展的企业，而不是以获得资本投资为目的的物流企业。比如，同城整车业务，在物流行业资深人士都了解，这个市场是没有什么含金量，也没有多大利润空间的，整车业务是人人都可以做的业务，反而是区域零担配送，

市内零担配送这些领域空间比较大。而且对物流行业和社会进步有很大帮助的领域更应该得到资本的青睐，比如区域零担配送，目前基本都是被分散的夫妻老婆店的专线公司控制，如果有一家企业站出来，把这块市场进行整合，能做覆盖全省的区域配送企业，成本又低，服务又好，何愁业务不发展壮大。相信2016年，资本一定会在这些领域有所企图，助力区域配送企业转型升级。

4. 移动互联、云计算、物联网等技术助力区域配送企业效率大幅提升

不管是主动还是被动，愿意还是不愿意，移动时代已经到来，作为传统的区域配送物流企业，则需要利用移动互联、云计算、物联网、大数据等技术提升企业效率，比如，对区域配送企业来说，货量预测是我们特别想知道的数据，是否可以借助云计算对相关的物流数据进行分析提取对我们有帮助的信息，提前作物流资源的准备；比如，我们可以用智能手机捆绑订单实现物流运输全程可视，查看物流运动轨迹，及时发现物流问题并做针对性的改善；又比如，我们可以用云计算工具做智能排单，寻求最佳配送路由，实现成本和时效的均衡。智能手机的普及、SaaS物流信息平台的成熟、搜索引擎技术、地图的免费开放以及大数据技术的发展等，将促使区配企业效率的大幅提升，很多有志向的企业开始尝试。

5. 跨界融合（专线、落地配、快递等）提升终端服务能力

快递、专线和落地配企业以前是各干各的，因服务的目标群体和价格定位不一样，大家互不干涉，相安无事。但现在区域配送环节这些企业开始跨界融合，快递开始承接专线做的事情，来提升其车辆装载率和盈利能力。快递标准报价是首重加续重，价格偏高，专线是按件报价，价格偏低，在区域配送环节，快递现在也接受按件报价，而且价格基本向专线看齐。落地配企业以前主要是做电商的落地配，现在落地配也做toB（面向企业）的干线落地配，而且价格也基本匹配专线的价格，专线目前也在转型升级，在按快递和落地配的服务标准和要求来完善自己的服务。这样，在区域配送环节，各类物流企业开始跨界融合，互相渗透，做区域配送小霸王，快速提升终端配送服务能力，而且服务能力多样化，可以做toB业务；也可以做toC（面向顾客）业务，可以做代收货款业务，也可以做售后安装业务等。

6. 物流下沉四、六级市场和乡镇，给区域物流企业带来新的生命力

随着国内市场的成熟、电子商务等新商业模式的发展，一、二、三级市场经过多年的竞争，已经基本趋于饱和。而四、六级及乡镇市场则增长潜力巨大，因此各大品牌商纷纷发力四、六级和乡镇市场。因此，以往以中心城市为主的物流体系要下沉到四、六级和乡镇，在效率、成本和服务方面面临着更高的要求。在这种情况下，企业如何应对？大家都有比较大的压力，而这恰恰给区域物流企业带来新的增长机会，毕竟我们在这个体系精耕细作这么多年，只要稍微发力，配合品牌商渠道下沉策略，一定会有更大的发展空间。因此，需要提前布局四、六级和乡镇的网络配送，可以采用自营（货量大的线路）加联盟的方式（货量小的线路），提前做好资源的储备。

7. 仓配一体提升“最后一公里”综合服务能力

仓配一体化是仓和配的结合，既要有仓储的网络，还要有配送的网络，仓储网络和配送网络相结合才能真正解决品牌公司的一条龙服务要求。品牌厂商无论是干线落地配还是电商落地配，都需要有一定的仓储功能，以满足品牌商和客户的个性化需求，如促销、新品上市、客户暂存等。在有仓的储存或中转功能的同时，还需要有配的网络，确保客户的需求能快速的分拣配送到最终消费者手中，未来区域配送企业需要有品牌商中央仓的功能，属于中央仓的微缩版，既有仓的功能，又有送的功能，提供一站式综合物流服务，提升客户物流体验。

8. 加盟、联盟、众包、同城整车运力平台等创新模式加速区域配送物流市场整合

区域配送市场目前相当分散，90% 以上都只运营 1 ~3 条省内运输线路，能做到覆盖全省 50% 的物流企业凤毛麟角，而且区域配送市场“散小乱差”的局面未有根本的改观，而移动互联时代，我们更加关注用户的体验和感受，用户需求跟实际运作存在很大的 GAP（缺口、分歧），如何缩小这些 GAP，这就是我们创新的机会点。新的一年将会有越来越多的创新尝试加速区域配送物流市场整合，比如 2015 年做同城整车配送的企业开始转型“同城整车 + 区域”零担配送，已开始意识到区域配送市场的机会和重要性。比如，京东

到家近期推出“京东众包物流”模式，其利用用户抢单模式，来为附近的客户做快递送货。联盟模式虽然尝试的企业比较多，但是特别成功的目前不多，不是该模式不好，只是还需要解决一些难点，比如信任和利益分配等。无论如何，在区配市场，2016 年将会有更多的有识之士进行更多的创新尝试。

9. 物流和商流二合一，增幅服务逐渐成为主要盈利点

增幅服务包括供应链金融、大数据分析、逆向物流、助力营销（入户调查，广告推送）、上门安装、代收货款等。配送是物流中一种特殊的、综合的活动形式，是商流与物流的紧密结合。配送不仅是把货物送到最终消费者手上，还将跟商流结合起来考虑，由于目前区域配送价格比较透明，服务质量和业务类型差别也不大，因此靠传统的价格差价盈利的区域配送企业越来越少，区域配送企业靠增值服务盈利成必然趋势。比如，借助仓配一体，利用库存做供应链金融为货主企业做融资服务；借助大数据分析配送货物流向和频次，帮助货主营销；借助送货与用户亲密接触的机会配合货主做入户调查，广告推送，选件销售，O2O（Online - to - offline，线上到线下）销售，上门安装，代收货款等，这将是新的生存模式。其实商业本质上有共通性，肯德基不是靠卖鸡腿赚钱的，靠的是庞大的商业地产盈利，物流业也不例外。从 2014 年美国仓储企业 20 强的业务内容来看，单独的“仓储 + 运输”服务获取的利润空间将越来越薄，这些排名靠前的企业，靠的都是更多的增值服务获得利润空间。区域配送物流企业必然向这个方面发展，未来的区域配送物流企业本质上都是提供综合的供应链服务。

10. 新能源车开始进入区域配送同城物流体系主要用车

物流配送是城市经济发展和消费生活多样化的支柱，但交通工具的激增给城市带来了巨大的噪声和空气污染。在各大城市严格的入城限制政策下，其结果是城市物流配送的时效、快捷和便利不再，且配送成本居高不下。便利、快捷、高效及小批量、多频次、时效性强的城市配送业务将成为城市未来商业竞争力的核心组成部分，配送的速度、效率、范围、方式及方便程度，将直接影响到城市居民的消费选择。社区配送、绿色配送和共同配送是城市物流配送的发展趋势，新能源物流车以其独特的优点应运而生。

新能源物流车存在的意义在于，首先，它是纯电动、零排放的绿色环保

车辆，是政策支持和民众期待的运输工具，可以大幅降低城市空气与噪声污染；其次，新能源物流车是智能型汽车，其天生就与互联网技术高度整合，可以更好地保障城市共同配送对物流信息技术的要求；最后，新能源物流车与传统卡车相比综合运营成本低，可降低城市物流配送消费者承担的配送成本。在制约它的充电和补电设施设备方面也将得到逐步解决，除了生产厂商自建充电设施设备，政府也正在大力支持新能源汽车充电设施设备的建设。此外，交通运输部在2014年9月发布的《关于加快新能源汽车推广应用的实施意见（征求意见稿）》中指出，到2020年，新能源汽车在交通运输行业的应用初具规模，在城市公交、出租汽车和城市物流配送等领域的总量达到30万辆，其中，上述要求规定，新能源城市物流配送车辆应达到5万辆，同时城市物流配送车运营权也将优先授予新能源物流车。

11. 区域配送“班车化”运作，提升区域配送物流企业核心竞争力

省内区域配送24小时达未来会成为区域配送物流企业标配时效，这也是移动互联时代货主和用户的需求和心声。如何做到24小时达，区域配送需要采用“班车化”运作，配送线路班车化指的是区域配送企业推行的开通定时定点货运专线班车的货运物流新模式。所谓配送线路班车化，就是配送线路“客运化”，即配送线路也采用类似城际客运班车一样定时发车、定点到达的运输方式。配送线路班车化，可以提升配送时效和稳定服务水平，是区域配送物流企业核心竞争力之一，配送线路班车化，最大的难点是货源的组织和调度计划的组织，目前很多企业已开始尝试区域配送班车化运作，这也将成为未来区域配送发展的一个重要趋势。

区域配送是品牌商连接客户最直接的环节，但由于区域配送市场整体服务水准不高，将严重制约未来O2O/F2C（Factory - to - Customer，厂商到消费者）等新兴交易模式的发展。虽然2015年我们看到了区域配送市场一些可喜的变化，比如政策的支持、资本的介入、新技术的应用、渠道下沉等，2016年发展趋势非常有利，比如干配分离、跨界融合、仓配一体等，但还需要政府及区域配送从业人员一起努力，提升区域配送的竞争力，真正做到“得配送者得天下”。

（联想集团　唐文全）

2015 年我国公路货运枢纽（园区）发展回顾与 2016 年展望

公路货运枢纽（园区）是指依托城市主要的对外高等级公路网络，在公路交会、衔接处形成的，具有运输、配送、仓储、装卸搬运、信息流通和辅助服务等功能的集聚场地，具体包括我们常见的停车场型公路港、货运型物流园、仓储型物流园以及综合型物流园等。

一、2015 年公路货运枢纽（园区）发展回顾

（一）公路货运业发展趋缓，园区建设提速

1. 2015 年公路货运量稳步攀升、货车销量逐步下降

2015 年中国 GDP（国内生产总值）增速为 6.9%，经济步入下行通道，在一定程度上影响了公路货运行业的发展。2015 年公路货运总量再创新高，达到 350 亿吨，增速同比放缓；2015 年货车销量（含整车、牵引车、非完整车）再创新低，为 249 万辆，对天然气卡车、电动物流车等新能源车辆的需求持续增长。历年数据如图 1 所示。

2. 2015 年公路货运枢纽（园区）建设提速

根据中国物流与采购联合会发布的《第四次全国物流园区（基地）调查》可知，2015 年，全国运营、在建和规划的物流园区数量达到 1210 家，如图 2 所示。其中还不包括 150 亩以下的中小型园区，而从我们走访的城市中可以发现，这种中小型停车场型、货运型物流园区布局分散且数量不少。

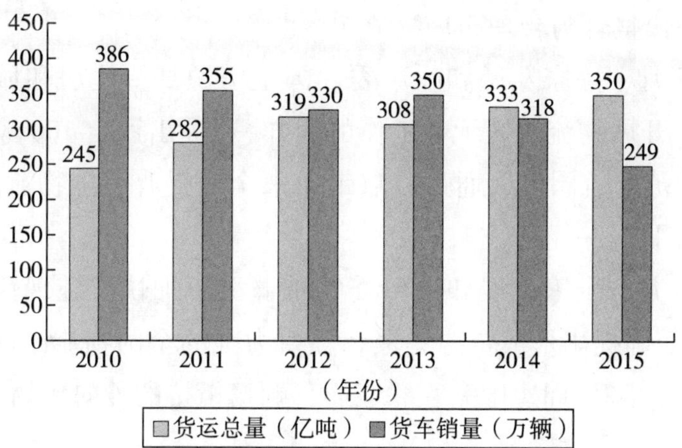

图 1　2010—2015 年公路货运总量与货车销量情况

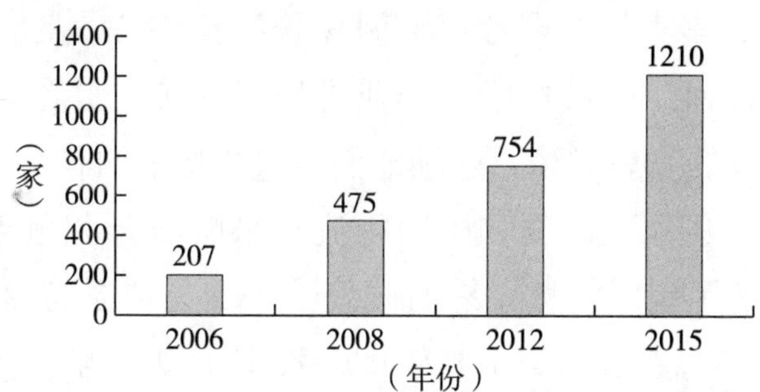

图 2　全国运营在建和规划的物流园区数量

（二）政策效应与领导人关注提升

1. 公路货运枢纽（园区）政策持续发酵

近年来，物流园区发展持续受到政府重视和政策支持。2011 年交通运输部制定了《“十二五”货运枢纽（物流园区）建设规划》，在枢纽节点城市规划了 200 个物流园。同时实施了《交通运输部投资补助物流园区项目管理办法》，2015 年不少新建货运物流枢纽（园区）获得了国家或省级投资补助。2013 年我国第一个物流园区专项规划《全国物流园区发展规划（2013—2020 年）》出台，明确了全国物流园区的发展目标与在枢纽城市的总体布局。2014 年发布《物流业发展中长期规划（2014—2020 年）》，把“物流园区工程”列入物流业发展的 12 项重点工程之一，要求在重要的物流节点城市加快整合与合理布局物流园区。

2015 年 5 月，国家发展和改革委、国土资源部、住房和城乡建设部联合发布《关于开展物流园区示范工作的通知》，提出评定 100 家左右带动作用强的试点示范物流园区，通过以点带面来全面提升我国物流园区的建设、管理和服务水平。

2015 年 8 月，国家发展和改革委发布《关于加快实施现代物流重大工程的通知》，明确提出形成资源集聚和辐射力强的全国物流园区网络，建设一批与“一带一路”周边国家互联互通、顺畅衔接的外向型物流枢纽基地。

2. 国家领导人视察物流园区

2015 年 9 月，李克强总理考察河南保税物流中心，与保税物流园区内聚美优品、中通快递、鲜易控股等企业进行了交流，并参观了仓库，肯定了物流中心与企业的发展成绩，勉励他们再接再厉、再创辉煌。

2015 年 9 月，国家发改委和中国物流与采购联合会领导一行参观林安物流园，详细了解了园区信息交易的诚信公正交易体系与商户满意度情况，并参观和体验了“我要物流”APP 软件，肯定了以“互联网 + 物流”为理念的发展模式。

3. 园区安全受到极大关注

2015 年，物流园区起火、仓库失火等安全事件仍然常见，其中徐州雨润物流园、郑州亨泽物流园等起火造成人员伤亡与财产损失。而 2015 年的轰动事件是 8 月天津市滨海新区的瑞海国际物流有限公司危险品仓库发生爆炸，其造成重大人员伤亡和财产损失，引发社会强烈关注以及党和国家领导人高度重视。此次危化品爆炸事件，向全国物流园区的违规违建、消防安全等问题提出了强烈警示。

（三）市场竞争更趋激烈

1. 竞争者加速布局

除了普洛斯、安博、嘉民等龙头企业外，万科、深国际等本土企业也来势汹汹。2015 年 6 月，万科成立物流地产公司，正式进军物流地产行业，随后与中铁物流集团达成战略合作协议，共同拓展物流园区市场。2015 年 7 月，普洛斯宣布设立规模达 70 亿美元的中国物流基金二期，计划在中国开发 1300 万平方米的现代物流基础设施，且其在 12 月战略投资中储股份，持有其 15.5% 的股权。截至 2015 年年底，作为后起之秀的深国际物流，已在沈阳、无锡、武汉等共 11 个主要物流枢纽城市签署了综合物流港项目投资协议。

2. 园区发展模式各领风骚

继园区基础设施平台、公路货运平台、物流信息平台等新商业模式和业务模式创新提出后，2015 年多种园区模式并存，发展更趋清晰、更加明朗。

（1）园区实体平台模式。直营的全国网络型园区平台，即我们常说的地网，这些网络型园区企业数量不多，多是实力雄厚的大型企业。简单地说，他们就是仓库物业的提供者，不懂物流业务，也不会去介入物流业务。

（2）“天网 + 地网”的平台模式。就是所谓实体网络叠加信息网络的双网平台，做实地网，扩展天网，最终联网实现各园区节点间的互通互联。

（3）单个园区的全网线路模式。踏实做好自己的单个独体园区，优选运输线路，同一目的地只设一条线路，以自身园区为核心，构建辐射全国的精品运力网络平台。

3. 增值服务产品开始发力

现在去参加会议或者交流，一谈到园区，必谈到增值服务产品，大有不谈增值服务就跟不上潮流的意味。在公路货运行业不断变革和创新的发展形势下，不少增值服务产品如物流金融、货运保险、产品团购、融资租赁、屋顶光伏等相继落地实施。

林安物流园在 2014 年就获得了金融支付牌照，这是国内首家物流园的支付牌照，可见林安在拓展增值服务上的创新与开拓精神。2015 年 4 月，O2O 一站式全国物流设备展销平台正式落地林安物流园，实现了润滑油、轮胎、叉车等物流设备的集中采购和交易展示。

随行付保理公司聚焦为物流企业提供针对性的极速贷、急速保、运单保、项目保等互联网产品。以极速贷为例，其具有24小时不间断申请、实时到账、利息按日收取、随借随还等突出优势，成立短短2年时间，累计向2000余户物流企业发放近5亿元的信贷。

2015年获得首轮融资的聚保物流，瞄准垂直细分类物流保险，依据快递、快运、零担、仓储、车队、平台等业态，设计符合其自身的行业特性与风险管理的保险产品。2015年11月，“聚保物流保险服务平台”上线，并推出针对干线运输的互联网保险“整车保”，即将推出城配保、仓储保、零担保，值得期待。

4. “互联网+”助推园区信息化建设

自2015年两会李克强总理首提“互联网+”的概念后，“互联网+”席卷各行各业，也促使物流行业进一步整合变革。2015年4月，天地汇和传化物流先后推出自己的园区互联网产品——园区通。园区通使入园验证、停车收费、园区消费、水电缴费、物业缴费等业务实现标准化、智能化管理，达到互通互联的目的。

滴滴、快的等领域APP软件获得的巨大成功，推动了物流业货运APP的发展。2015年货运APP发展更显疯狂，粗略估计不少于400种。越来越多的资本介入到这个领域，货车帮、货拉拉、云鸟配、罗计物流等相继获得大手笔融资。在各种形式的“互联网+物流”会议或论坛上，物流从业者对“互联网+”的谈论甚是火热，在货运APP下血本围攻物流园区的事例不断上演的过程中，货运APP会不会淘汰物流园区等主题也成了热议的话题。

5. 垂直类物流园投资持续升温

（1）农产品/冷链物流园。受国家政策的影响，农产品物流园投资建设持续升温。2014年“一号文件”就提出加快发展主产区大宗农产品现代化仓储物流设施，完善鲜活农产品冷链物流体系，支持产地小型农产品收集市场、集配中心建设。

据中国冷链物流联盟统计数据：2015年，冷库总容量为2626万吨，同比增长42%。对比《农产品冷链物流发展规划》提到的发展目标，已经完成并略有超出。

2015年2月，北京首农集团与河北瑞谷丰物流集团有限公司达成合作，携手在京津冀地区建设10个现代农产品物流园，实现从田间到餐桌的安全食品完整产业链目标。雨润物流集团在2015年继续推进全球采购中心和农副产品物流园布局的战略步伐。5月，陕西眉县农产品物流园开工建设，12月，徐州雨润农副产品全球采购中心开门营业。为筹划IPO（首次公开募股）上市，专注于冷链运输的郑明物流制定了3年投资3000多万元，制订了新型服务体系和冷库基地的计划。

（2）跨境电商产业园。2015年4月，广东自由贸易试验区、天津自由贸易试验区和福建自由贸易区正式挂牌，包括上海自贸区在内的四大自贸区成为改革开放新高地，开启了中国自贸区2.0时代。

2015年国务院批复同意设立中国（杭州）跨境电子商务综合试验区，先行试点以积累经验和方法，再复制推广；2015年6月，李克强主持召开国务院常务会议，部署促进跨境电子商务健康快速发展，推动开放型经济发展升级；2016年年初国务院印发《关于同意在天津等12个城市设立跨境电子商务综合试验区的批复》，同意在成都、天津、郑州、深圳等12个城市中设立跨境电子商务综合实验区。跨境电商的迅猛发展，跨境电子商务产业园或者包含跨境电商功能的综合物流园成为投资热点，跨境电商产业园或物流园区是集国际物流、货运代理、仓储、报关、金融服务、网络营销等于一体的多功能园区。

（3）城市配送基地（园区）。2015年随着国内电商、O2O等新生行业的飞速发展对城市物流配送需求的日益增加，同城配送基地建设火热。2015年7月，商务部办公厅下发《关于智慧物流配送体系建设的实施意见》，该《意见》提出：在1~2年内，在全国创建10个智慧物流配送示范城市、打造50个智慧物流配送示范基地（园区）、培育200个智慧物流配送示范企业。

二、2016年公路货运枢纽（园区）发展展望

1. 规划运营更趋科学化、合理化

货运物流园区是过去停车场或者货运场站发展而来的产物，一直散乱地分布在城市的各个角落，物流园区成为大家热衷讨论的主题以及市场追逐的热点应该是2003年之后的事，那一年公路港创新模式提出，中外大型

企业网络化布局园区。但是从整体来看，在园区规划运营上，缺乏科学规划、盲目建设、同质化竞争严重、与当地经济与产业发展脱节等现象并没有得到明显改善和很好解决，在一定程度上造成了重复建设和资源浪费。

城市规划的合理化发展、市场竞争更趋白热化、互联网技术的迅猛发展、跨境电商新兴产业的兴起等催生物流园区规划和运营不断创新和升级。2016 年，生存艰难的传统中小型物流园区会相继消失，而基于科学规划和实地调研的新型网络化、信息化物流园区将会得到进一步发展，仅靠单一租金收入的园区也会举步维艰，跨界合作、增值服务创新等新型运营模式必将迅速扩张。

2. 园区整合发展提速

近年来物流园区的投资增速加快导致园区数量快速上升，各类境外投资商、房地产企业、电商企业、物流企业等纷纷加入到投资建设行列，市场竞争已经趋于白热化。物流园区具有投资资产大、回报周期长等特点，加之物流效率和运营成本压力，物流园区整合发展成为新形势下的战略定位，而且这一发展战略有愈演愈烈的趋势。

激烈的市场竞争迫使企业兼并收购与资产重组、优势互补的各方跨界合作、不同地区功能相近的园区跨区域联合运营等方式迅速展开，2016 年物流园区的兼并重组和整合发展将变得更为常见。

3. 园区朝平台化模式发展

大部分公路货运枢纽（园区）相对来讲经营还是比较传统的，多数是提供停车、修配、加油、物业、餐饮娱乐、政务等基础性服务，而且，单个园区各自为营，孤立发展，园区生存越发艰难。随着行业集中度的不断提升，传统单一功能的园区消失是大概率事件。在移动互联时代，“天网 + 地网”的园区运营模式处在物流园发展的风口浪尖，在 2016 年这一模式将会向纵深发展，至于这一模式最终能不能经受住市场的考验，成为园区发展的最后归宿，我们拭目以待。

4. 增值服务产品进一步发展

尽管现今公路货运枢纽（园区）的收入主要来源于物业租金、停车收入、办公楼租金等，但各种增值服务收入已经开始成为物流园区的重要收入来源。根据中国物流与采购联合会 2015 年的园区调查报告可知，具有信息服务收入的园区数量占比达到 59%，具有物流金融收入的园区数量占比达到 29%，这些数据说明增值服务呈现出了快速发展的态势。

从入驻园区物流企业的角度来看，增值服务产品其实并没有从本质上为物流企业提供新的利润源。所有的增值服务提供商的利润，来源于物流产业链中的某一环节，都是想从物流企业经营性利润中分得一杯羹。所以说，增值服务产品对物流企业来说未必是一件好事。2016 年，细分领域的增值服务产品必然不断推陈出新，值服务产品的竞争也会日趋激烈，而这其中总有一些不能切合物流企业主的需求，不能获得市场的认可而销声匿迹。

5. 信息化平台加速融合

在“互联网 + 物流园”的概念还没有正式提出来之前，很多创新型园区企业已经开始尝试以移动互联网、云计算、大数据、物联网等技术来推动物流园的转型升级，根据服务的不同需求及特点，开发出了快运产品、集体集配产品、园区标准管理产品、运输管理产品等非常丰富的产品系列，通过产品去服务园区内的客户，实现园区新的服务价值。

在园区网络化、信息化大力发展的今天，林安物流的车货匹配模式、传化公路港的车货交易模式、天地汇的物流淘宝模式等创新模式，加速了互联网平台与园区实体平台的融合发展。随着双平台运作的不断深入，物流园区将根据自身业务模式和市场需求特点开发出适合自己的信息化系统或产品，摆脱信息孤岛现象，实现物流园区的转型升级。

6. 垂直类物流园更加受重视

在一二线城市土地越发紧张和仓储价格持续攀升的情况下，农产品物流园区和批发市场向位于三四线城市主产地转移成为必然趋势。从传统农副产品批发模式的新发地，到产地集散的寿光农产品物流园，再到定位全球采购农产品冷链物流平台的雨润物流，都将面临新的机遇与挑战。随着国家不断强调食品安全的重要性以及相关农副产品物流园、批发市场规划建设政策的出台，农产品和冷链物流园在 2016 年将再次成为产业地产的关注和投资热点，越来越多的企业将进入农贸物流领域。

近两年跨境电商业务迅猛发展，针对跨境电商主体企业服务的电商产业园将迎来黄金发展期。尤其是国家推广跨境电商综合试验区的政策支持，有助于电商产业园的进一步发展，电商企业面临的跨境物流、支付等环节困难也将进一步突破。

为解决“最后一公里”通行难的问题，重庆、南京、宁波、青岛等城市相继出台了城市配送物流发展规划，要求把现代物流配送节点纳入城市总体规划，优先支持服务于城市配送和货物运转的大型物流园区（基地）、共同配送节点的建设。2016 年，科学规划的城市配送园区（基地）与体系将会逐步建立，推动城市共同配送体系的完善。

（深国际物流发展有限公司　黄强）

2015 年我国公路货运互联网平台发展回顾与 2016 年展望

乘着“互联网 +”的东风，公路货运市场得到资本前所未有的关注，市场上涌现出众多的创新模式，当中的佼佼者更是受到了资本的热捧。无论是“车货匹配”平台、货运滴滴还是所谓货运 O2O 模式、“物流 + 互联网”平台，着眼的角度不同，对这些创新平台的称谓和定义也是层出不穷。我们之所以选择用“公路货运互联网平台”来立题，是因为此类创新模式都是围绕公路货运这个生态链条，通过利用互联网尤其是移动技术手段构建出的可以提高商业交易和运作效率的新型商业模式。

一方面，越来越多的传统物流企业开始寻求公路货运 + 互联网的化学反应；另一方面，那些跨界的公路货运“破局者”也在不断向公路货运业务层面渗透、沉淀。通过不同的切入点或产品来整合资源，打造平台化的创新模式。

一、2015 年公路货运互联网平台发展回顾

（一）平台发展的时代背景

1. 技术背景

（1）移动互联与 4G（第四代移动通信技术）网络。近年来互联网产品及应用场景不断拓展深化，移动终端和技术应用也愈加成熟。全球市场调研公司尼尔森 2013 年的一份报告中显示，中国的智能手机渗透率达到 71%，超过美国的 60%，略低于英国的 72%。根据尼尔森对中国 16 ~ 59 岁人口的调查，2014 年智能手机在这部分人群中的普及率达到了 62%。

移动终端特别是智能手机的普及和移动网络体验升级为移动技术在公

路货运领域的应用奠定了良好的基础，我们也看到了越来越丰富的移动端应用为收发货人及承运人提供了更好的商务及操控体验，这些移动应用也可以通过愈加便捷的对接方式同硬件或外部系统进行有机整合从而提供一个搭载业务闭环的综合解决方案。

（2）云服务。云端技术开始普及应用和大数据驱动理念逐渐深入人心。包括谷歌、微软、亚马逊、IBM公司（国际商业机器公司）、甲骨文在内的国际巨头都在积极布局云端业务，国内以阿里云为代表的云端平台强势崛起，更富柔性的大规模数据处理能力有效保障和支撑了货运互联网平台的极速扩张，本身也融入平台所提供的衍生服务和产品之中。

（3）SaaS：基于SaaS企业级服务逐渐成熟并受到资本的热捧，原先在一个私有化网络内的跨企业间的协同及交互逐渐向云端演进，变成在一个共享、公有的体系内完成更高效率的交易与协作。

2. 市场及业务背景

（1）政策环境。2015年，利用信息通信技术以及互联网平台，让互联网与传统行业深度融合，创造新的发展生态。十二届全国人大三次会议上，李克强总理在《政府工作报告》中首次提出“互联网+”行动计划，倡导利用信息通信技术以及互联网平台，让互联网与传统行业进行深度融合，创造新的发展生态。在资本市场层面，愈加活跃的公路货运市场逐渐得到了更多的关注。

（2）经济环境。经济下行压力，包括制造业、线下流通业在内的实体经济疲软传导至物流行业，多数小微物流企业进入微利时代。

（3）中国公路运输市场整体状况。2014年公路运输中，所有的网络型零担公司的业务份额之和不超过零担运输总额的10%，对比美国市场2013年前5大零担运输公司占据55%的市场份额，可以看出国内运输市场极度分散化，实际操作中的层层外包，存在空载行驶、迂回等问题。全国公路物流企业有750多万户，而平均每户仅拥有货车1.5辆，90%以上的运力掌握在个体运营司机手中。

（4）中国公路运输市场面临的主要问题。

①运输层层外包。涉及多渠道、多区域运作的货主企业，由于账期、管理成本、商务风险等因素制约往往会选择第三方代理来承接业

务。因此，通过货主、第三方物流及下游按照区块层层切分的供应商，直到末端的承运人、司机逐级延展的网络中，服务标准、运作信息传递和商务交易效率都被一定程度地弱化，存在严重的信息不对称。如图 1 所示。

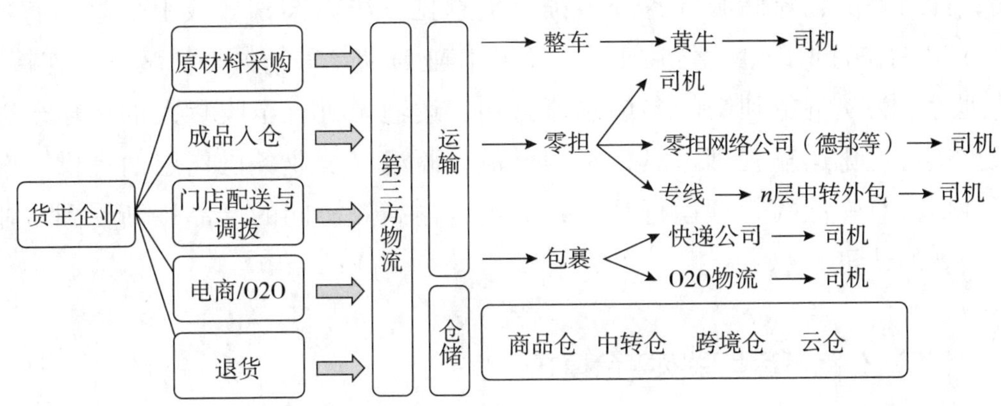

图 1　物流业务层层外包形成的物流商业网络

②货主类企业的物流服务要求越来越高。电商的发展带来货主供应链全渠道发展的趋势，供应链网络的落脚点除了经销商、门店，还有 O2O 下的 C 端客户。网络的复杂性让集团视角下的物流管理也更加复杂，相应地对物流服务商的综合服务水平要求也更高。

③服务缺乏竞争力。公路货运生态圈中众多的中小微企业面临同质化竞争和规模化扩张的瓶颈，普遍缺乏核心竞争力，依赖低价竞争获取生存空间，导致服务质量更加无法保证的恶性循环。

④信息化程度良莠不齐。为企业提供内部管理的 TMS（终端远程维护管理系统）在大中型 3PL（第三方物流）、专线（年营业额 500 万以上）的普及程度较高，但在上游货主、大型 3PL、专线流转下来的货物到庞大的个体经营的司机、小型专线层面，物流信息的沟通传递大多依赖电话和纸质单据。同时，从货主到最终运输公司、司机、收货人的整个运输链条，仍存在大量低效、重复的操作与协同成本，信息化、流程化的运作机制还有待进一步完善和优化。

（5）中国公路运输市场的改革契机。

①整合与优化。近年来，各类整合的包括创新型模式企业和传统企业在谋求转型的过程中，整个供应链条也在向多渠道和全渠道模式逐渐转变，

仓、运、配专业化分工但仍需高效整合，这也催生了对各个专业核心能力服务商等外部资源进行有效整合的需求，在供给侧出现了越来越多的专线物流企业联盟、开放特许经营等新的业态。

②信息化工具。“互联化＋”环境下，出现了一些“互联网＋”的公司，针对物流、仓储服务各环节提供信息化解决方案，如线上信息网、基于 APP 的位置追踪、温湿度追踪、仓库作业自动化等。另外，基于“连接”的理念，为从货主到中间多层物流公司、运输司机直至收货人的运输全链条提供可视化运输管理工具，在信息流、商流以及业务操作层面提供一套标准但富有弹性的管理运行系统，实现运输高效协同的产品逐渐受到行业参与者的认可。

（二）公路货运互联网平台模式分析

公路互联网平台百家争鸣，但概括起来基本上都是从不同的切入点来撬动资源，打通整个运输、信息甚至金融链条以重构、优化现有的交易运作结构和效率。从时间轴来看，2000—2005 年是一个物流产品纷呈的时段，2010—2015 年又是另外一个时段。换个维度看产品，2000—2005 年，现在主流的专线 TMS（运输管理系统）、GPS（全球定位系统）都是在这个时段出现的，物流信息网也开始出现。到了 2010—2015 年，车货匹配类产品迎来爆发期，各自从不同的细分视角希望解决物流供需信息不对称的问题。同时，基于运输协同理念的运输管理软件应运而生。

1. 从参与者视角看物流产品模式

从货主到收货人中间存在很多环节、很多物流商角色，如三方、专线、黄牛、车队、快递、快运等，而这些参与者从职能属性角度，可以分为物流服务需求者（货主方）、物流方案提供者（第三方物流）、物流业务执行者（操作层面物流企业、司机等），各自对物流产品诉求的关注点也不同。

首先，是交易。交易的人多、交易量大、相互交易的对手方很多，这些交易数据能让投资方看到这个平台的实力。

其次，是管理。即要求信息化的产品，无论是 WMS（仓库管理系统）、TMS 还是 OMS（订单管理系统），都是管理系统。

最后，是操作。具体的操作，在执行层面包括库内的作业、线路规划调度、车辆执行情况，因此应该关注这类平台产品是否在操作的层面落地，能够支持这些公司。

基于这样一个业务网络，切开每段来看，都有很多信息化的解决方案和产品在试图让这些环节的物流服务更加高效，包括金融、保险等各类增值产品，如图2所示。

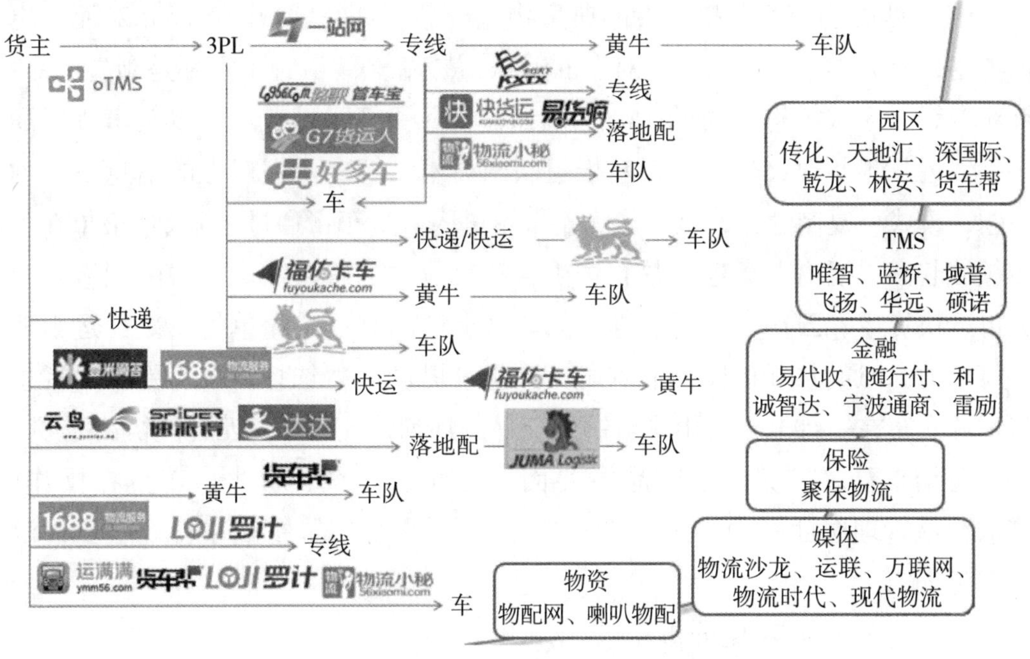

图2　从业务网络看典型物流产品

我们基于参与者的需求，来分析对应的典型平台模式。

（1）匹配物流服务需求者的典型物流产品。从货主的角度，交易和管理是其关注重点，货主需要通过运输招投标来选择成本与服务综合最优的物流服务商。同时，希望能够拥有企业整体视角的物流管理全局视图和服务标准传递能力，oTMS就是一款从货主管理角度出发的产品，通过一整套的软件解决方案，实现从货主到中间多层物流商直至终端司机、收货人的运输全链条可视化。一方面是为货主提供在线运输招标服务，另一方面是以货主为核心展开的承运网络体系，同时司机能够通过APP操作及回单信息，所以，oTMS在交易、管理、操作这3个方面都有所涉及。

（2）匹配物流方案提供者的典型物流产品。第三方物流服务商，向上提供满足货主方需求的物流解决方案，向下需要传达货主方的物流服务要求和标准，对物流产品的需求更多集中在信息化管理工具上，包括 OMS、TMS、WMS 等，典型企业有富勒、唯智等。还有一类是互联网产品，例如一站网、云鸟，它们更像是第三方物流的角色。一站网不仅仅为宝供服务，也通过交易连接起三方物流和专线公司；云鸟更像运输公司的操作模式，作为物流公司对外接单，再把订单分配给司机。

（3）匹配物流业务执行者的典型物流产品。这一领域的产品相对而言更加丰富，从分类来看，包括针对车的追踪：易流、G7、管车宝都是领先产品；针对专线、区域零担公司的 TMS，例如蓝桥、飞扬、域普等；以及车货匹配产品，近几年非常火热，希望基于互联网技术，解决供需双方的信息不对称问题，模式可复制性强，吸引了大量资本进入。货车帮通过物流 QQ 最早在干线领域起家；福佑卡车通过整合黄牛，解决货主的整车需求。城配领域有速派得、快货运、云鸟、易货嘀等产品。这类产品有一个简单的模型（运力池—订单池），通过 APP 整合个体司机，通过提供运力选择，吸引更多的货主将货源发布在平台上，再由平台制定交易的规则，使得车货匹配能快速完成。

总结来看，车货匹配产品主要面对司机、专线、黄牛，着重在操作、零散交易管理层面。而 GPS（全球定位系统）类产品注重在管理层面，没有交易入口。

（4）三类模式对比分析。

①面向物流服务需求者的物流产品综合了“交易 + 管理 + 操作”的职能，从货主视角出发，自上而下，通过连接，覆盖整个物流商业网络。

②面向物流方案提供者的物流产品偏重“管理 + 操作”的功能，基于标准化流程和 KPI（关键绩效指标）考核，实现业务操作规范化的管理诉求。

③面向物流服务提供者的物流产品偏重“交易 + 操作”的功能，在解决业务操作问题的同时，也在关注操作资源的匹配交易。

从产品功能角度看车货匹配类产品与社区型运输管理软件的区别是：首先，车货匹配相对比较简单，用一款产品做订单和运力的匹配，而社区型则覆盖从货主、物流公司到司机的整个网络。因此，这两个产品非常值得研究。其次，交易匹配类的产品重在信息的匹配，冲击了原先重在干线运输的信息网产品，而对于交易难度还是比较大的，所以市面上的 APP 也很少公布平台上交易额的数据。另外，因为 APP 类移动端的产品适合个体的使用，在操作和管理上也有局限性，因此这类适合经纪人交易匹配的产品无法满足企业的管理需求。而社区型平台是把货主、第三方物流、承运商、运输公司、司机、收货人都放在一个网络中，重在连接。但由于无论是交易匹配类还是社区型的产品在管理和操作上都需要不断地强化，因此向原先的管理类产品学习是非常必要的。同时，社区型平台由于涉及链条非常长，所以在交易方面是比较薄弱的，上下游任意的两方，关注点和诉求都不同，如果要覆盖整个链条的交易行为，那对这类产品在功能性和市场构建方面挑战都非常大。如图 3 所示。

交易匹配VS社区型

· 交易匹配产品重在信息匹配，需要沉淀交易，弱在操作和管理

· 社区型平台重在连接，需要持续强化管理和操作，弱在交易

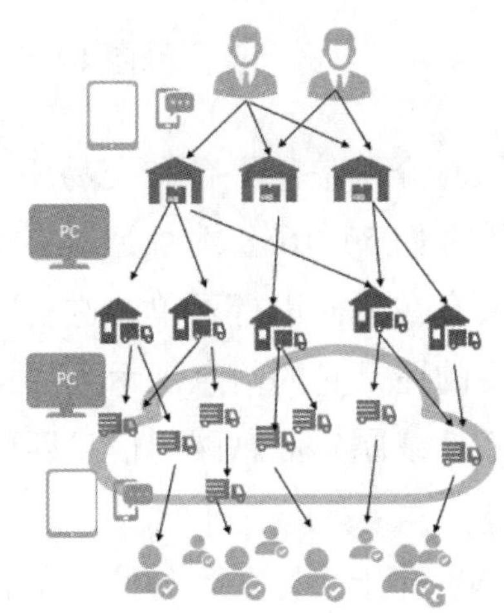

图 3　交易匹配与社区型运输管理平台对比

2. 从平台视角看物流产品模式

（1）信息平台。主要是信息网，这些信息网可以通过货盘、运力、运价、线路、从业者等方面的信息，把集聚的海量信息展现给需要的人，然后让这些人自行根据这些信息中有价值的联系方式进行匹配，这是信息平台的价值。

（2）交易平台。更多的是在货主方和承运方之间展开物流运输服务的交易，因此诚信这样的一个特征就非常重要。对于所有的交易而言，如果没有这种诚信的特征，未来物流金融交易产品就很难开展。

（3）社区平台。旨在帮助货主或大型三方构筑并管理其运输商业网络，具有生态特征。这三类平台模式如图 4 所示。

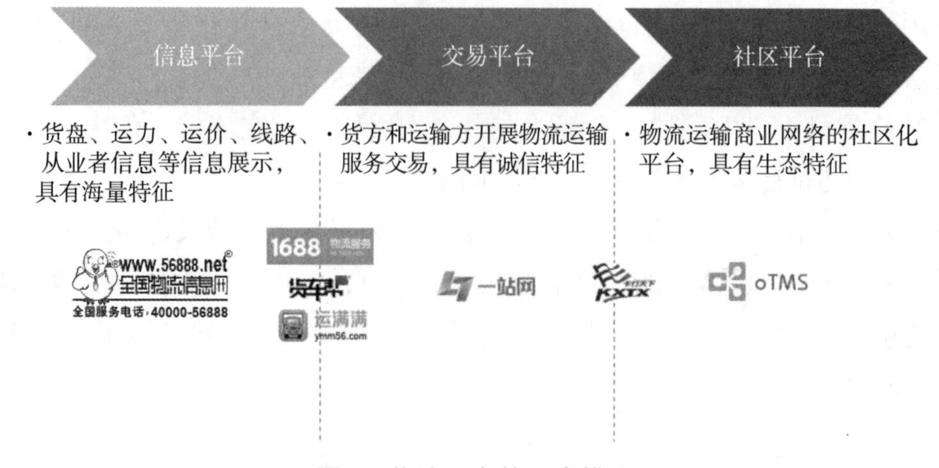

图4　物流平台的三类模式

（4）介于信息平台和交易平台之间的产品包括56.1688、货车帮、运满满等。如56.1688本身是所有物流公司信息的一个展示平台，同时也能满足大家在上面进行下单、进行交易。对它来说，交易不是那么重要，比较重要的还是它的信息展示。而运满满和货车帮更多的是通过APP这样的形式来承载原先信息网的信息匹配，同时在逐步向增加交易的方向上进行拓展。

（5）介于交易平台与信息平台之间的产品包括卡行天下，它通过让线路商加盟的形式既构建了线路商相互之间进行自主交易的模式，同时通过串联这些线路商并且不断向更多的区域拓展，从一级枢纽拓展到二级枢纽，也就是说从干线拓展到支线，以及向配送段逐渐延伸，这样的话，它既有交易也有向社区型延伸的特征，所以把它放在了中间。

3. 总结

每款好的产品，应该对它的用户有帮助，让它调用的资源能获取利益。否则，这个产品就可能会失败。而且，任何一个产品要有它的利润空间，也就是说，它原来就是有市场空间的一款产品。平台模式纷纷扰扰，大家都希望借着互联网的东风，从自己的视角解决行业数十年发展中积累的各种问题，“互联网+物流”的产品与资本的两年多蜜月期已接近尾声，2016年，探路者们何去何从，将见分晓。但是无论成败，这些产品都将是推动物流发展的车轮向前行驶的力量。

（三）平台发展特点总结

1. 互联互通

不同的货运互联网平台，在精准切入之后都在积极向所服务的链条上下游延伸。纵向来看，垂直链条内上下游的互联互通可以改善整体的交易及运作效率，促进全链条的协同协作；横向来看，不同的货主、物流公司、车队的集约化也将释放出更多的价值，打造“合纵连横”“互联互通”的商业网络已经成为趋势。

2. 合作共赢

平台之间的合作成为趋势，平台在专注于自己领域的服务之余，会与服务互补的其他平台通过战略合作，打造服务闭环，共同为客户提供价值。2015年，这种合作在TMS与ERP（企业资源计划）、GPS之间，车货匹配软件与传统软件之间均有所表现。

3. 规模化

公路货运本身的特性是网络化，公路货运互联网平台的模式也是要建立可复制、可扩展的规模化，互联网平台都在投入推动供给端和需求端的扩张，通过规模化以实现进一步的匹配和集约效能的提升，尤其对于同城服务提供的平台，如何形成快速的复制扩张，规模化将成为制约其后续发展的关键要素。

4. 增值性

货运互联网平台极大地丰富了物流产品服务的应用场景，在基础服务产品之上，互联网平台都在积极地提供更多的增值产品，提供一揽子的解决方案，在增加客户黏性的同时也把平台价值放大，拓宽盈利入口。同时，这也带动围绕物流行业提供专业增值服务产品的公司越来越多，与物流平台型企业合作，共同完善物流行业增值服务。

5. 资本驱动

公路货运互联网平台在早期需要高密度的投入，伴随平台的迅猛增长，持续的资金投入将成为影响平台成长的一个关键因素。在资本眼中，初创公司的“融资能力”也是他们在评估企业竞争力水平时的重要维度。谁能进入下一轮，谁能充分借力资本（包括资金和资金以外的资源）跑赢市场，谁就能奠定可观的相对优势，有更大的胜算可以脱颖而出。

6. 技术密集

目前市场上比较活跃的货运互联网平台企业中，研发和技术人员都占据公司总体雇员的相当比例，互联网平台的本质也是通过技术手段来优化或重构原有的业务链条，技术本身不能成为壁垒，但技术的积淀将成为“互联网+”物流平台的核心优势组成。

二、2016年公路货运互联网平台发展展望

1. 业务需求的变化

（1）货主进一步的成本优化诉求。在连续多年的议价后，原有的刚性成本压缩已经很难奏效，因此需要通过结构性的优化（比如货主协同、运力下沉、集约运营等方式）来实现成本控制等指标。

（2）商流变化导致物流的变革加剧。产品接触并送达终端消费者的渠道日益变得更多元化（电商、O2O及线下多渠道模式），对供应链的柔性和敏捷度提出了更高的要求，同时消费市场的下沉也要求物流网络高效的支撑，并能应对日趋碎片化的订单需求。2015年，全渠道的理念已经在一些行业（如快消品行业）渗透，2016年，这一趋势会进一步向更多行业蔓延。

（3）对增值服务和解决方案更加渴求。物流已经变成销售和产品的一部分，成为赢得消费者的重要一环，货主也希望物流公司可以提供更多的增值服务并有机融入配合自身业务扩张的策略。

2. 技术环境的深化

互联网，尤其是移动技术进一步普及，获得成本加速递减将使得传统终端的停留时间缩短；手机甚至其他穿戴设备等移动终端的应用也将愈加丰富；配套的基础设施、传感器装置、物联网应用可以为公路货运提供更有想象力的应用场景。

同时，对公路货运数据进行归集、处理和加工，并且支撑商业及运营决策的能力也将得到前所未有的加强，经过一再被强调的“大数据”挖掘，市场也在期待更多可以落地的产品和服务。

3. 资本市场的波动

过去一年，在新三板挂牌的物流公司已经超过 6000 家，快递板块的寡头率先吹响 IPO（首次公开募股）的号角抢滩资本市场，公路货运细分领域的初创企业在过去一年真切地感受到资本市场的冰火两重天：大资本纷纷在泛物流、供应链领域布局，优质标的成为资本竞相追捧的“香饽饽”。然而随着 O2O 迅速降温，部分“创新者”商业模式的可复制性和可持续性受到质疑，因此我们也看到开始有大量的公路货运互联网平台在经历了一轮红火之后迅速转冷甚至停摆。2016 年，资本趋于理性，但在整个大物流板块，资本仍然渴求具有可规模化扩张并和商流上下游更紧密契合的创新商业模式的出现。

4. 服务产品的创新

目前各货运互联网平台都提供了层次丰富的服务产品，在一定程度上也是一个培育市场、探索市场的过程，在这个过程中，那些可以快速迭代，贴近用户的互联网平台会走得更远。因此，我们也一定会看到一些创新型的产品和服务被推向市场，这不仅仅是提供更多的产品，同时也会通过“微创新”打造更好的产品体验。

（上海先烁信息科技有限公司 oTMS　潘永刚）

2015 年我国公路货运保险发展回顾与 2016 年展望

第一部分　2015 年公路货运保险发展回顾

2015 年的公路物流保险乃至近 5 年来的公路物流保险，如果要用几句话来形容，那就是畸形的保险供给和保险消费；局部竞争过热、部分竞争不足；交易双方互不信任；劣质供给过剩、优质供给不足。具体体现在以下几点：

——畸形的保险供给和畸形的保险消费。畸形的保险供给，保险公司明知保险业务员误导客户，宣传所谓的包年保单，物流企业抱着可以少交保费、占便宜的状态来购买这些所谓包年保单，却仍然放任这种行为发生。但这样的保单必然导致保险公司的保费充足率严重不足，赔付率上涨。于是保险公司在保险方案中设置不平等条款甚至隐藏的陷阱条款，在理赔时层层设卡来保护自己的利益。

畸形的保险消费，物流企业明知低价的包年保单有问题，但因其对保险公司的理赔服务不信任，导致其不管保单是否正规，只选价格低的，或选择貌似能占便宜的保单。寄希望能在出险时运气好，得到正常的理赔服务。

——局部竞争过热，部分供给不足。车险、基础的货物保险竞争过热，体现在车险的折扣、营销成本与普货保险的费率竞争上。

在物流细分领域供给不足，例如，城市配送、高货值货物、农产品、大件运输、冷链等物流细分领域，保险公司接受度低，没有专用保险产品，愿意经营这些细分市场的保险公司少。

——供给双方的互相不信任。保险公司认为物流企业投保时不诚信，少报营业规模和运输货物量，从而漏交保费。理赔时虚报损失，甚至骗保，从而在保单中重重设防，有的保险公司甚至为保护自己而设置了过多对物流企业不利的条款。物流企业认为保险公司销售时误导宣传、理赔时困难重重。

——优质供给不足、劣质供给过剩。即无陷阱、无误区、价格低、保障水平高、理赔好的保险供给不足。陷阱多、误导多、保障水平低、价格高、理赔体验差的保险供给过剩。

一、公路物流保险现状

物流保险整体规模在整个保险市场的占比，与物流行业在GDP中的占比，两者相差巨大。物流行业的保险购买率和保险购买频率均较低。

（一）保险普及率低，物流保险业务的发展受到阻碍

1. 老旧的物流保险产品

老旧的产品，应对极度细分的物流行业，每一个细分领域都不太合适。

物流行业发展到今天，已经有了很详细的细分，如仓储、三方、专线、零担、快运、快递、城配、大件物流、农产品物流、大宗货物物流、冷链物流等，而保险公司还是用几款老旧的保险产品来应对飞速发展的物流行业。每一个物流细分领域的行业特性和操作场景都不相同，造成每一个物流细分领域的保险需求都没有被很好地满足。

例如，目前的城市配送，因不少城市限制货车进入中心城区，而采用大量的面包车、依维柯等无运营资质的车辆运输。而这些车辆发生事故造成货物损毁，在现行物流保险的条款规定中，均属于不赔范畴。无论从货主要求，还是城配平台需求来看，现行货物保险均难以满足需求，市场上也没有专门的城市配送物流保险可供客户选择。从保险费用来看，城市配送极短途、低车速、低损失率的城配物流，如采用传统长途运输的保险费率，也是城配行业无法承受的。

又如，承接快递公司干线运输的物流企业，因包裹的价值难以衡量，保价和未保价的赔偿方式约定不同，快递公司对每一包裹损坏的赔偿条款

约定不同。这中间每一条都对现有保险的理赔处理方式形成挑战。按照现行的保险法和保险原理做理赔，对于未保价物品只会赔偿运单上约定的运费倍数，则物流公司按合同约定赔偿给快递公司的损失会远远大于保险公司给予物流企业的赔偿。如未在购买保险时做有针对性的方案设计，而直接按现有保险产品购买，则出险理赔时发生理赔纠纷，或物流企业没有获得足额的赔偿，几乎是必然的事情。

当没有合适的物流保险产品满足物流细分业态需求时，物流保险的购买率和普及率自然不会高。

2. 高企的投保成本

贸易环节应承担的货物运输保险费用，压在物流这个微利行业身上，企业无力承受。一车 150 万元的货，从武汉到上海，运费 8000 元左右，利润按 10% 来算，也就 800 元。但是保险费率按万分之八来算，就得 1200 元，利润贴光都不够。即使按万分之三的费率计算，也得 450 元，保费占到利润的一半以上。

对于贸易双方，至少有贸易额即货值百分之几的利润空间，对于万分之几的保险费用可以承受。而物流企业的运费不是按照承运货值来计算的，利润仅为运费的百分之几，无法承担贸易环节可以轻易承受的保险费用。

货物保险费率不降到物流企业可以承受的水平，货物保险的普及就不可能。其结果只能是倒逼物流企业不买保险、选择性购买保险或在购买保险时弄虚作假。

3. 现有物流保险的保障水平偏低

（1）保险产品风险保障不足，要么保得不够宽，要么保得不够深。

（2）部分产品不保自然灾害，例如物流责任保险、承运人责任险等。国外完善的物流法律环境下的保险产品——物流责任险，认为自然灾害属于不可抗力，因此自然灾害导致货物遭受损失，物流企业可以不赔给货主。所以，物流责任险被引入国内时，并未将自然灾害风险纳入保障范围（注：符合安全运输规定而遭受雨淋是保险责任）。

虽然不可抗力确实在很多合同中可以免除责任。但是，国内物流行业竞争激烈。货主给出的，都是不平等条款，无论是不是自然灾害，无论是不是不可抗力，出了货损，物流公司都得担责，甚至直接被扣减运费和押金。

(3) 部分产品不保转运后的损失，例如货物运输保险。现在城市间大车物流，一般都会有几票、几十票甚至上百票。大车到达中心城市后，有不少的货物都需要往下游城市分拨转运。传统的货物运输保险，不保分拨转运后的风险。但物流企业的责任并没有终止，还要为分拨转运的货物承担风险。

现有物流保险产品的保障范围与国内物流行业风险特性导致的产品不匹配，造成物流企业购买热情不高。

4. 缺乏监管和制衡的保险公司理赔服务较差

案例：以包装不善及堆码过高为理由拒赔

2014年8月10日，一家物流企业从浙江起运一车节能灯芯柱到河南，在到达河南目的地后，因为厂房的仓库保管员请假不在，无法及时卸货，只能将货车停放在仓库附近。结果连续两天暴雨，货物上覆盖的防雨篷布出现渗漏，导致货物受损严重，报损金额在18万元左右。

保险公司查勘后，经过三周左右的研究审核，认为货物包装标示写明的要"防潮、堆码极限数5层"，而厂方及被保险人使用纸箱进行包装，均未尽到妥善包装之责任，且堆码达到了7层。因此初步意见是拒绝赔偿。

笔者公司处理该案时的书面意见是：

(1) 保险公司引用"除外责任"所约定的"包装不善"理由极不充分。因为"包装不善"这个表述在双方签订的年度保险合同中并无具体的名词解释。也就是说没有写明"防潮的货物不能使用纸箱包装"，同时也没有任何法律规定"防潮的货物不能使用纸箱包装"，所以保险公司引用此条理由来拒赔，其证据效力是不足的。

(2) 纸箱上写明防潮而用纸箱包装，显然不符合厂家的本意。纸箱上写明防潮，其真实表达意思和一般认为的意思，是指不让该货物储存于潮湿环境中，而非保险公司所指包装需要防潮。保险公司将此环境防潮要求解释为彼包装防潮要求，太过于牵强。

(3) 关于堆码超过限制的5层，其本意是为了防止货物失稳或被压损。而本次事故一不是货物失稳跌落造成损失，二不是堆码过高造成压损。而是暴雨造成的雨淋损失，和堆码多高并无任何关系。换句话说，损失不会因为堆码低于要求的5层而减少或者不发生。

该事故属典型的保险公司在处理赔案时，利用自身专业找牵强的理由，欺负物流企业不专业，而达到拒赔或少赔目的的案例。

保险公司是对股东负责，以盈利为目的的商业机构。在出现大的赔案事故时，其自然而然会在赔案处理时偏向自身利益。而现有保险公司的机构经营机制，是以机构规模和盈利为考核目标，机构整体赔付率超出考核标准，轻则影响机构奖金，重则机构负责人被降职解聘。而保险公司的理赔服务，特别是非车险的理赔服务，一是没有行业标准，二是没有监管机构，三是被服务对象也不专业。所以，保险公司机构负责人在赔付率考核的压力下，会倾向于在大的赔案上拒赔、少赔、拖赔，也就见怪不怪了。

另外，值得一提的是，在理赔单证要求上，保险公司缺乏统一性。相同性质的赔案，不同的保险理赔员要求客户提供的单证不一样。有的要求单证极多，甚至提出不合理的单证要求。例如国内运输的事故，竟然要求提供报关清单、提单，有故意刁难客户之嫌。而长期这样随意的理赔要求给物流企业的体验非常不好。

保险公司缺乏监管和专业第三方制衡的理赔服务，给物流企业的保险体验非常不好，影响物流企业购买保险的热情。

（二）交易双方互不信任，相互设防，造成畸形的保险供给和消费

1. 物流企业谎报、虚报

部分物流企业在投保时少报货量或营业收入，少数物流企业在理赔时做假赔案、虚报损失，造成保险公司对物流行业的不信任。

现有物流保险年度预约保单或物流责任保险年度保单，在运行机制上，有些允许物流企业先运输，后申报甚至不申报，年底结算。于是出现部分物流企业出于省保费的目的，在货物到达后不申报或少申报。在出现赔案时，保险公司核算其货量或营业额时出具假账、假报表。更有一部分物流企业，在出现保险理赔事故时虚报损失数量和损失金额，试图通过保险理赔赚钱。还有极少部分物流企业，事前漠视风险，而在损失发生后，试图

通过补买保险并制造虚假赔案来弥补损失。正是这种极少数的不良行为，造成保险行业对物流行业的不信任。结果是保险公司逐年提高承保的门槛，压低保险条件。甚至为了保护自己，增设诸多对物流企业不利的条款。

2. 保险公司弄虚作假

部分保险业务员在销售保险时存在误导行为，将保险公司年度预约保单宣传成包年保单，保险公司在设计保险方案时设置对物流企业不利的条款，理赔时恶意惜赔、拖赔、拒赔，造成物流企业对保险公司的不信任。

典型销售误导之一："物流责任险包年4万元，保公司全国所有货物，全年不用申报。"按字面理解，不管物流公司的业务规模是几百万元，还是几千万元，抑或德邦这样100多亿元，全年保费都只需要4万元。

这样的保单有违商业的正常逻辑：第一，不公平，不管物流企业大小，都交一样的钱，办一样的事，不符合正常的商业逻辑；第二，要是德邦这样的企业也就交4万元保一年，那保险公司的损失太大。

实际上，根本就没有真正的包年保单。因为在货物保险的年度保单中，基本都会这样约定：保险人以保险期间内被保险人的预计物流业务营业收入为基础计收预付保险费。保险合同期满后，保险人根据被保险人实际发生的物流业务营业收入对预付保费进行调整，多退少补，但不得低于保单约定的最低保费。

从上一段保单条款可以看出，保单并不包年，需要最终核算实际保险费。所谓的包年保单，只是保险业务员为了保险好卖，故意压低预计年度保险费，然后宣传成包年保险费。这样的保单，可能会造成三种后果：

（1）被保险公司追索保费。在法律上，保险公司享有随时向物流企业追讨保费的权利。关键在于，物流企业在投保时关注点在每年保费多少万元上，而没有考虑单价贵不贵的问题。可能在被追缴保费时，最后算下来付出比正常投保贵得多的保费。

（2）出险时被比例赔偿。部分保险公司会在所谓的包年保单中预设一些对物流企业不利的条件，例如，"投保人应当如实申报营业额，如果投保人申报的营业额少于其实际营业额的，保险人按照申报营业额与实际营业额的比例承担保险责任。"这条约定实际上就是在为保险公司遇到重大事故后如何少赔留下伏笔。

案例：一家北京的物流企业的实际开票额为2000万元，远远超过了保单中约定的营业额500万元。发生了一起120万元的整车火灾损失，依据上述条款，保险公司的赔偿款仅为30万元，企业至少得自担90万元损失。结果是：投保上虽然貌似节约了15万元，但理赔的时候，少赔了90万元。和省的保费比，足足6倍的差距。而且保险公司还可以就这少交的15万元主张权利，要求物流企业予以补交。

（3）出险被拒赔的可能。保单生效几个月后，突然发生重大事故，部分不良保险公司在调查相关营业收入数据后，会直接拒赔。拒赔理由是：你申报的500万元的营业额在前3个月就已经用完了，因为你没有缴纳后续保险费，所以您的保单早已失效，保险公司不承担任何赔偿责任。

保险公司一方认为物流企业不诚信，销售保险时就会将安全余量放大，倾向于提高价格或是增加更多有利于自己的条款。而物流企业一方则认为保险公司不诚信，买的时候容易，赔的时候难。反正不知道能不能赔，于是倾向于买保险的时候越便宜越好，甚至想方设法通过瞒报、少报营业额来减少保费支出。而越是这样，保险公司一方就越是谨慎，给出的条件就越苛刻。

可以想象，双方在这种互不信任、互相提防的情况下做交易，付出的交易成本极高。

（三）创新不足

（1）在保险销售方式创新上有一些变化，但还不足。如借助物流平台搭建保险交易系统，协会团购模式。但这些均未真正切入到物流行业的交易场景或操作场景中去。

（2）在产品端创新上非常乏力，现有物流保险产品几乎都是用了30年甚至100年不变的产品。部分线上货物保险的销售网站，也仅仅是将保险公司的出单系统搬到网上而已，并没有真正基于互联网保险的要素和物流企业实际需求去重新定义和打造物流保险产品。适合物流行业细分化、互联网化、信息化的物流保险产品刚刚开始发展。

（3）理赔服务的创新乏力，在竞争激烈的私家车保险市场，APP理赔、微信自助理赔、小额事故闪赔、小额事故免单证理赔等各种依托于互联网基础设施的创新服务层出不穷，给客户的保险理赔体验大幅提升。反观物流保险，几乎没有任何提升客户理赔体验的创新出现。所以，物流保险需要的是供给侧改革。

二、物流保险供给侧改革

变革关键词有物流保险产品变革、“互联网 +”背景下的物流保险交易场景、数据打通、第三方服务，以及跨越边界。

（一）物流保险产品变革

1. 针对物流细分业态和特殊场景的专属保险开始出现

物流保险的现状是：一种物流保险应对三方、专线、零担、快递、城配等各种物流细分业态。

而在未来，会出现基于专线公司的行业特性和操作场景专门开发设计的物流保险产品；基于城配公司的行业特性和操作场景专门开发设计的物流保险产品；基于专线公司的行业特性和操作场景专门开发设计的物流保险产品；基于物流新技术度身定制的保险产品，如基于冷链物流新技术的冷藏箱开发的跟随箱子的物流责任保险；基于车货匹配平台开发的交易违约保险，对司机接单无货或是司机飞单造成货主损失给予赔偿；基于极端天气造成供应链物流无法按厂家所需及时供货造成的罚金损失；等等。

未来，大而全的物流保险产品将越来越无人问津，而每一个针对细分业态度身定制的极致单品将会出现并受到欢迎。

2. 更加公平的物流保险定价方式

一个司机的驾驶习惯是好是坏，往往要基于雇用过后，或损失发生后才能被验证。而这些司机的驾驶习惯，会直接影响货物的安全、车辆的安全、保险的赔付率变化。现行的保险定价，在车险上是事后定价，在货物险上并未将车辆的运营状态考虑在内。

随着整个卡车行业的互联网硬件、软件的发展，基于驾驶行为、驾驶里程的车辆行驶大数据会在保险定价上产生影响。一台驾驶习惯非常好的卡车，会享受到较其他卡车低很多的车辆保险价格，选择这台车做运输的物流企业，其单次货物保险的价格亦会享受优惠。从而让驾驶习惯良好的卡车能得到更多的业务，促进更多的卡车司机规范自己的驾驶行为。

基于驾驶习惯、行驶里程、风险状态、车型的历史事故率、行驶路线的历史事故率等大数据的保险定价，随着物流信息化的发展和完善，会在几年内开始流行。

3. 物流保险会越来越碎片化

随着互联网对物流行业不断的渗透，70%以上的年度保单会消失，物流保险将向极度的碎片化发展。例如，卡车按天或按行驶里程支付卡车保险费用。仓储按照每件货品的仓储时间来计算仓储保费。未来，物流企业将会像使用水电煤气一样使用保险，开之即来、关之则停，非常方便。

（二）“互联网+”背景下的物流保险交易场景

因为互联网的介入，因为数据的交互，保险双方的交易会更加透明和具场景化，保险的交易场景、广告背书、金融担保以及理赔服务都将在互联网的连接下发生巨大的变化。

1. 互联网在保险交易中的作用

TMS、OMS、WMS等物流交易平台，无论是货物种类、数量、货物价值、运输路线、车辆信息，还是运费数据，在这些平台或是在物流管理软件上都有全部或是大部分的体现。所有保险需要的数据和信息，这些平台上几乎全部都有。

物流保险将越来越多地嵌入到这些平台合适的场景中，物流企业只需点击投保，投保所需的信息和数据将直接交互到保险平台，保险平台及时将保单反馈回来。减少物流企业在投保时录入投保信息的过程，大量节约传统保险交易流程的时间和人力成本。

需要指出的是，物流平台在提供增值保险业务，带来增值业务收入的同时，也带来了风险。从现阶段部分物流平台提供的保险增值服务来看，还存在很多问题。主要体现在保险方案设计不妥、对平台用户的保险关键信息提示不足引起纠纷，保险公司单方面理赔服务不好造成纠纷，引起平台用户的不满，甚至造成物流平台商誉的负面影响。

物流平台提供保险服务，需要对物流、保险、互联网深度理解的专业能力。而这些专业能力，不能依靠保险公司单方面提供，需要真正站在物流行业立场的专业人士，来协助物流平台完成。

2. 互联网环境下物流企业购买保险的广告背书与诚信投保企业的市场竞争力体现

无论对于货主来说，还是对于上游三方公司来说，下游的物流企业保险买得全不全、买的保险好不好、是不是每单每车都买，都是事关自身货物风险和供应商稳定的重要事宜。而传统保险市场的年度保单或单次保单，因缺乏规范和透明，无法为上游货主提供放心的担保和决策参考。

随着互联网物流保险的发展，在互联网上投保的物流企业，其投保数据、保单范围和投保概率能在更多的物流平台上时时体现，供货主可实时查询并可作为决策依据之一。线上保单的透明度和实时可查询的特点，较线下保单能让上游货主更加放心。线上的物流保险能真正地、实时地为物流企业做广告背书，提升物流企业的市场竞争能力，让诚信投保的物流企业获得更多的业务机会或更容易在竞争中胜出。

3. 保险在物流金融中的应用

（1）物流保险在物流信用贷款、金融保理中的作用。

一个每车都为货物投保的物流企业，因为意外事故造成不能还款的概率会大幅降低。应该被物流金融保理所欢迎，甚至给予更高的贷款额度和更低的贷款利率。

物流企业的投保率和保单覆盖率，是可以被物流金融所利用的，无论是贷款前的决策参考，还是贷款后的强制要求，都能有效降低贷款违约率，有效促进物流金融的发展和普及。

（2）信用保证保险与物流金融。

无论是信用贷款，还是应收账款抵押贷款，各种物流金融的创新，都在为急需资金发展的物流企业提供更好的资金支持和更方便的贷款服务。但在控制坏账风险上，比起实物抵押贷款要严格很多，客观上造成目前物流金融的谨慎。

信用保证保险，以贷款物流企业的信用作为保险标的，在物流企业因为意外事故或经营不善无力还款时，由保险公司负责偿还贷款。从而可以有效补偿物流金融企业的损失，放大金融的杠杆作用，让物流金融企业在可预知的最高风险承受限度下，为物流企业提供更快、更多、利率更低的物流金融服务。

（3）保险与代收货款担保。

任何一家涉及代收货款的公司跑路，在当地都会造成不小的风波。不但给商户、上下游物流企业带来伤害，也给物流行业造成巨大的声誉影响。

信用保证保险，以经营代收货款业务的物流企业信用作为保险标的，在出现物流企业跑路时、经营不善无力还款时，由保险公司负责偿还货款损失，从而可以有效地补偿商户损失，减少社会不良影响。但实施的难点在于，目前物流行业的单据单证管理混乱，白条、口头约定盛行，单证无签字或签字人无资格等情况，均会对信用保证保险的承保和理赔带来困难。

4. 互联网在保险理赔上的应用

（1）数据连通、信任成本降低。

无论是仓库保险，还是货物保险，火灾几乎都是物流企业最担心发生的事故。但在几乎90%的物流保险火灾理赔案例中，对于损失，仓库中或事故车辆上到底存放了什么样货、多少数量，保险公司几乎无从查实，只能靠被保险人自行提供。面对信息严重不足的赔案，任何理赔服务人员都会难以处理。当保险公司抱着怀疑的眼光来看待被保险人提供的损失清单时，其理赔效率会严重降低，甚至倾向于降低赔款的操作。

随着物流企业信息化的普及，越来越多的物流企业开始使用云端的TMS软件和WMS软件。在出险时，车上、仓库中的货物和数量能被清清楚楚地追溯到，故而能有效降低保险公司理赔人员的猜疑，降低信任成本，提高理赔的效率。

（2）虚假赔案减少，造假成本上升。

数据连通的另外一个效果就是，影响整个物流保险赔付率的假赔案会减少，造假成本会升高。（目前因虚假赔案提升的物流行业保险成本，粗略估算应该在 15% 以上。因保险公司对赔案真实性的验证，提高的理赔成本至少 10%，影响理赔效率至少 20%。）

在数据互联互通的时代，一个完整的商流、物流、资金流都将被轻易的追溯。也就是一个保险赔案发生，从交易订单、物流订单、货物类型和数量、资金流水、行车轨迹甚至出险前 1 分钟的驾驶情况以及更多的数据，都能被追溯和调取，这些数据能快速地对赔案的真实性进行验证。如果符合实际情况，则后续的理赔服务在无须考虑赔案真实性的前提下，会快速很多。对于虚假赔案的制造者来说，制造一起假赔案，需要造假的数据量和环节太多，造假成本会急剧提升。

物流虚假赔案的减少，会让整个物流行业的保险成本支出降低，理赔效率和服务得到提升。

（3）在线视频查勘工具的普及。

物流保险的出险，特别是货物保险的出险，往往都不是在市区，甚至离市区很远。而保险公司的理赔服务，往往都是从最近的市区安排理赔员到现场查勘，从时间上很难保证能快速到达现场。而交管、路政部门为保证道路畅通，往往会要求快速施救、快速清理并立刻离开现场，导致很多时候，保险公司无法获得物流赔案第一现场的资料，给保险理赔处理造成影响。

随着互联网技术的发展、4G 甚至 5G 网络的普及，互联网基础设施的建设越来越完善，使得依靠司机的手机快速查勘成为可能，甚至可以实现实时视频在线，后台指挥查勘的功能。司机可在后台理赔人员的指挥下，拍照上传现场情况、损失货物及数量。从而做到即使保险公司无法及时赶到保险事故第一现场，其影像资料也能被很好地保留，帮助提升理赔处理的效率。

三、推动物流保险供给侧改革的重要力量——第三方保险服务

物流行业已经被极度细分，并在互联网、信息化发展方面不断进步。但物流保险在这几十年中，并没有与物流行业的发展一样与时俱进。分析

原因，主要是保险公司没有推动物流保险变革的动力，而物流行业没有推动物流保险变革的专业能力。故而需要专业的第三方保险服务的力量来推动物流保险的变革。

传统的第三方保险服务，泛指除保险公司和投保人、被保险人之外其他保险服务机构，包括传统的保险代理、保险经纪，以及近年开始涉足保险业务的一些物流服务机构、物流平台。

但在物流这个极度分散、极度细分，且向信息化、互联网化、集约化发展的领域，传统的第三方力量，无论在人力、物力、财力、专业技术，还是互联网理解上都存在各种不足，无法对整个物流保险变革产生质的影响。

既懂物流又专保险还懂互联网的专业第三方服务机构将开始出现。这些公司可能以垂直于物流保险领域的互联网创新创业公司的形态出现，可能的形态为：专注于物流保险产品设计的公司；专注于物流保险 SaaS 交易平台的公司；专注于物流车辆保险、车辆后市场的公司；专注于物流保险理赔平台服务的公司；专注于为物流金融提供保险担保支持的服务公司；专注于为物流人提供单位、个人人身保险服务的公司等。

这样的公司必须具备的能力要素包括：新型互联网物流保险的产品设计能力；互联网物流保险的销售场景设计能力；连接物流市场信息链的能力；理赔专业上对保险公司理赔服务制衡的能力。

第三方物流保险服务机构，将利用自身的专业性、对行业的理解、对互联网的理解、对需求对服务的理解，从产品、场景、理赔、服务等各个方面推动整个物流保险行业的变革。

四、跨越边界

（一）供给不足部分的自保联盟

保险公司是以盈利为目的的商业机构，故其在风险选择上有偏好，不会也不可能为物流企业提供所有需要的风险保障。于是会形成，物流企业虽然有刚性需求，但保险市场不提供相关产品的情况，或虽然提供，但保费非常昂贵的情况。

例如，目前的货车保险市场，保险公司基本不提供100万元以上的第三者责任保险，即使个别保险公司提供高额第三者责任保险，但保费非常昂贵。而大货车造成群死群伤事件虽然概率不高，但一旦发生，100万元的第三者责任保险根本就不够赔，会给个人车主、物流车队、物流企业造成极大的经济损失。

随着互联网的发展，物流企业开始聚焦各种物流社交媒体，开始使用各类互联网工具，使得快速聚集巨量的车主、车队、物流企业成为可能。以保险原理的大数法则为依据，聚集大量的车主单位，组织自保联盟，为联盟会员提供100万~500万元甚至更高的风险保障。如组织10万元的货车参加联盟，则发生一次300万元损失的极端事故，损失100万元以上部分由大家共摊，则每台车均摊额仅为20元。远远低于向保险公司购买超出100万~300万元商业第三者责任险的保费价格。

自保组织的运行和管理需要极度专业的设计和极度透明的运作，目前在国内的人身保险上的部分细分领域和私家车领域有所尝试，在物流保险领域的应用尚没有先例。

（二）物流行业的相互保险公司

相互保险公司在国际上一直是重要的保险业形态。随着中国保监会对相互保险机构的牌照开放，越来越多的行业性相互保险机构相继出现，物流行业也不例外，一定会出现物流行业的相互保险公司。

而行业性相互保险公司的重要特性体现为对行业的深度理解，在行业中拥有资源，不以盈利为目标。其在目标行业中的运作效率和运营成本都将远远优于目前的商业保险公司。

从物流行业的体量和参与者数量而言，完全有足够的容量去承载不止一家物流行业的相互保险公司。但问题的关键不是容量和资金，而是缺乏足够多的横跨物流、保险、互联网的跨界人才。

第二部分　2016年公路货运保险发展展望

2016年的物流保险发展不会有质的飞跃，但在交易场景、渠道、产品、服务上将会有不断的创新出现：保险销售渠道变革速度会加快，具有交易场景的物流服务平台的优势会愈加明显；诸多物流交易平台、物流管理软件公司或其他类型的物流服务企业将涉足保险销售，而保险将成为其重要的盈利模式；针对物流行业细分业态的行业特性和操作场景定制的保险开始出现；传统的线下物流保险销量下降，但仍占主流。线上销售的物流保险产品增速会加快，但总占比还不会太多；依照互联网思维打造的纯互联网物流保险产品将开始出现；越来越多的专注物流保险服务的专业第三方保险服务机构开始出现，甚至专门帮助物流服务平台提供保险增值服务解决方案的第三方保险服务机构会出现；开始有企业申请物流行业的保险公司牌照，但年内难以获批；2016 年的物流保险发展趋势，会是各种物流保险创新模式出现和试错的一年。用一句话形容就是：未来已经来临，只是尚未流行。

（武汉双视角保险理赔咨询有限公司　周焱）

2015 年我国公路货运保理发展回顾与 2016 年展望

2015 年，中国经济增速继续回调，下行压力比较明显。受世界经济和国际市场变化等因素影响，出口增速明显下降；加之工业产品价格 40 多个月持续下降，企业持续调整库存储量；经济结构调整力度加大，钢铁、水泥等行业产能过剩调整力度加大等诸多因素，导致了位于各个产业链条上的物流行业在这种错综复杂的经济常态下，资金回流的效率较往年更加艰难。

2015 年随着大量资本的涌入，加上互联网思维的新兴热潮，导致物流行业的竞争加剧，从“传统物流”向“现代物流”的转型，成了物流人喊得比较热的口号。但是从总体上看，虽然政策导向与行业方向得到关注，但物流行业转型对全社会物流效率提升的带动作用的效果还没有彰显出来。

在这种行业背景之下，国内物流企业开始了非理性的业务扩张之路，经常出现不考虑利润、不计成本的飞速扩张，寄希望于通过规模效应博取“投资人”的青睐。随着互联网思维下的产业信息化推动，整个行业越来越浮躁。最终的结果是随着经济周期的放缓想要通过规模盈利的企业，资金压力越来越大。

保理业务是典型的逆经济周期行业。经济增速下行，致使物流企业应收账款回收难度增大。其必然导致应收账款的规模上升、资金周转紧张。企业为了加快回收应收账款、转移交易风险，必然导致对保理服务等贸易融资工具的需求上升。

一、货运商业保理业务概况

目前，我国针对中小物流企业的货运商业保理服务的商业逻辑从 2014 年起步发展至今，短短两年时间涌现出一批有头脑、有能力、有热情并致力于物流行业金融服务的商业保理公司。

货运保理业务迅速发展主要缘于物流行业的广阔市场和市场中参与者的属性。据中国物流与采购联合会2014年发布的数据显示，2015年我国社会物流总额达到220万亿元。其中，公路运输是主要载体，占货运总量的75%以上。

中国有80余万家从事物流运输的企业，数量惊人。80余万家物流企业中，中小企业占据了企业总数的99.5%以上。99.5%的中小物流企业存在资金短缺的问题，而这些企业又同时具有以下几种特征：既没有足够的信用评级，也没有足够的抵押资产，同时也不具备优质的担保方等。这些问题直接导致了此类企业很难找到资金融通的渠道，解决其资金薄弱的环节。

我国的物流金融业务是近两年才发展起来的，起步较晚。相较于国外著名的物流金融服务机构（美国联合包裹、荷兰湾北岸银行、马士基）而言，仍处于探索与发展阶段。融资主体上，早期我国由于受银行分业经营和其他相关政策的影响，物流金融业务中提供资金和进行结算的主体较为单一，主要是商业银行，采取的模式主要有两种，一种是银行借款给企业并委托专业的第三方机构和物流企业对借款企业和担保进行评估和管理控制；另一种是银行统一授信给物流企业，由物流企业按银行的规定开展物流融资业务。这两种业务模式，明显不适用于物流业中的中小微企业。

商业保理公司在这个时点上，走进了“物流人”的视线内。商业保理公司相较于商业银行而言，更具有创新性和灵活性。通过深入的行业研究，发现物流业中的中小企业所面临的尴尬局面。通过新的业务模式，合理评估物流企业的信用价值，实现了物流企业的贸易融资需求。

目前从事物流金融领域的商业保理公司已将近10家，关注物流行业领域各层面各环节的资金需求，通过不断的产品创新，合理地解决了中小微物流企业的资金需求。

二、2015年货运商业保理行业发展回顾

1. 货运保理商业模式产生的诱因

随着中国经济转型的不断推进，作为现代服务业重要组成部分的物流

业，在整个供应链条中，相比于商品的生产制造、加工、零售等环节而言，占据了更多的时间和费用，同时完成了贸易标的最基本的空间转移。因此如能提升物流运营的效率，将使得整个供应链条更加有效。现在多数学者和众多从业者均比较认同的观点是，提升物流运营效率可通过两方面来实现，一方面是资金流，另一方面是信息流。通过资金流和物流的匹配，可以避免因为资金缺口的问题导致整个链条的不畅，甚至断裂。货运保理商业模式就是基于货物运输业此项需求而产生的商业逻辑。

2. “商业保理改变公路货运运营模式”的两个故事

案例一：

某物流公司于 2014 年同中国 × × 集团 × × 石油化工有限公司 × × 分公司签署了石油化工等大型设备的全国运输项目。在整个项目的运营当中，因“某物流公司”与“× × 石油化工有限公司”约定运输费用结款周期为 3 个自然月，导致“某物流公司”自身资金运转陷入了困境，该项目需要大笔的现金流进行周转，然而“某物流公司”如果持续运作此项目，将会导致该企业前期签署的运输项目发生违约的情形。鉴于此情形，“某物流公司”法人开始尝试通过传统金融机构进行贷款，通过接触之后该企业法人发现，传统金融机构针对物流企业发放信贷的可能性极低，而且手续流程烦琐，不能及时解决其现存的资金需求。

该企业法人情急之下，开始尝试接触民间资金进行高息借贷，但民间借贷的平均资金成本超过 36%，让他望而却步。眼看好不容易建立起的合作关系，就要因为资金周转问题毁于一旦，焦头烂额之际，其所在园区内的“邻居”向其推介了“某商业保理”，客户经过深入了解之后，发现“某商业保理”与其需求契合度极高，遂约“某商业保理”业务人员进行详细咨询。

在得知“某商业保理有限公司”是一家专门服务于物流企业的金融机构后，客户感觉寻觅到了“知音”。“某商业保理”推出的产品之中有一款产品是基于物流企业与上游厂家运输贸易为载体，实现运输费用先行垫付的产品。这对于资金周转压力较大的他来讲，马上就能解决其燃眉之急，而且资金成本合理，按日计息，也不会产生资金闲置的情况。

该企业法人通过“某商业保理”业务人员递交了相关资料，经过审批之后，获得“某商业保理”80万元的先期授信额度。“某物流公司”使用了该产品之后，资金周转窘境马上得到了改善，面临违约的运输项目也得以继续运转。

据“某物流公司”表述，2015年全年，其资金周转效率提升了将近3倍。同时，运营效率也得到了十足的改进，2015年4—6月其通过自身能力又签下两个项目的运输合同，“某商业保理公司”对其评估后，为其增加授信额度38万元。经客户2015年年终核算其净利润，除物流相关费用支出（运费、车辆油费、过路过桥费、司机工资、车辆养护、利息费用）和利息费用支出后，相比去年，净利润依然有约为16%的增幅。

案例二：

在山东一座没有名字的小旧楼里，××物流有限公司刚搬进七层不久，新的办公区比原来简陋了许多，面积只有100多平方米，看得出是出于对成本的考虑。不过，公司法人小肖对公司的未来还是非常有信心的。在不到3年的时间内，从物流门外汉到拥有了自己的一片天地。××物流有限公司的品牌已经在山东某市有了一定的知名度。虽然目前缺乏自有资金，但小肖非常乐观：“等资金充裕些的时候，我会考虑去节点城市建立分公司。”面对一片大好光景的物流领域，没有银行信贷支持的民营物流企业，如果仅凭借自身的积累很难实现快速扩张，资金瓶颈成为了限制其发展的根本原因。

小肖认为自己这几年有了一定的商脉又肯吃苦，在全国各地开设分公司，指日可待。但狂飙突进的小肖却遇到了很大的资金瓶颈。如果以当时自己的物流公司21%的毛利率计算，毛利是1050万元，这笔钱可以把分公司开起来，并且添置设备的钱也足以支付。但是这笔钱什么时候能够结回来是个根本问题。对于小肖来说此时比较担心，上门催款怕损害了苦心经营的商业关系，静待结款怕耽误了开设分公司的战机，对此小肖左右困难。此时，小肖想到从商业银行获取经营贷款。

“你们有多少车？多少仓库？”面对银行的疑问，小肖望而却步。在全国范围内的布局，目前又有多少家民营物流企业能有巨额资金“压”在大量的车和仓库上呢？银行方面更加关注资金回笼问题。由于物流企业而言，固定资产一般很小，贷款风险则不言而喻。而一个现实的矛盾是，目前正在蓬勃发展的第三方物流企业，本来就是轻资产的模式，更多是以一个供应链管理者的形象出现，如果仅凭资产抵押贷款，几乎是不可能的。

在小肖迫于资金压力，即将放弃开设分公司的想法时，一个偶然的机会，他接触到了一家商业保理公司，并与该商业保理公司达成了共识，将自己的应收账款转让于该保理公司。为此，小肖获得了 1000 万元，预付比例不超过 80%的保理融资额。一周之内，款项基本到位。小肖成功将外省市的分公司开了起来，据小肖讲述在 2015 年总体货物总量下滑的情况下，他的业务量同比增量了约为 1666.65%。这份成绩是由多种因素构成的，缺一不可。其中最重要的就是这笔商业保理业务帮助他摆脱了资金压力的困境。

三、货运商业保理市场需求分析

1. 物流产业结构的变化与金融产品的融入

2009 年，物流行业成为国务院常委会议审议并原则通过了十大产业振兴规划中的第十个产业。随后我国物流产业开始迅速发展，2014—2015 年国内物流行业迎来真正的迅速发展期。国务院及各部委先后发布了关于物流业中长期规划及各项指导意见，均以降低物流行业成本为导向。其中《物流业发展中长期规划》提出了明确的行业发展目标，至 2020 年，基本建立现代物流服务体系，物流业增加值达年均 8%，物流业增加值占国内生产总值（GDP）增加值的比重达到 7.5%。全国物流费用占 GDP 比率下降至 16%左右。

伴随我国国民经济进入从高速增长向中高速增长的换挡期，物流产业也进入了增速换挡和发展转型的关键时期。在一系列利好政策与货运 O2O 物流综合信息服务平台的鼓动下，我国物流产业正在进入一个新的发展阶段，从传统物流向现代物流转化的时点上，迫切需要通过各个层面寻求新的发展动力。金融机构的介入，在物流企业转挡加速的进程中，起到了关键的“润滑”作用，因市场需求而衍生的专注于服务物流行业的金融机构逐步成了物流生态圈中的不可或缺的一环，拓展了物流企业的服务能力和业务渠道，提高了物流企业的市场综合竞争力。

2. 行业需求多样化加速促进物流金融衍生产品多元化

近两年伴随电子商务的快速发展，我国已经成为世界上最具活力的国家和最富潜力的消费市场，物流需求规模进一步扩大。快递、快运、物流园区、城市配送和最后一公里配送等业态得到了长足的发展。同时为了适应激烈的竞争需求，提供行业标准，通过“互联网+”的战略思维，采取O2O经营模式的线上平台得到快速发展。这种利用信息通信技术，把互联网和传统行业结合起来的方法，在行业领域内，创建了一种新的生态模式。

在行业领域不断细化的同时，细分领域中就衍生出了带有专属属性的金融需求。例如，针对货运行业的货运保理、ETC（不停车电子收费系统）通行费用的垫付；针对车辆、船舶的融资租赁业务、后市场集采业务；针对仓储和供应商的仓单质押、买方信贷业务；针对企业的财产保险及人身保险业务，等等。

3. 合力打造服务于物流行业的金融生态圈

随着“物流人”的人员更替，从事物流行当的从业者的平均年龄也有年轻化的趋势。逐渐年轻化的职场结构，最直接的体现是信息化普及效率更高，寻求多样化的服务的需求更高。物流企业从开始单纯关注货物运输产生利润的视角，逐渐转换成如何将客户服务的更好，如何提升企业效率，如何改善自己环境的视角上。

物流企业针对金融服务的需求，随着近两年的行业快速发展，呈现出多元化、复杂化、行业化的趋势。互联网科技与物流的结合应用，让金融机构可以更加直观地发现物流企业的实际需求，并通过物流企业的运营数据、ERP上沉淀的相关数据、财务报表等信息，为企业信用增信。这种信息化的手段给物流金融服务提供了很好的参与媒介，有了这一手段，金融服务可以衍生至物流行业的方方面面。例如，燃油、车辆的集采、运输、仓储的融资、保险规划、车辆后市场的服务等。复杂的行业结构、巨大的市场体量、标准化较低的业态形式，都决定了短期内任何一家金融机构均无法100%地满足物流企业的金融需求。需要聚合市场上专注于服务物流行业的各类企业，才有可能实现打造服务物流行业的金融生态圈这一宏伟目标。

四、2016 年货运商业保理行业发展展望

1. 针对行业需求的金融解决方案

众所周知，在当今“物流人”身上普遍存在诚信度偏低、资产质量较差等现象。传统的金融机构在面对“物流人”的信贷业务需求时，也相对保守。商业保理公司的放开，直接解决了“物流人”的尴尬境地。商业保理的本质是应收账款持有人的变更转让，是商业融资的再融资过程。当下物流企业普遍存在较多的未结账款，均有短期资金周转困难的时期，这时通过商业保理公司的介入，提高了整个供应链的效率，打破了我国现有物流企业中的资金瓶颈，解决了中小物流企业的融资难题。

2. 物流金融发展展望

物流行业有着自身鲜明的特征，随着经济新常态下，物流行业整体效率的提升，金融工具作为一项有效的资源配置手段，能够促使物流行业更加良性地发展。通过物流流通和金融资源的充分调动，为物流企业和其合作伙伴创造合作契机。同时物流业的兴起，也带动了物流金融领域金融产品的创新与深度解决物流行当的金融需求思考。但鉴于与国际上领先物流金融服务机构相比，我国物流金融产品与服务尚处于探索发展阶段，有待进一步改善。相信随着时间的推移，物流在整个供应链上的地位提升、互联网手段的利用，将推进物流金融服务更快速地迭代。

（随行付支付有限公司　张子龙）

2015 年我国公路货运企业管理发展回顾与 2016 年展望

2010 年以来，中国物流产业增速持续回落，迫切需要寻找新的增长动力与平衡。另外，根据中国物流与采购联合会、国家统计局发布的《2014 年全国物流运行情况通报》显示，2014 年社会物流总费用为 10.6 万亿元，占 GDP 比重 16.6%，进一步下降趋势显现，创新技术与商业模式发挥出强大的驱动作用。

本文旨在以运输车队管理为切入点，探讨车队降低成本、提高效率、提升运营管理水平的“互联网+”解决方案，从而推动运输行业转型升级，提升物流产业效率与结构升级。

一、公路货运企业管理概述

市场发展与技术进步促使行业形成更为专业的垂直细分市场，也推动每一个细分市场逐渐形成更为专注、完整的商业模式，市场主体和从业者打造专属的核心竞争力。

公路货物运输就是物流产业的其中一个垂直细分市场。作为市场主体之一的公路货运企业（以下简称运输企业），主要由车主、营运车辆、司机组成，配合少量的管理人员。运输企业的目标客户是拥有货源的物流企业，两者最大的区别在于企业是否拥有运输车辆的所有权。运输企业的核心竞争力在于以低成本运营获得高回报收入，输出优质运力。

（一）运输与物流的区别

1. 定义不同

物流包括包装、仓储、搬运、装卸、运输、流通加工、配送、信息处理等，是各个环节有机结合的社会经济活动。“物流企业”指拥有货源，负责货物信息流通的企业，他们或者拥有运输车辆的所有权，或者完全没有运输车辆的所有权。运输仅指将货物从 A 地运送到 B 地的社会生产活动。“运输企业”指拥有运输车辆的所有权，主营业务是货物运输的企业，他们或直接与货源客户交易，或者通过中介获得货源信息。

2. 服务对象不同

物流企业的服务对象是货主，满足货主将物品运送到目的地的需求，是一项针对物流、信息流等全过程的综合管理；运输企业的服务对象是货物，承担物流过程中货物空间转移的任务。

3. 核心竞争力不同

物流企业的核心竞争力体现在货物集约化程度、货物分发流程效率、物流全程管理效率等方面；运输企业的核心竞争力表现在运输装备配置能力、车队运营管理能力、运输服务的专业化程度等方面，即在保障货物安全、准时送达的前提下，拥有运输成本最低、运输时效最高的运营管理能力。

4. 发展趋势不同

经济发展、技术进步和资本的进入，将促进物流行业的规范化发展。各项成本居高不下、专业人才的需求不断扩大，将促成更为清晰的行业细分，物流与运输的差距将逐渐扩大。兼营物流与运输的企业因为无法同时兼具两种专业竞争力，在行业细分市场将举步维艰，必须转型升级为专业运输企业或者物流企业。卡车司机与个体经营的运输车队将逐渐融合，组成中小规模的合伙制车队，发展专业运输能力，通过完善运输装备，生产优质运力，提升核心竞争力；物流企业通过整合更多货源集约化发展，提升物流统筹能力和服务品质从而提升核心竞争力。

物流与运输相互关联，但又相互独立。运输企业与物流企业只有提升各自的专业水平，相互配合，共同发展，才能实现共赢，并降低社会物流总成本。

（二）公路货运企业的管理内容

运输企业的运营大体上可划分为运力销售（赚取运费收入）与车队管理两个方面，其中，车队管理工作主要有：

（1）车辆管理。包括根据货运量购置相匹配的卡车，建立车辆档案，建立车辆日常检查、保养等各项制度并执行，车辆定位监控等。

（2）成本管理。包括油耗管理、通行费管理、维养管理、零配件更换成本管理等。

（3）采购管理。主要指润滑油、轮胎等车后物资的产品筛选、采购、品质管控、使用周期评估等。

（4）运输管理。包括货物装卸、运单管理、运单跟踪、运单验收、运费结算，以及车辆行驶实时跟踪、异常提醒等。

（5）司机管理。包括司机招聘、培训，建立健全管理机制并执行评估等。

（6）安全管理。包括购买能够最大程度降低风险的保险产品，事故发生时获取理赔、法律援助，事故处理结束后的原因分析、肇事司机处理或加强培训等。

（7）财税管理。主要指做好各项收入与支出的账务管理工作，定期进行数据报表分析，改善经营情况，做好现金流管理，以及年度报税、纳税等。

（三）公路货运企业的核心竞争力是运力品质

认真落实每项管理工作，降低道路交通安全事故率，提高企业规范化、现代化管理水平。首先，提高运输企业的运营效率，有效降低人力、时间等管理成本，形成良性循环发展模式。其次，有效的车队管理能带来运力品质的提升。运力指的是车队将货物完好无损、安全、准时地运送到目的地的能力，是运输企业最主要的产品。物流企业将货物外包给运输企业承运，即是对运输企业的运力采购。能否安全、及时、完整地将货物运送到目的地，以低成本生产出高品质的运力，取决于每一项管理工作的完成。

在市场竞争中，如果运输企业盲目地以降低运费作为竞争手段只能是饮鸩止渴，最终只能陷入价格战的泥潭而无法自拔。只有通过数据化、系统化、智能化、精细化的管理手段，掌控车辆全生命周期与运输全过程的每一个节点，才能保证产出高品质的运力，降低运营成本，提升运输企业的核心竞争力。

二、公路货运企业管理现状与展望

由于行业发展的特殊性，公路货运行业是一个“重资产、重开支、重管理、重销售”的“四重”行业。货运业总体货源趋紧、成本不断上扬，而运价却持续低迷。货运企业普遍存在招聘司机难、管理司机难、油耗成本控制难、车辆监控难、融资难、企业数据成本分析难等问题，企业小、散、乱、弱，得不到车辆供应商、银行、保险、石油企业等行业巨头的重视。公路货运企业需要寻找货源，回收货款，考虑资金周转，进行车辆调度、车队管理等事务，存在管理运行效率低下、综合成本过高等问题。

（一）2015 年车队管理现状特征

1. 车队管理粗放发展

我国运输费用占 GDP 比重是发达国家平均水平的 1.7 倍，保管费用是 2.2 倍，管理费用高达 6.9 倍。我国物流业整体管理水平过于粗放，多以人为管理、手工记账为主，人力、时间成本高，效率低。

2. 中小规模企业占大多数

全国登记在册的营运类卡车超过 2000 万辆，运输主体达 700 多万家，其中 90% 以上的运输主体拥有的营运卡车不超过 5 辆，甚至 85% 的运输主体只有 1 辆车。

3. 公路货运企业“小、散、弱、乱”

中小规模的公路货运企业占比极高，且相对分布零散，许多司机食宿都在车上，流动性大。中小企业通常也不具备议价能力，在整个物流产业链上处于底层劣势地位。目前，国内的货运市场还存在许多不规范的现象，相关的法律法规与制度也需要进一步完善。

4. 家族式管理

公路货运企业大多数采用家族式管理模式，所有权和经营权统一，缺乏专业的管理人才，这就直接或间接地导致车队在管理和分配上的不公平，造成职责不明、权责不分的问题，严重影响了企业的发展。

5. 应收账款拖欠严重，影响车队现金流周转和利润

货运企业通常是先完成货运订单，再结算运费，结算周期普遍长达2～3个月，甚至半年以上，如不幸遇上货源客户自身经营难以维持，账期可能被无限期延长甚至收不回来。而货运企业经营运输，所有支出开销都是当下发生并马上结算，比如加油、过路费等，应收账款的延迟结算使得货运企业资金周转困难，影响利润收益。

6. 人工手工向电子化过渡

货运企业的交易记录、加油记录、维修记录等管理数据慢慢地从传统模式的人工手工记账过渡为电子化系统操作，解放了大量人力和时间，大大降低人工成本，提高管理效率。

7. “营改增”促进财税规范

货运企业“营改增”后，大大减少了重复纳税的环节，促进财税规范，帮助公路货运企业规范经营，有效管控成本，提高市场竞争力。

8. 司机流动性大

目前中国大约有3000多万名货运司机，车队管理不规范，司机综合素质不高，驾驶技能要求不同，薪酬待遇无法及时调动司机积极性，导致该群体流动性大，大大影响了车队的持续发展。

9. 安全事故增加

货运行业可算是高危行业，货运行业时效性要求高，司机常年工作时

间长，休息没有规律，身体长期处于亚健康状态，疲劳驾驶严重，容易导致安全事故的发生，增加货运企业的运营风险。

（二）公路货运企业管理趋势

物流行业的市场环境虽然散乱，但整体趋势是向前发展的。发展趋势主要如下。

1. 大物流，小车队

电子商务的快速发展推动物流需求逐年成倍增长，但是社会物流成本并没有因此大幅度降低。国外先进技术传播到国内之后得到应用，推动了国内物流企业的技术进步。近年来，物流企业颇受资本市场的青睐，许多大型物流企业获得风投机构的资金支持。以上三个因素共同促成了社会物流的集约化发展，一批服务标准化、流程更高效、通过规模获得更高效益的大型物流公司成为物流行业的龙头企业，他们拥有大规模的仓储园区、先进的装备、训练有素的人员，掌握着大部分的货源和社会资源，比如顺丰速运、百世汇通等。

在美国等发达国家，70% 以上的物流市场由 UPS 等物流巨头企业掌握，随着社会经济的发展，中国物流市场也将被大型物流企业所占据。与大型物流企业相比，个体经营的运输从业者完全不具备竞争的优势，唯一的出路就是抱团取暖，组成中小规模的合伙制运输车队，成为大型物流企业的公路货物分包商，承担公路专线或专业类型的货物运输。

大物流与小车队的结合，可以充分利用社会各方面的资源，减少物流费用总支出、降低运输总成本。个体经营体制将受到市场的冲击，慢慢退出历史舞台。

2. 车辆合伙制

车辆合伙制是指车队经营所用的运输车辆由运输车队与司机双方共同出资购买，独立核算单车效益，且由双方按照出资比例分配利润与承受风险。在合伙制体系中，车辆登记在运输车队名下，但实际所有权依据运输车队与司机双方实际出资比例按份共有。车队经营者（运输车队）负责寻找货源，司机负责车辆驾驶和日常维护。

车辆合伙制可以解决重资产、重支出导致车辆产权与使用权分离的矛盾和重销售、重管理导致车队经营者的资源、时间分配的矛盾。车辆合伙制由于司机也是车辆的主人，在日常管理方面与车队经营者站在了同一阵线，更容易接受精细化管理的理念，甚至主动承担部分的管理工作，如车辆的日常养护、数据记录等，让车队经营者可以将更多精力投入到运力销售的工作中去。

车辆合伙制可以提升服务质量，提高车队赢利。车队经营者专注运力销售可以保障更多、更稳定的货源，司机拥有车辆的利润分红不仅可以提高他们的积极性，还能提升服务品质。只有提供更优质的运力，在安全的前提下有效控制成本，司机才能得到更多的利润，这样公开、透明、公正的利润分配方式，可以促使司机不再对眼前的小利斤斤计较，更有助于车队提升整体赢利水平。

车辆合伙制可以提高司机收入与社会地位。车辆合伙制在很大程度上实现了大多数司机的“老板梦”。假设新车购置需要 30 万元，按 15% 的年化利率做 3 年分期，司机出资三成，那么每个月只需承担 3000 元左右即可成为这辆车的老板之一。如果业务稳定，成本得以有效控制，司机每个月的利润分红很可能不止 3000 元。作为合伙人，司机既取得了更多利益，工作也更稳定，更容易获得事业的成就感和满足感。

3. 专业运输

随着货物类型多样化、客户需求多元化的发展，不同类型货物所需的运输、装卸装备和服务要求的差异越来越大。这一趋势将促使运输业行业细分，车队提升专业运输服务的竞争力，比如冷链专业运输、医药专业运输、集装箱专业运输等。

专业运输的门槛相对较高，如果精耕细作形成服务口碑和客户忠诚度，则货源更为稳定，收入更有保障，是中小运输车队发展壮大的有效途径和趋势。

4. 提升运输效率，扩大货运量，降低单位成本

由于货运物流信息的不对称性和“车多货少”的运输市场格局，导致

运输车队货源紧缺，空载率居高不下。运输车队面临成本居高不下、利润微薄的局面，为了提高利润收益，车队经营者应该把主要精力放在提升运输效率，扩大货运量，提高营运收入上。货运车辆运输效率提高，运输总里程增加，运费收入增加；货运量增加，运费收入增加，则平摊到每单位的运输成本就会降低。只有将车辆运输周期的单位运输成本降到最低，才能最大化赚取利润。

5. 信息化、智能化、数据化

货运企业亟待向“信息化、智能化、数据化”进行转型升级，在市场需求快速增长的带动下，货运行业的粗放式低效率发展特征将不断得到改善，实现“管理信息化、装备智能化、发展数据化”的运营模式。

和诚智达汽车管理服务有限公司致力于打造“车队精细化综合管理服务平台”，通过“产业互联网 + 卡车运输”的模式，帮助公路货物运输车队降低成本、提高效率、提升运营管理水平和利润率。现已初步建成包括运输车队运营管理 SaaS 云平台智汇车管、运输车队物资 B2B 采购网站汇管车、运输管理 TMS 系统、智能车载硬件设备 HS - BOX 以及 P2B（互联网融资服务平台）物联网金融平台运盈 e 贷在内的生态系统平台。基于“车队精细化综合管理服务平台”，和诚智达为运输车队提供油耗管理、安全保险管理、通行卡管理、车辆运行监控、单车与车队效益分析等日常运营管理服务；整合品质可靠的供应商为运输车队提供车辆定制、轮胎、润滑油等设备耗材集中采购；通过物联网数据分析为运输车队提供设备融资、月结流贷、运费保理等金融服务；服务中小承运车队，对接百世汇通、中邮物流等大物流平台；以及司机招聘推介、司机高级培训、司机分级技能认证等司机服务，运输 EMBA、财税规划等运输企业管理服务。

6. 安全、高效、低成本的外部资金支持

大部分的货运企业以中小规模车队为主，面临成本不断增加，经济效益低下，资金投入需求大，导致融资难的问题，这就直接制约了车队的发展。车队为了发展，急需外部资金的支持，而安全、高效、低成本的外部资金融资渠道将大大缓解中小运输车队融资难的压力，帮助车队转型升级，发展壮大。

7. 卡车大型化

中小运输车队通过提升专业运输服务能力，成为大物流企业的货运分包商，一方面可以获得更为充足的货源，另一方面可以共享仓储、装卸等社会资源，降低一部分物流成本。但是，近年来司机的待遇持续提升，人工成本一直居高不下。国内的司机人工成本目前约占运输成本的15%，在日本，司机人工成本的占比高达45%，这给国内的运输业提前拉响了警报。

为了降低单位成本，以载重能力更强的大型卡车替代中、小型车是必然趋势。中、小型车的载货量少、行驶里程少，为了满足货运需求不得不购置更多车、配置更多司机。在货物重量相同、运费定价一致、每位司机的工资相同的前提下，选择两辆9.6米货车或一辆14米货车均可以完成订单，但两辆9.6米货车比一辆14米货车的单位成本更高，利润率更低。

甩挂也是提高载货量和载货效率的方式之一。甩挂指的是以一辆牵引车配置两个甚至多个箱式挂车，牵引车可以在货运站卸下已载货的挂车，快速连接另一载货挂车启程到另一货运站。甩挂可以减少等货、装卸等造成的时间、人力成本浪费，提高载货量和行驶里程。

8. 运输装备轻量化、安全、节能

相关法规将卡车总限重值调整为49吨后，全国各地也都加大了对卡车超载的查处和整治。同时，卡车总重量的增加，也将带来通行费成本、燃油成本更大幅度的提高。因此，降低车辆自重是运输装备供应商与车队普遍关心的问题。

（1）轻量化改造。采用材质更轻、性能更优良的铝合金轮毂、车厢、车架等，经过车队实际测试，车身自重减轻1.4吨，百公里燃油成本可降低2.4升，百公里高速路费成本可节省13元。

（2）铝合金轮毂。将铁或钢材质的轮毂换成铝合金轮毂，不但能使轮胎及刹车的鼓不易因经常高温而老化，降低爆胎率，而且可以有效降低燃油成本。目前，欧美及日本运输业中铝合金轮毂的使用率高达80%以上。

（3）大单胎。指的是卡车每边只有一个大轮胎，整车挂车轮胎只有六个，而普通并装双胎一共是十二个轮胎。采用大单胎除了可以降低车身自重，还可以减少摩擦力，降低燃油成本。

（4）后轮提升。当货物量重的时候，后轴的两个悬挂轮放下，可承担一部分重量。空载的时候将后轮凌空悬挂，可减少轮胎的摩擦，节省油耗。

（5）液力缓速器。汽车一般使用排气制动，虽然制动效果好，但对于吨位较大的重型卡车来说，采用排气制动效果是有限的，且对发动机有一定程度的损害。为此，国内卡车采用背着大水箱上路的传统方式，起热胀冷缩的补偿作用。液力缓速器是一种通过液力装置降低车辆行驶速度的汽车缓速器，更安全，油耗成本相对较低，对刹车片的磨损也较小，可以防止刹车片疲劳。

（6）电动配送车与电动卡车。新能源，尤其是电力的应用，是降低柴油油耗成本的一大趋势。随着技术的发展成熟，电动车越来越被广泛应用在城市配送，或者码头、物流园内等短距离运输领域，不仅轻便无油耗，还能有效减少二氧化碳的排放，规避市区内卡车限行、限停等弊端。

三、公路货运企业管理存在的问题与政策建议

1. 应收账款账期长，高利贷盘剥车队利润

随着现代物流的不断发展，衡量一个货运企业是否现代化，是否符合现代物流发展需求，更多的不是依靠“大而全”，而是“小而精”。而资金在转型发展过程中扮演着不可或缺的角色。但货运企业面临应收账款账期长，资金周转困难，中小企业缺乏运营信用凭证，融资渠道狭窄，通过高利贷获得资金又盘剥车队利润。

因此，扶持小微企业，倾力为中小企业打造一个公平、透明、安全、高效、低成本的物联网金融融资服务平台，通过互联网信息技术，将有融资需求的借款人和有理财需求的投资人进行在线信息配对，一切运营数据经过标准化、数据化后，提供资金支持，破解“中小企业融资难”的问题。中小企业的物流、信息流和资金流得以真实、直观地展现，在打通三流的情况下，才能够获得进一步发展的空间。

2. 管理粗放，财税漏洞多

在传统公路货运产业链中存在诸多问题，物流企业与货车司机之间的

合作方法，选择、议价、货物交付、时效管理、结算等基本没有改变。原始的交易方式、不完备的运输协议、没有信用保障的交易与高价值的货物标的、远距离的货物运输形成了巨大反差。人工投入和低效率的粗放管理方式大大制约了货运企业的发展。财税管理的不完善，导致发票开具不规范、企业资料不完整、进项税抵扣不合理、重复纳税等问题，使得大多数货运企业成本居高不下，利润低下。

货运企业亟须采用信息化、数据化管理模式，利用新技术，支持车载监控，结合互联网平台，实现数据标准化并实时传输，实现实时、可视、可控，促进信息流动加快及信息及时准确，建立精细化管理机制，以最小的成本实现最大的效益。

（福建和诚智达汽车服务有限公司　张文东）

2015 年我国大件运输市场发展回顾与 2016 年展望

公路大件运输是一种采用特种车辆承载不可解体的重型或大型设备的运输形式，担负着国家重点工程项目的运输保障，大件货物的重量或外廓尺寸都要超标或超限。大件货物种类杂、形状各异、数量少、价值高、作用大、分布广（分布于国家经济建设和国防建设的诸多领域）、运输频次低，实施运输时对运输作业的人员、车辆、道桥、装卸及安全保障条件都有专门要求。

一、2015 年我国大件运输市场的发展回顾

1. 公路大件运输市场的需求

前几年国家投资 4 万亿元拉动经济发展，许多基础设施项目上马，大件运输需求量较大。现在随着国家宏观调控开始，在石油、化工、机械、钢铁、水泥、能源、交通建设等领域的大件运输需求减少，但能源领域的大件运输结构也发生了变化，电网改造升级及新建项目势头趋缓，新能源风电项目增长趋势明显，总地来看，较 2014 年，2015 年大件运输的市场需求总量呈下降趋势。

2. 公路大件运输企业的经营状况

随着大件运输市场需求总量的减少，市场竞争越发激烈，面临“僧多粥少”的局面，许多行业及项目严重萎缩甚至处于停滞状态，大件运输公司为了自身生存不惜一切代价挤入有大件货物运输需求的企业（项目），拼价格成为获取订单的主要手段。而大部分大件物流需求企业为了自身成本控制及风险转移，盲目降低物流服务需求的入围门槛（甚至没有），加大了

各大件运输企业之间的恶性竞争，这也导致部分物流企业为了生存不得不降低运输安全标准，甚至有一些物流总包企业将业务分包给不具备大件运输资质的承运商，使用不符合要求的车辆、驾驶员，造成服务质量大幅度降低，最终引发惨烈的交通事故和巨大的经济损失。大件物流运输作为特殊服务行业，其固定成本在项目运作时存在较大起伏，加之大件需求企业普遍违约欠款情况严重，使得大件运输企业经营困难。

3. 公路大件运输市场的外部环境

公路大件运输市场的外部环境存在的主要问题如下：

（1）国家对超限超载进行治理是必要的，但对不可解体的大件货物的超限运输与通过恶性杀价而又必须通过恶意超载获取利润的超限超载运输方式应严格地区分开来，现有的法律法规及管理制度对不可解体大件货物运输的可操作性差，脱离实际，科学的管理实施细则缺失。

（2）缺乏一套专门针对大件运输的全国统一的通行标准和规范。在甲地是合规合法的运输到乙地就变成了“违规上路”的情况时有发生，存在超限运输许可证不能跨省区使用、承担大件运输的特种运输车辆无法取得营运牌照、“无牌上路”已经成为行业存在的普遍问题。

（3）路桥及收费站设计对大件运输的特殊需求考虑不多，特别是收费站的大件超限“超宽车道”设计较窄（一般为4～4.6米），大件运输有时要临时拆除、重新组装甚至逆行。

（4）进行大件运输时，需对行经的道路桥梁进行补偿，相关的补偿费奇高，而且各地标准不一，且自由裁量权较大，有的地方补偿费相当于运费的5～8倍，甚至超过大件设备的总造价。

（5）车货重量超过120吨的大件货物运输没有统一标准和实施细则，特别是涉及桥梁承载能力的检测与验算这个关键的环节。

4. 公路大件运输资源配置与变化

以往大件运输市场资源匮乏的年代，许多企业为了增加业务量及市场占有率，不断购置各类型的大件运输设备。随着近年来个体司机（个体司机联盟）的崛起，除部分“高、精、尖”设备外，个体司机已遍及大部分大件运输业务，并且具备价格优势，在现有竞争环境下冲击各运输企业的自有设备，造成自有设备、人员闲置严重。同时，现有大件运输企业自有设备如无业务支撑，设备自身的成本（折旧、规费、修理及人员工资等）会给企业带来相当沉重的负担。相当多的运输企业除保留必要的装备及人员外，已将多余装备转让及租赁，以尽可能降低企业生产性费用。

5. 交通部门治理超载超限法规对大件运输的影响

对于大件运输这样一个事关国家重点工程建设的特殊运输方式，目前国家无一个专门的管理办法，现在管理的主要依据是《超限运输车辆行驶公路管理规定》（交通部2000年第2号令）。在实际执行中，执法人员往往把不可解体的大件运输等同于人为的超载运输，造成大件运输“管理乱”“收费高”“通行难”。交通部2000年第2号令规定，跨省（自治区、直辖市）行政区域进行超限运输的，由途经公路沿线省级公路管理机构分别负责审批，由于各地审批要求不一、考查标准各异、办证时间不同，起运地统一协调难度较大。虽然2011年7月1日开始实施的《公路安全保护条例》对公路超限运输许可作了有关规定，但起运地公路管理机构统一受理跨省区市超限运输许可申请，沿途协调仍然存在很大难度。由于各地执法标准不一，一些大件运输车辆不得不在省界滞留或换装，甚至不得不绕道运输。

同时，治理超限运输的执法主体不明确。公路路政部门治理的是“超限”，认定指标是车轴标定的载质量；公安交管部门治理的是“超载”，认定指标是车辆行驶证上标明的车辆额定载质量。两个执法部门，两种执法标准，难免让企业、车主们无所适从，多年来形成了一个畸形的、唯利是图的恶性循环。在大件运输行业由于制度建设和监管手段及措施的缺陷，行业内滋生了“带路帮”“黄牛党”之类的利益团体。

6. 国家新的税收政策对公路大件运输市场的影响

“营改增”后大件运输企业的业务发生的可抵扣的进项数额更少。大件运输高性能车辆一般都是原装进口，使用寿命较长，大件运输车辆运力过剩。新税制后大量购置车辆的企业不多，多数企业大件运输车辆都不是当期购置的。车辆燃油费在整个项目的合同额中占比很少，大件运输的措施费用（包括罚款）和人工费用较高，这一部分又不能进入抵扣进项，最终导致大件类的物流企业较之于其他同行税负更重。

二、2016年我国大件运输市场的发展展望

1. 公路大件运输市场需求变化

2016年随着国家调结构、稳增长政策的逐步落地，钢铁、冶金、火力发电、石油、化工、水泥建材等领域的建设项目较之以前会逐步减少，大件设备的运输量需求也会减少。大件运输市场的需求预计会逐步减少，特别是一些传统行业的大件运输需求降幅会更加明显，但在一些新的领域会有所增加，例如风力发电、水电、公路桥梁、铁路建设、轨道交通等领域的工程建设所带来的5.5～8米宽、4.3～5米高、54～60米长、300～500吨级发电变电产品，特别是±800千伏特高压直流输电工程换流站的全国性布局以及南方山地风电建设的运输需求和技术难度呈上升之势。今后的大件运输市场总体来讲依旧会是“僧多粥少”的局面，并且随着行业的发展，对服务型供应商（如大件运输）的要求会更广泛，不仅限于单一的运输层面，更需要供应商能在大件运输可行性论证、方案优化、技术交流、项目整体运作方面等给予更好的服务支撑。

2. 公路大件运输企业的经营状况变化

公路大件运输企业的经营将会更加艰难，需求不足、运输能力过剩的态势在2016年不会改善。随着“一带一路”的战略推进，将会有一些大件运输项目出现，但总量有限，一些占有相对垄断资源、技术能力强、运作水平高的公司经营状况将会有所好转，但部分大件运输企业将面临倒闭或转行。

3. 希望改善大件运输车辆行驶公路的外部软环境

超限超载治理应继续执行并加大力度，同时要切实解决大件运输的相关问题，维护交通运输管理的统一性和权威性，关于这方面，笔者提出五点建议：一是国家层面制定《大件运输管理办法》，使大件运输有法可依；二是按照轴载荷重新演算设定全国统一的大件运输通行标准，使符合条件的大件运输合法化，相关的手续可以跨省区使用；三是大幅度降低道桥通

行补偿费，并制定全国统一的标准，从严控制自由裁量权；四是对大件运输所需的专用车辆发放临时性牌照；五是在高速公路设计和施工中，要考虑大件运输的特殊需要。

4. 公路大件运输要迈过法规和执行两道坎还需要时间

针对大件运输的现有法规和管理办法，希望对法规和办法进行修改完善，出台实施细则。通过网络公布办证流程、时限、收费标准，同时开通网络办证、一证跨省使用，提高效率。最关键的问题是按大件运输车辆的轴线分布图桥梁允许通行的最大安全轴荷标准（轴荷和允许数量与轴距）的确立在标准中是最难的。有规矩还要有执法机构来监督法规的落实，否则法规的作用很难发挥。长期以来行业的现实情况是同样的大型物件，同样的运输路线，不同的承运商运作的结果往往差异很大，问题就出在不同的承运商采取的应对手段和方法不一。

要改变现状，大件运输执法需要社会监督，同时采取技术手段让监督无时空无死角，让监督更透明，在阳光下操作。

5. 通过公路运输政策法规的落实引导大件运输选择最优的运输方式

根据公路目前现有的技术标准，不是所有的大件货物都可以通过公路运输来实现。希望通过标准和规范确定在不同等级的公路上超过某个重量和外廓尺寸的大件货物不能上路行驶，如果规定明确，许多大件货物自然会选择其他运输方式，比如用水路、铁路来运输。有的货物甚至可能在设计制造时就会考虑公路运输条件的限制将公路运输条件作为设计输入内容，而不是认为只要能生产出来，什么大件都可以通过公路运输实现而不考虑公路桥梁和其他车辆的行驶安全。

6. 大件运输专用牵引车的出工期与环保达标的现实要求的矛盾将逐步凸显

目前国内大多数大件运输牵引车排放均是欧三及以下的排放标准，随着国家对环保要求的提高，许多车面临着达不到新的国四排放要求，可能要提前退出运营，造成车辆的淘汰或被迫更新。

7. 大件运输的挂车车型五花八门，无牌证状况将继续存在

由于市场大件货物类型种类繁杂，受道路运输及沿途障碍限制，许多上牌标准挂车根本无法满足实际运输需要，实际运输中大多数承载挂车为非标甚至在厂家“私人定制”，由于需求少，许多制造厂商不愿意申请挂车上牌目录，加之国家对宽度超过3米车辆不予批准，基于成本和政策的原因这类车从源头就不具备上牌条件，因此大件运输特种挂车无牌现象将继续存在。

总之，大件运输的需求在国家物流总量中虽然比例很低，但绝对值和运输频次也是不小的数量级（相关协会能否有具体数字的统计），大多属于事关国家重大建设的关键设备，其公路运输中所涉及的安全和衍生的各种问题，国家主管部门应对此高度关注并制定特别政策予以明确规范，使得大件公路运输也能依法、科学、顺畅通行，保障国民经济的现代化建设。

（四川东方物流有限公司　唐晓兵）

2015 年我国卡车市场发展回顾与 2016 年展望

一、2015 年卡车市场发展回顾

（一）2015 年卡车市场表现

根据中国汽车工业协会（下文简称“中汽协”）披露数据显示（如图 1 所示），2015 年，我国卡车（重卡、轻卡、中卡、微卡）累计生产 2833026 辆，同比（3195901 辆）减少 11.35%；累计销售 2855881 辆，同比（3184406 辆）减少 10.32%。根据月度销售数据走势，卡车市场依然没有回暖迹象。自 2008 年、2009 年以来，卡车得到了长足发展，并在 2010 年达到高峰，从 2011 年后，商用卡车开始进入“渐渐下行阶段”，并且持续性下滑，2015 年达到最低值。

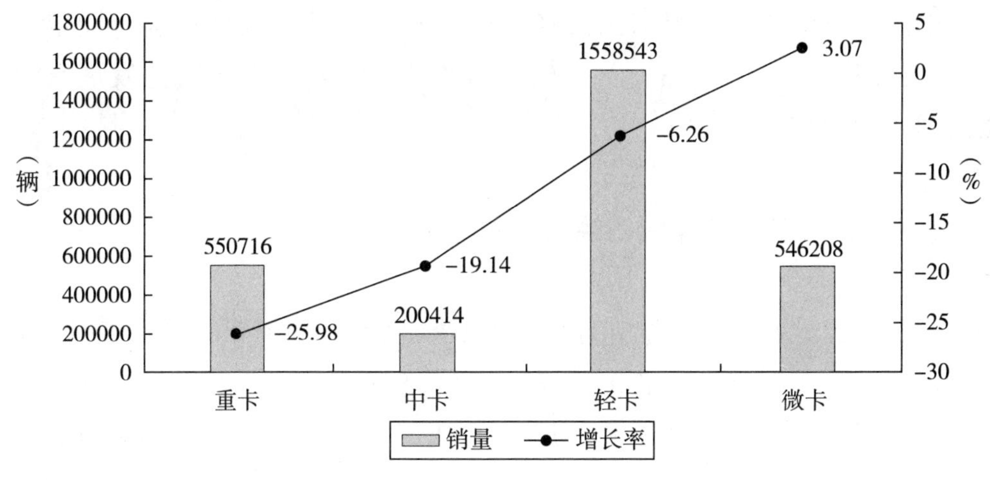

图 1　2015 年卡车市场表现

数据来源：中国汽车工业协会。

在重卡、中卡、轻卡以及微卡四个板块中，仅微卡呈现正增长态势，全年销量为546208辆，累计增长3.07%。

2015年，国内销售重卡550716辆，同比下滑25.98%，其中，非完整车辆共计销售170541辆，比2014年下滑32.89%，半挂牵引车共销售250180辆，下滑10.33%。重卡市场销售前3家企业集团，市场竞争格局排名特点同2014年一样，东风汽车公司（下文简称东风）、中国重型汽车集团公司（下文简称重汽）、中国第一汽车集团公司（下文简称一汽解放）；2015年陕西汽车集团有限责任公司排名第四（下文简称陕汽），2014年排名第五；2014年排名第四的北汽福田汽车股份有限公司，2015年排名第五，福田汽车是前五家唯一份额下降的重卡企业。2015年国内重卡市场格局第六到第十中，安徽江淮汽车、大运汽车、北奔重型汽车，份额上升；华菱汽车下降；2015年上汽依维柯红岩公司市场份额下滑相对明显。

中卡在整体卡车市场中占比一直维持在10%以内，2015年，国内中卡销售200414辆，占据整体卡车市场7%的比重。其中东风实现中卡（含底盘）销售55168辆，同比增长-13.34%，一汽解放完成中卡（含底盘）销售42813辆，东风和一汽解放两大传统中卡企业在中卡市场的竞争主要依靠中卡底盘，中卡整车的竞争实力正在下降。

轻卡市场在2010年达到200万辆数量级之后，一直下滑。轻卡因有每年35万辆皮卡算入其中，其市场比重基本维持在50%以上，2015年，国内轻卡共计销售1558543辆，占卡车市场54.57%的份额。

中国卡车市场的发展与国民经济密切相关，经济发展速度、固定资产投资、公路货运的运行态势以及相应的政策等因素对卡车行业发展有着直接或间接的影响。

（二）2015年卡车市场的经济环境

中华人民共和国国家统计局发布的数据显示（如图2所示），2015年全年国内生产总值676708亿元，按可比价格计算，比上年增长6.9%，创1990年以来新低。专家表示，2015年6.9%的收官数据代表中国GDP增速正式进入“6”时代。

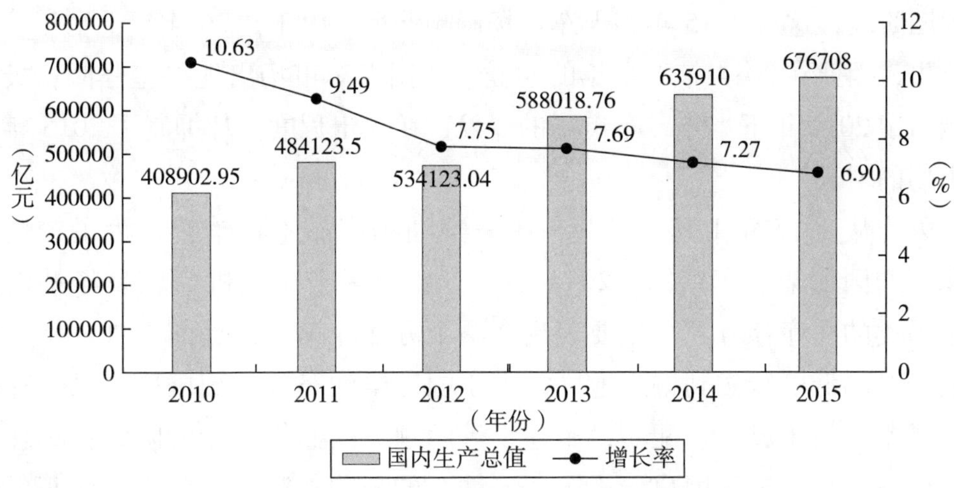

图 2　2010—2015 年国内生产总值走势

数据来源：中华人民共和国国家统计局。

整体来看，2015 年经济发展滞后的行业主要来自工业与建筑业：传统工业在产能过剩、杠杆高企、库存过多的三座大山下负重前行，基本供过于求、价格跌成白菜、利润下滑不止的局面没有改变，工业贡献从 2.29% 降至 1.92%，稳增长的边际改善难以完全对冲下滑，工业增加值不见起色，2015 年累计增速 6.1% 为危机以来最低值；建筑业贡献下滑（从 0.71% 降至 0.42%），主要原因包括房地产由于老龄化与高库存，销售并未有效传导至开工，基建虽然刺激政策颇多但效果并未有效释放。

经济增速进入下滑通道，房地产开工不足，这对中、重型卡车特别是工程车辆销量来说是个重要的不利因素。

（三）国四排放对 2015 年卡车市场的影响

2014 年 4 月 14 日，中华人民共和国工业和信息化部（下文简称工信部）在官网上发布 27 号公告，公告称为落实《节能减排十二五规划》和《大气污染防治行动计划》，促进大气污染防治，减少汽车尾气排放，保护消费者权益，定于 2014 年 12 月 31 日废止适用于国家第三阶段汽车排放标准（以下简称国三）柴油车产品，2015 年 1 月 1 日起国三柴油车产品将不得销售。

工信部的公告出台后，宣告我国卡车市场从 2015 年 1 月 1 日起全面进入国四阶段，这对2015年的卡车市场影响深远。由于是2014年上半年发布的公告，因此在2014年下半年的时候，中国卡车市场出现一些怪圈，极大地刺激了2014年下半年卡车市场的爆发，在一定程度上却抑制了2015年卡车市场的增长。

因为从2015年1月1日起，国三柴油车产品不得销售，为了较快处理积压的国三柴油车产品，2014年下半年很多卡车主机厂以及经销商采取了另类的去库存方式。主要表现在两个方面：第一，提前上牌，将国三柴油车产品低价转卖到偏远地区，由于国三柴油车升级到国四产品，存在购车成本、使用成本、配套设施建设等问题，因而供给端的降价促销让很多对国四产品观望的用户着手国三柴油车的采购；第二，国三柴油车低价销售到某些特定区域，比如矿区、港口等，其中矿区使用车辆不需要登记上牌，也不需要上路行驶，再加上矿区用车条件苛刻，工作强度大，车辆更新换代相对也较快，所以国三车型很快就会被矿区消化掉，而很多港口内的牵引车和港口外的牵引车使用不同的牌照，此类车型只在港口内作业，对排放要求不严格，因此港口内牵引车也成为国三柴油车的一大消化市场。

无论是提前上牌，还是降价促销，都是提前消费，在很大程度上影响了2015年卡车市场的增长。此外，天然气卡车在2015年除了受到柴气价格比变化影响外，国四排放也是非常大的一个影响因素。

根据中汽协数据显示（如图3所示），2015年国内天然气卡车市场相对于2014年缩减了近7成，基本回归到2012年天然气卡车市场。主要原因也是由于2015年国四排放实施，导致天然气卡车市场提前透支。

由于天然气卡车的燃料属性，决定其在排放上要优于柴油，从进入市场后就可以满足国四排放，因此在2014年下半年国内天然气卡车市场出现井喷，数据显示，2014年仅下半年天然气卡车销量接近3万辆，是2015年全年销量的两倍，与2013年销量持平。

（四）城镇化对轻型卡车的影响

根据国家统计局发布的2015年国民经济运行数据显示，从城乡结构看，城镇常住人口77116万人，比上年年末增加2200万人，乡村常住人口60346

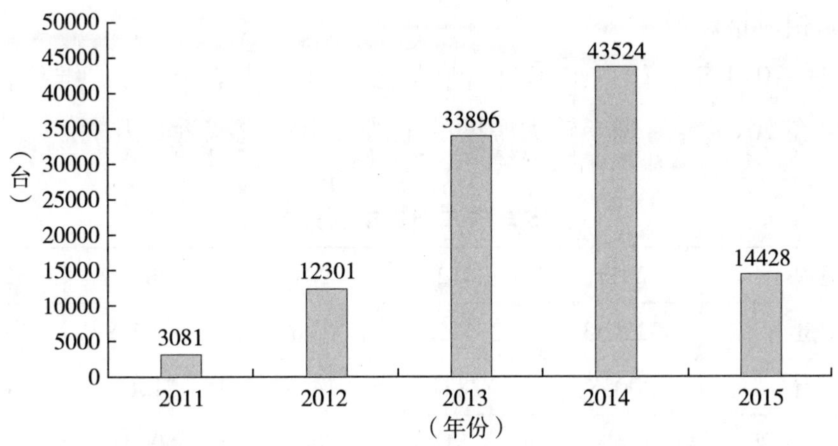

图3　2011—2015年天然气卡车市场销量分布

数据来源：中国汽车工业协会。

万人，减少1520万人，城镇人口占总人口比重为56.1%。

2015年全年全国居民人均可支配收入21966元，比上年名义增长8.9%，扣除价格因素，实际增长7.4%。城镇居民人均可支配收入31195元，比上年增长8.2%，扣除价格因素，实际增长6.6%；农村居民人均可支配收入11422元，比上年增长8.9%，扣除价格因素，实际增长7.5%。

根据国家统计局发布的数据，我们可以发现，中国的城镇化整体处于快速推进中，与此同时，人均收入水平也在不断提高，这些对卡车市场影响最大的板块是轻型和微型卡车。

随着人均收入的提高，用户对车辆不再局限于以前的可以驾驶，能够完成运输作业即可，对车辆的安全、舒适等提出了新的需求。以前很多穿梭于城市间从事落地配送的车辆为三轮车、摩托车，这一局面在2015年得到极大改善，尤其是在长三角、珠三角一带，对低油耗、高排放、兼具安全性与舒适性的高端轻卡市场起到极大的拉动，此外，城乡地区随着人均收入的提高，很多三轮载货车用户对车辆也提出相应的升级，进而采购微卡。

（五）2015年出口卡车市场简析

2015年，世界经济形势错综复杂，发达经济体回归较快增长，新兴经济体下滑。外需不振、经济下行、出口竞争优势削弱，在2015年中国卡车出口局面相对被动。

2011—2014 年，国内卡车出口形势较好（如下表所示），维持在 30 万辆以上，在 2015 年出现了较大幅度的下滑，出口锐减近 8 万辆。

近 5 年卡车出口市场分布

国别	2011	2012	2013	2014	2015
总量	322053	355450	310673	329528	252108
越南	20058	12828	14481	31569	62016
阿尔及利亚	55450	87511	70488	60497	25977
缅甸	8866	10179	15893	20339	19243
智利	13583	11878	15064	9882	8324
菲律宾	2532	4897	4999	7475	8187
老挝	674	2733	4210	7663	7528
伊朗	14898	12287	4548	13335	6965
哥伦比亚	7292	7584	8302	11299	6818
朝鲜	5901	6799	6407	5082	5780
秘鲁	10701	11186	10931	5425	4896
委内瑞拉	2271	8749	10713	5328	4626
尼日利亚	5470	5286	6970	5176	4315
巴基斯坦	2291	1682	2526	2560	3763
加纳	3589	4889	2234	1690	3673
乌拉圭	5378	4618	7084	4150	3459

数据来源：海关信息网。

从出口市场来看，国内卡车主要出口地区依然集中在亚非拉、东盟成员国传统区域，其中越南一直是我国卡车出口大户，受制于 2015 年油价下滑，伊朗等石油国家对中国卡车的需求大幅下滑。

具体到国内卡车出口企业，中国重型汽车集团有限公司在 2015 年出口整车 4 万辆，比 2014 年同比增长 16. 6%，连续 11 年位居国内重卡行业出口量首位。轻卡出口排名第一的江淮汽车 2015 年共计出口轻卡 14060 辆，比

2015 年减少 34%。

二、2016 年卡车市场发展展望

2015 年是“十二五”的收官之年，中国卡车市场经过 2010 年的谷峰之后，“黄金十年”的光环已然褪去。在“十三五”期间，国内卡车将会从以前的以销量带动效益向后市场要效益转变。而随着物流运输的日趋规范化、环保压力的加大以及新生代卡车司机的成长，未来国内卡车市场将呈现以下特点。

（一）卡车后市场在“十三五”或将爆发

2015 年 1 月，中国连锁经营协会发布的《2014 中国汽车后市场连锁经营研究报告》显示，中国汽车后市场规模已达 6000 亿元，同比 2013 年增长 30%，而到 2018 年，这一数字有望突破万亿元大关。

我国汽车后市场种类较多，耳熟能详的主要有汽配用品、二手车、维修养护、汽车改装以及汽车金融等。

中国卡车的后市场尚处于萌芽阶段，基本集中在车辆采购的融资贷款上，鲜有涉及车辆保险、后市场的金融。目前，国内汽车经销商超过 80% 的利润来源于新车销售，但汽车租赁、二手车、汽车维修、汽车消费保险等售后性消费服务的利润占比不到 20%。而美国汽车产业后市场利润率超过了 70%。依赖新车销售的一次性贷款，利润增长方式过于单一，也容易受到宏观经济与行业周期波动影响，而拉动后市场业务有助于提高利润增长方式多样化。随着卡车市场进入理性增长期，卡车金融的多方位铺开将会帮助企业从数量拉动效益向更深的盈利模式转变。

（二）大马力车型将成为常态

随着“互联网 +”概念的导入，电商发展越发迅猛。近几年，电商物流业成为非常热的话题，相对地，电商物流中的干线物流业对卡车提出了新的需求。得益于对超载治理的严格、规范化，国内卡车主机厂在生产制造重型卡车时，更加注重卡车的轻量化与大排量、大马力趋势。尤其是重卡大马力，在“十三五”期间或将成为重卡市场新常态。

2015 年 12 月 9 日，陕西汽车控股集团有限公司在其商务年会上发布了德龙 X3000 黄金版，X3000 黄金版既可搭载 13 升潍柴 WP13 发动机，也可以搭载西安康明斯的 13 升 ISM 发动机，功率都超过 500 马力；12 月 18 日，中国重汽商务大会上，共展出了 35 辆展车，其中，汕德卡 C7H540 的车型功率为 540 马力，该款车型于 2015 年已经在国内实现销售；12 月 22 日，一汽解放的商务大会上，首次对外推出了解放 J6H13 升 550 马力牵引车，搭载发动机锡柴 6DM3 发动机，主要定位于干线物流运输市场需求。

2015 年，国内主流重卡品牌都推出了超过 500 马力的车型，在“十三五”期间，大马力重卡将会是重卡企业重点厮杀的战场，而大马力也将是“十三五”重卡市场的新常态。

（三）电动卡车方兴未艾

2015 年我国新能源汽车销售 331092 辆，同比增长 3.4 倍，其中纯电动汽车销售 247482 辆，与此同时，2015 年全国纯电动卡车销量为 1.63 万辆，占据整体新能源汽车的 4.92%，整体纯电动汽车 6.58% 份额。

相对于 2015 年卡车占据全国汽车总量 13.97% 的比重，纯电动卡车在整个新能源汽车体系中的含量较低。抛除新能源汽车是实现汽车大国向汽车强国迈进必经之路这一高层决策，考虑到新能源汽车是我们向空气污染宣战的重要利器，而专用车和城市物流车（这两种车型以卡车为主）占据城市近1/3 的尾气排放，又让人觉得纯电动卡车在新能源汽车中的比重稍显尴尬。

与新能源客车相比较，新能源卡车的市场模式不尽相同，本着公交优先的原则，带有公共属性的新能源客车，在政策待遇上远远好于卡车，从车型的财政补贴上即可窥见待遇差别。通俗点讲，在新能源商用车中，政府对客车采取的是圈养模式，对卡车采取的是放养模式。

尽管如此，2015 年，国内纯电动卡车在成长潜力上跑赢大盘（如图 4 所示），以累计暴增 14 倍的增长率，使得其在整个新能源汽车中占有一席之地。从数量上看，2015 年纯电动卡车共计销售 1.63 万辆，是前五年整体销量的 4 倍。

传统意义上，卡车作为不折不扣的生产资料，其发展与经济大环境、

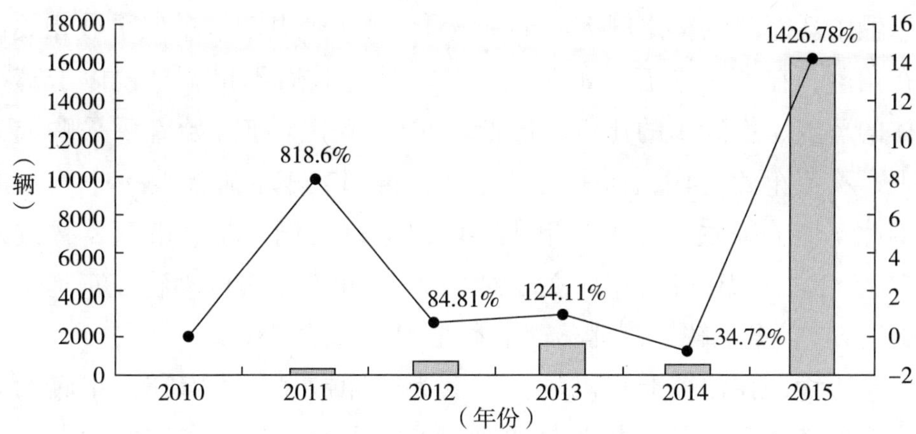

图 4　2010—2015 年纯电动卡车销量分布

数据来源：中国汽车工业协会。

国家宏观政策息息相关。虽然在新能源方面，与客车相比较，卡车处于“姥姥不疼舅舅不爱”的角色，但是纯电动卡车在 2015 年的爆发，同样受到政策的大幅影响。

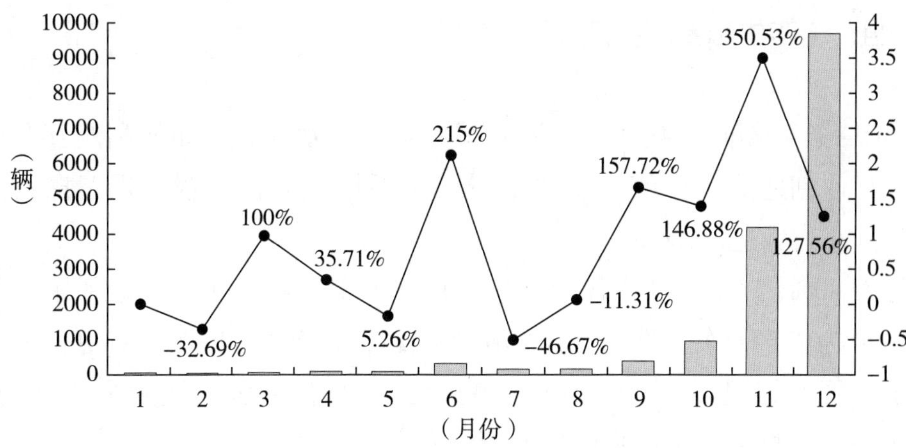

图 5　2015 年纯电动卡车销量分布

数据来源：中国汽车工业协会。

从图 5 可以看出，2015 年纯电动卡车的走势一波多折，锯齿明显、起伏多变。其中，最大的亮点则是在下半年，从 9 月开始，持续走高，增长幅度维持在 1 倍以上，尤其是在 12 月，单月销量更是逼近 1 万辆。

下半年纯电动卡车高产的主要原因集中在两方面。一方面，“十二五”收官，地方政府压力加剧。“十二五”期间，国务院办公厅关于加快新能源汽车推广应用的指导意见中，明确指出“新增或更新的公交、公务、环卫、物流车辆中新能源汽车比例不低于30%”，其中纯电动卡车似乎被相关部门遗忘在角落，在“十二五”的最后一年，地方政府不得不重视以卡车为主要载体的环卫、物流车的比例。因此，2015 年上半年开始着手采购或者部署环卫、物流车的迭代，而采购到竞标，再到交车上牌需要一个不短的周期，因此车辆上牌主要集中在下半年。以北京为例，北京市商委物流发展处在 2015 年 8 月 10 日发布《关于征集 2015 年北京市电动物流车运营试点企业的通知》，据了解，该批车辆基本在 11—12 月交付。

另一方面，在传统卡车市场，厂家为了冲销量、清库存，年底的时候通常会采取各种手段让销售数据更加漂亮一些。同样，在纯电动卡车中也存在相似情形，但是，在这里，促成销量飘红的并非主机厂，而是用户，迫于对来年政策的不可控制因素，很多用户在年底的时候跑关系谋求车辆的上牌。2015 年纯电动卡车市场达到一个前所未有的高峰，在“十三五”期间，电动卡车的发展或将更加迅猛。

（四）卡车生态圈的打造

“十二五”期间，互联网经济异军突起、蓬勃发展。如何利用互联网加上细分行业创造更大价值，在“十二五”后期成为很多企业乐于探讨的话题，在卡车行业也不例外。

随着 80 后、90 后新生代司机的成长，卡车行业如何更好地利用“互联网 +”成为诸多卡车制造商急需解决的问题，在 2015 年 11 月举办的武汉国际商用车展上，很多卡车主机厂都表示，未来会更多关注用户生活习惯，利用互联网来打造卡车用户的生态圈。

腾讯公司控股首席执行官马化腾认为未来的互联网是左边内容，右边连接。这个观点映射到卡车的社群生态圈中，则是左边产品，右边连接，连接左右的是网上支付。换句话说，现在的卡车主机厂越来越关注社群文化，当社群文化被认可、用户基数上升到对应的数量级后，可以衍化出无数的商业模式。最简单的就是，在卡车用户生态圈中，卡车企业可以轻松的利用“圈层 + 电商”的形式来完成车辆销售。

（卡车之家　孙俊杰）

特约报告

我国公路货运集约化问题与建议

一、公路运输现状

根据国家统计局发布的2014年国民经济和社会发展统计，2014年全年货物运输总量439亿吨，比上年增长7.1%，其中公路运输334.3亿吨，是最主要的货运方式，占全社会货运总量的76%。

公路运输市场份额极度分散，排名前十的物流企业占比不足2%，90%以上的公路运输主要由小微物流群体在承运。据行业机构统计，全国大约有700多万物流企业，发展方式比较粗放，技术装备差，管理水平低。

行业普遍用"小、散、差、乱"来形容中小微物流企业。因为它们规模小，年营业额达到3000万元的企业凤毛麟角。他们散落在城市的各个角落，导致货物的传递更加没有组织性，而且集中度非常低。也是因为没有一个集中运作和交付的区域，造成了城市的堵塞。另外，更重要的原因是信息的沟通交流不畅，信息化程度不高，造成了很多物流乱象的产生。但是小微物流承担着中国公路运输超过90%的业务，他们的时效是网络型公司的1~2倍，价格却是其他公司的30%，所以他们在中国公路运输中承担着非常重要的责任和角色。

二、公路运输存在的问题

1. 物流成本高、效率低

近年来，我国全社会物流总费用与国内生产总值的比率高达17%，高于发达国家水平一倍左右，也显著高于巴西、印度等发展中国家水平。

2. 信息化水平低、集约化程度低

阻碍物流业发展的障碍仍未打破，物流企业规模小，信息化水平低，物流标准不统一，迂回运输、资源浪费的问题突出。例如，我国营运的货运车辆大约在3000万辆，但大部分是个体车辆，组织化程度极低。特别是其中从事公路长途干线运输的约1000万辆货车，有超过90%处于个体运营状态，由于货主及车主之间不能随时互通消息，导致车辆空驶率达40%以上。现有的车货交易信息渠道多数为“熟人”或“小黑板”，互联网化、去中介化的货运交易渠道仅仅处于摸索阶段。

3. 基础设施相对滞后，不能满足现代物流发展的要求

布局合理、功能完善的物流园区体系尚未建立，高效、顺畅、便捷的综合交通运输网络尚不健全，物流基础设施之间不衔接、不配套问题比较突出，信用体系建设滞后。比如，我国物流园区类型分为仓库型、配货站、停车场和综合性园区，但目前物流园区现状为：缺乏信息联动，各模块信息孤立，仅仅实现了物业收租；鱼龙混杂，偷换概念，多用集散中心，配送中心等概念包装贸易批发市场，挤占物流基础设施；仓储环节与运输环节要求差异，对地理位置要求差异较大；投融资要求导致容积率过高，实用性只有一半左右；功能和定位未分层级，盲从标杆企业设计。

三、走集约化发展之路

2005—2013年，中国物流及供应链市场总支出的年复合增长率达到12.02%，而目前社会上1.5万亿元的公路运输费用市场，大型企业发货额占比不到6%，94%货量都为中小企业发出；承运方中大型直营网络公司承运的货量占比不到3%，而小微运输企业则承担了97%的货量。供需双方庞大分散的群体需求，具有集约化功能的物流平台应运而生；互联网为改造传统行业运营提供了核心工具。欧美物流业的发展历程也为我国物流发展带来启示：走集约化和规模化是现代物流业发展的必然之路。

物流平台是一个建设和发展现代物流事业基础的特定区域，同时也是物流资源在空间上相对集聚的场所，是一个现代物流事业规模化运作的节点，具有集聚、整合、辐射等效应，是构成整个物流网络的一个重要节点。

物流平台同时具有市场属性和服务属性。市场属性是指物流平台是大规模的、专业化的场所，它必须有大量的物流经营户在空间上的集聚和交易，这也是平台的特性；服务属性是指必须为平台内物流企业提供增值服务，使客户能在集约化、规范化、信息化、网络化经营上获取价值。构建物流平台符合政府发展现代物流产业的政策导向，也是政府发展现代物流业的重点工作之一。

面对我国公路货运存在的种种问题，结合国外货运发展经验和国内实情，要走一条集约化发展之路。

（一）货的集约

卡行天下的网络平台有效组织全国小微物流企业，以物流枢纽园区为基础，通过标准化、产品化、信息化实现公路运输的集约化整合。通过互联网平台以及移动互联网技术实现小微物流企业间的信息互通、可视化管理、交易与资金结算，提高协作协同的效率。

卡行的模式和传统物流企业有着本质的不同，是“互联网 + 物流”的模式（如图 1 所示），用集约化、信息化、产品化等手段实现行业资源整合，为市场提供更具竞争力的产品，同时也为物流行业提供新的发展空间。在线上借助 3PL（第三方物流）、加盟网点、大型客户、电商、快递、落地配等企业引进货源，通过信息系统帮助有物流需求的各个主体找到适合自己的产品，并在系统中进行线上交易、结算、监督、评价；打造完善的信息资源共享和利益分配机制。在线下通过各个城市自建的枢纽节点，寻求合适的社会运力，组织中小微物流企业，建设全国运输网络。

过去 3 年，平台交易结算量年均增速高达数十倍，截至 2016 年 2 月，卡行天下平台交易结算量近 100 亿元。预计至 2016 年年底，将达到年均 500 亿元以上，真正实现跨越式发展，形成了一张聚合数千家小微物流企业，运输网络通达全国的物流交易平台。

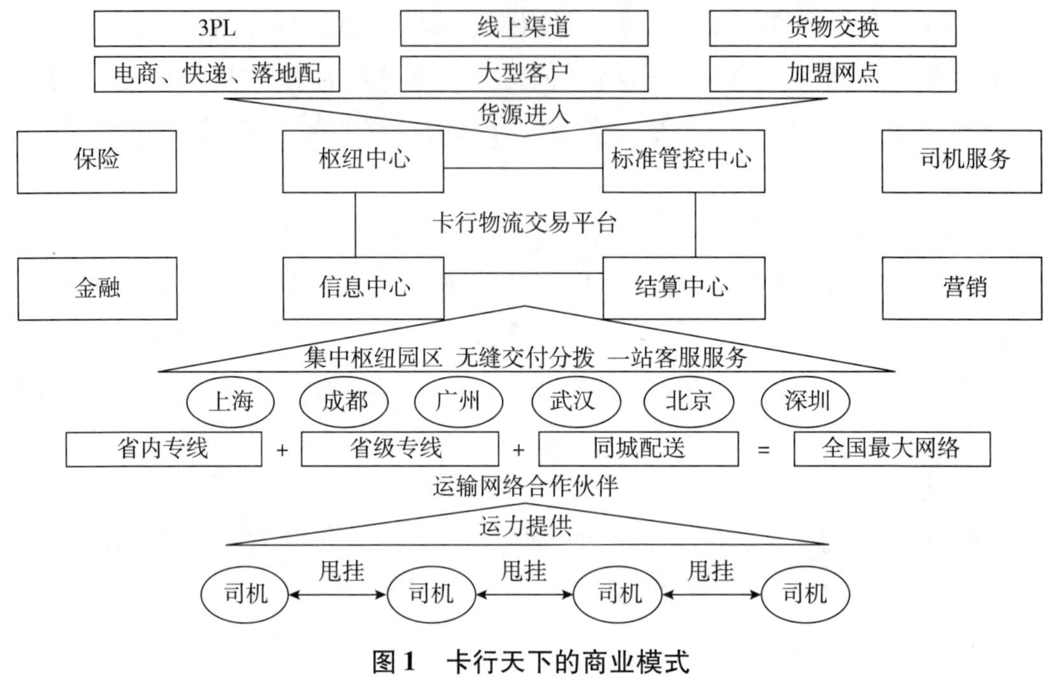

图1　卡行天下的商业模式

（二）车的集约

1. 甩挂

甩挂运输被称为公路干线运输“终结者”，甩挂运输的普及对节能减排、建设资源节约型、环境友好型社会具有重大意义。甩挂运输通过高度集约化的组织，能够有效减少牵引车的空驶和装卸等待时间，并通过减少牵引车的数量，从而降低完成单位周转量的能耗。因此，甩挂运输在提高运输效率、降低车辆运行成本、节约燃油和减少二氧化碳排放等方面具有明显的优势。

截至2015年年底，卡行天下网络成员达到万余家，每家成员都有各自经营的线路，但多属于单边运营，干线外包给社会合同车辆。卡行着手组织推动单边成员之间的甩挂运输，提供车辆的利用率，同时降低干线成本，保障运输时效，提升成员干线收益。

以卡行成员沈阳路路鑫和东北盛达为例。路路鑫主营“沈阳—武汉”单边线路，东北盛达主营“武汉—沈阳”单边线路，两家成员月发货均在24车次以上。实施甩挂之前，两家成员均使用社会合同车进行运营，每趟运费达到14000元，导致成员经营成本居高不下。2015年5月，经过卡行卡车管理中心的撮合，两家成员达成合作意向，由卡车中心帮助成员进行甩挂方案设计，并提供优质的车辆供应商。于2015年6月正式使用斯堪尼亚进口卡车进行甩挂运输，相比使用外请合同车，每趟（来回）成本降低7000元，月节省成本达到16万元。沈阳路路鑫与东北盛达两家卡行加盟成员，在卡行平台的帮扶下，不仅完成了现代化运输的转变，还通过高品质的甩挂运输赢得了越来越多的客户。

截至2016年2月，已经有32家成员在卡行的帮助下，完成了由传统运输向甩挂运输的转变，开启了公司发展的新篇章。

2. APP

随着信息技术的发展，互联网应用正在向移动互联网应用方向延伸，据统计，我国移动互联网用户数量已超过8亿，网民渗透率过半，而各类行业应用APP也纷纷抢占移动互联领域，物流行业应用APP也应运而生。

货运APP利用移动互联网技术，实现了运力与货主的集约。突破了时间和空间的限制，解决货主与车主信息不对称、资源不集中的问题，实现车货的智能匹配，让货主与车主能够在短时间内建立联系，促成交易的达成。

卡行货运圈APP于2015年8月18日开始正式面向成员推广干线功能，解决了车源与货源不能快速匹配、运力价格不透明、线下结算无保障等问题。天津市汉龙越达物流有限公司，于8月18日18：27，完成了货运圈APP的第一笔交易，推广当月即达成343万元交易量。截至2016年2月底，累计引入运力4000台，货主1000名，完成交易量31120.51万元。

卡行货运圈APP于2016年1月正式开始市配功能研发（如图2、图3所示），计划于2016年8月试点推广。届时，卡行货运圈APP将集市配与干线功能于一体，为成员提供包含干线运输、市内配送、线上结算等一系列的便捷物流服务。

图2　卡行天下 APP 界面

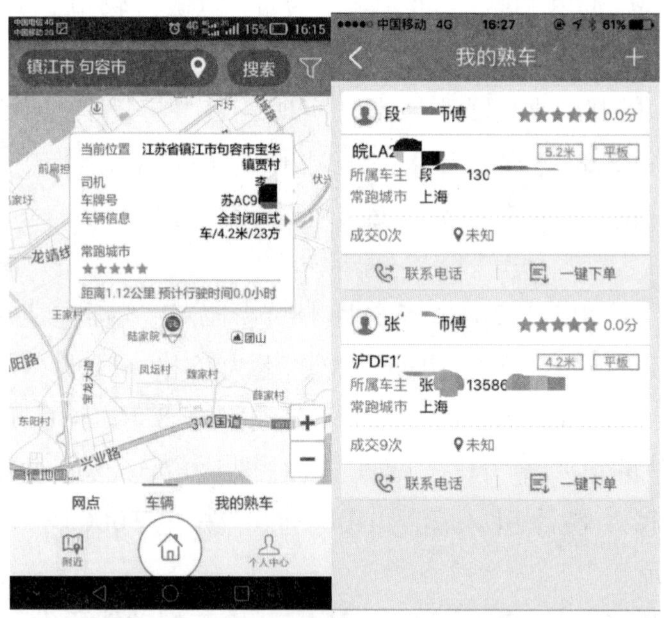

图3　卡行“货运圈”APP 截图

（三）场地集约

卡行网络通过建设线下枢纽园区，促进了货源线下的集约操作，提升小微物流公司效率，减少中转增加收益，降低交付成本，提升小微物流公司的利润，并且提高运输实效。

通过集约化模式，可通过最近的加盟网点或物流园区进行发货，减少50%的提货成本；通过集约化模式对省内配送资源的整合，干线运输到站后，可直接装车进行短拨配送，有效地避免二次装卸，节省了装卸成本；通过集约化的模式，快速积聚货量，降低空车率从而降低配送成本。如图 4 所示。

	模式前	模式后
提货成本（元）	600	300
长运成本（元）	15750	15750
大车卸车成本（元）	300	300
当地配送装车成本（元）	180	0
当地配送成本（元）	1440	900
下转移装车成本（元）	90	0
下转移运输成本（元）	1800	1350
下转移到货卸车（元）	90	90
下转移配送装车（元）	90	90
下转移配送（元）	720	450
总成本（元）	21060	19230
利润（元）	1440	3270

图 4　集约化模式后成本节约对比

系统数据显示，上海至成都一条线路上的一辆 17.5 米的车在模式后的利润比模式前的利润增长了一倍多，成本优势主要体现在短途分拨成本的优化。

卡行通过整合专线，利用园区作为节点，减少重复、交错运输，对缓解城市交通拥堵有很大的帮助。同时减少了入库及等待下转移的时间，也明显降低了由下转移到站卸车后末端配送的时间，大幅提升了运输效率。

（四）信息集约

卡行是以互联网为基础，通过互联网实现线上和线下的互动，实现线上的交易平台和线下的网络平台完美的结合。提升整个行业的组织集约和标准化的程度，以及提升物流行业的信息化水平，在物流管理、服务和技术创新方面形成新的突破点。

案例：信息化创新——“货运圈”信息系统主要模块介绍

1. 运输管理系统

提供对物流货物运输过程中各环节的信息管理和管控，提高物流周转效率和集约化，促进企业物流成本的降低。主要包含提货配送，干线运输，平台外包，平台管理，单据管理，回单服务，库存管理等多项功能模块。

2. 物流信息交易

提供一个物流信息的互联网交易平台（货运圈），使大家能通过此平台方便地发布货源信息、运力信息、车辆信息、产品信息等，更好地促进物流信息的及时沟通，促进社会资源的合理分配，增进社会物流体系的运作效率。主要包含货源平台、运输平台、交易平台、交易跟踪、到货预警、产品发布等功能模块。

3. 园区管理系统

园区物业管理等功能系统，使园区业务与物流平台更好地融合，加快整体运营效率。主要包括物业管理、档案管理、交易管理等功能模块。

4. 运力管理系统

运力管理基于互联网（PC 端和移动端），提供实时在线、真实可靠、去中介化的便捷服务和管理，做到货主和司机都能放心使用。包括车辆信息采集和审核、司机信息采集和审核、保险管理、订单管理、调度管理、评价管理、结算管理、增值服务管理等模块。

5. 财务管理系统

提供方便快捷的物流财务管理和账目核销功能，加快物流账务的流转速度。具有线上财务管理和线下财务管理双重功能，包括业务审核、应收管理、应付管理、在线支付等功能模块。

卡行天下公路运输交易平台通过搭建各个子平台，形成物流生态圈，解决了货主、网点成员、专线成员、园区用户、个体司机在公路运输过程中的信息流汇集，从而促进运输过程的规范化操作，以及资金流的合理流动，保障了货运运输上下游各环节的资金安全和货物安全。卡行天下在这个过程中，也使用信息系统对交易各方进行监督和考核，促使各方诚信交易，促进物流行业向集约化、标准化发展，并且有数据的记录，对于整个行业的发展可以进行数据分析和预测等，让国家和行业协会更了解物流行业的发展趋势，从而进行有效监管。

（五）信用集约

沪二手车市场“跑偏”亟须诚信体系“打底”；二房东搞群租，因信用差且屡教不改被拉入黑名单等一系列失信案例频频出现。而与此同时，支付宝又宣布芝麻信用650分以上可以先看病后付钱。个人信用问题越来越被重视，逐渐渗透到生活中的方方面面。而物流行业的中小物流企业，因交易信息不透明，缺乏行业有效监管，导致物流诚信数据缺失，诚信体系建设尚处于起步阶段。卡行物流交易平台可实现从开单、运输、跟踪、签收、结算到评价整个运输环节的全线上化，信息全程透明可控，为行业诚信体系建设奠定了数据基础，目前卡行货运圈已累积数百万条自主评价数据。

卡行评价体系聚集了收发货人、网点成员、线路成员、分拨中心、司机、车主等用户，这些用户可以通过货运圈系统在平台上交易，交易结束后双方可根据不同的交易场景对服务体验进行评价，主要评价维度为服务态度、货损货差、运输时效、代收货款回款时效、回单时效等。系统会根据打分结果对被评价方进行90天滚动分数汇总，确保评价分数能真实反映成员近期的口碑情况。

评价从四个维度立体呈现：待我评价、待别人评我、我得到的评价、我给出的评价。用户可在“我得到的评价”中清晰地看到自己得到的评价分数、被评次数、好评度、历史得分情况、各维度得分情况、被评明细等，便于成员随时查看自己的评价情况，关注每一个中评和差评。而“待我评价”板块则将所有待评运单集中管理，提高成员对于诚信体系的参与度。

平台用户得到的评价分数会在交易系统中，和价格、时效、交易量一起，作为广大买家选择运输产品的一个参考项目，评价分数高的成员将排在前列，而分数低的成员则排在最后，实现平台用户自然的优胜劣汰。

卡行从2015年5月推出“好评王”活动，旨在选出平台用心服务收获好口碑的成员，河北秦皇岛市海港区东港北路网点从活动开始，连续9次获得“好评王”的称号，伴随而来的是该成员交易量月环比以30%的速度增长，与他合作的成员也不断增多。“好评王”群体的货量增速比全网增速高27.6%，平台中的成员也越来越重视自己的服务口碑。

随着物流企业在平台交易量的增加，平台对物流企业交易、服务、信用口碑等的数据沉淀，可以逐步帮助企业在平台形成品牌竞争力。一切用数据说话，口碑好的成员行业地位会越来越高；反之，口碑差的成员会越来越被边缘化，实现平台自然的优胜劣汰。

卡行开创了物流行业信用集约管理的先河，平台中的8000多名成员都通过交易系统获得了信用评价，这些信用数据会作为其在卡行服务的重要标签，这个标签也将在信息透明的平台中被其他成员看到并作为交易参考，让成员注重自我约束的同时，也提高了成员间相互监督、相互约束的意识。不断提高的信用意识和不断沉淀的信用数据，会进一步促进行业的诚信体系建设。

（六）资金集约

卡行天下致力于把供应链管理体系引入到标准化、信息化、集约化，运用领先的物流信息管理平台，把生产企业、物流企业、区域配送及货运代理企业进行完美的链接，按不同企业的需求串联起来，用同一信息系统把信息流、货物流、现金流在同一信息平台上管理实施，通过成员中推行标准化运营服务，使物流产品能够达到一个统一的标准，从而对客户的需求和运营资源进行完美的整合。

针对目前物流行业的各种问题，比如，线下现金收付结算混乱，代收货款、提付运费追收困难，资金周转时常出现困难，小微物流企业账目不清，运单与财务费用无法分开，无法核对等情况，卡行天下建立了自己的资金清结算系统，专门用以帮助成员解决他们的现状和问题。

成员仅仅通过充值进入自己的卡行天下结算账户即可以进行卡行天下货运物流系统货运圈上的线上开单、承接、大车落货、线路外包、代收货款等物流行业的传统操作，并且账户资金在各个物流流程流转至相应的节点后，会自动清算出所需要支付的各种费用项，然后按照时间结算规则自动结算到对应成员的卡行账户中。

这种结算体系的好处在于不需要成员对现实中的资金进行过多的关注，账目清晰，费用明确，相对于成员自身传统的财务管理有了本质上的提高，并且该结算体系与卡行天下的货运圈系统相结合，能够将财务对账与运单流水相匹配，与运单的信息化流动相互联动，在规定的时间结算节点结算成员的资金，资金循环利用率高，间接增加了成员的业务量，并能够对其进行业务的扩张打下良好的基础。资金安全和账目清晰方面也有了充足的保障。成员最终可以通过提现的方式将资金转入自己的银行账户。

卡行天下的平台系统已经于2016年3月1日成功升级，扩大了针对物流行业的适用范围，新增了各类物流的传统结算场景和货运场景的线上信息化的处理，相对应地，卡行天下的结算体系也成功地进行了针对性的全新的升级和改版，各种资金仓的运用将更加适用于成员的实际财务结算场景，将极大改善成员的使用感受，为整个货运圈系统打造一个完整的物流信息化生态圈提供坚实的基础。

（七）资源集约

1. 金融

对于中小物流企业来说资金方面一直是发展的关键，但是从他们自身的角度来说，得到银行的贷款、垫资、授信一直是一件很困难的事情。他们需要有这方面的资源帮助他们解决发展问题。

针对这样的需求，卡行天下利用平台的优势，将各种金融资源引进到卡行的平台上，帮助更多的中小微企业解决资金的需求。成员可以通过卡行的货运圈系统来累计自身的“货运圈流量数据”，从而获得自身融资额度的提升。同时，也会根据成员的需求推出各项服务和扶持，从而让更多成员获得资金的扶持，降低成员的融资成本。

卡行还推出了金融理财方面的产品，帮助成员的资金获得升值。相对于银行理财、其他金融平台、股票、期货等产品而言，卡行把平台优势发挥得更加淋漓尽致：投资门槛低，起投金额1元；投资周期短，债权可转让，轻松可赎回。比如，在确保平台用户（个体）投资利益保障前提下，卡行设计了预期年化收益高的金融产品（一个月预期年化收益6%～12%），满足了投资人保值增值的需求，同时，减轻了成员的资金压力。

2. 保险

对于公路货运来说保险是必不可少的东西，但是对于现阶段由于保险险种、保险金额等原因，很少有保险公司愿意让小微物流企业购买自己的保险，即使有，各种看不懂的保险条款，以及出险后保险公司各种理由的拒赔、少赔等现象，都无形中提高了小微物流企业的运输风险，而且一旦出现问题就会造成巨额经济损失。很多小微企业只因为一票货物出现了问题，就不得不赔得倾家荡产，甚至有的濒临倒闭。如何才能把各种保险资源集约起来，把小微物流企业运输风险转嫁出去，降低小微物流企业在出险时的资金压力，这些都是现在行业内急需解决和规范的问题。

卡行天下从2015年开始先后从武汉、厦门市场调研开始，通过走访物流专线老板，详细了解其货运险保险需求，根据企业经营模式、运输线路特点、企业货源结构，并结合企业管理水平引进各类有针对性产品的保险公司，最大程度上协助小微物流企业购买保险产品，降低他们的经营成本，规避经营风险；卡行天下专业的保险理赔服务团队，能为小微物流企业管理者提供保险合同解析、理赔咨询、保险理赔资料审阅等服务，以便快赔、避免不赔，预防保单陷阱，保险买错；防止保险公司无理拒赔，只为物流人投保不上当，理赔有人帮助。卡行天下集约采购保险产品的方式，帮助成员降低了保险费率，也帮助成员节约了保险成本；卡行天下集约化的保险管理方式，能够让保险产品更优化、信息更透明、服务更专业。

自2015年开展理赔专业服务以来，先后接到理赔咨询服务300多起，协助成员现场勘查20多起，受到成员的一致好评，尤其是协助重庆某物流公司，从报案指导、现场勘查、资料申报前的审阅、理赔定损协商，直到理赔打款赔付，只历经 1 个多月，得到了成员的认可和好评。2016 年卡行天下将推出更多的保险产品，让更多的成员能够选择自己需要的产品，真正意义上做到在卡行买保险省时、省力、放心、安全。

（八）税务集约

对于物流行业，特别是对于小微物流企业的税控问题，一直是国家税务机关难以解决的。增加税收，大大增加了相关部门对于车辆的运输和安全管理力度。集中税控能协助税务机关把控税源的方向，防止税源的流失，对增加税收有重要的意义。

不以车辆数而以实际业务总量作为开票额度的依据，只要具有真实的交易记录，例如车辆发货信息、行驶信息、客户签收信息等便可以根据真实的交易额度进行开票。对自有、承租的交通工具以及总机构或母公司拨入的交通工具，可以视同自备交通工具。对达到一定规模，具备一定条件，没有自备运输工具的无车承运人给予道路运输经营资质及自开票纳税人资格。

卡行天下作为无车承运人试点企业，吸引了上万家成员，所有成员均通过卡行天下智能管理系统货运圈进行交易、结算，全程信息流、资金流完整透明；同时通过平台有效集约，以及提前预调度功能，提高了运输效率，卡行天下母子公司及其加入卡行天下的成员已经达到了一定的规模，虽然没有自备运输工具，但可以给予道路运输经营资质及自开票纳税人资格道路运输经营的资格和自开票资格。

卡行天下母子公司及其加入卡行的成员，不以运输车辆数而以实际的业务量作为开票的依据。卡行天下可以监管成员的自开票行为或作为税务机关合作单位，在税务机关的监督下代成员企业开票，保留其发货信息、车辆运输信息、资金流信息、合同信息等提交税务局备查。卡行天下对其数据真实性负责。

综上所述，无车承运人是有利于物流行业及国民经济发展的新的业态形式。

四、需要的支持

（1）希望政府推动真正意义的物流节点园区（基于网络）建设，为小微物流企业提供稳定、长期、高品质的经营场所；实现运力资源池的集约，提升运输效率和降低运输成本。

（2）重视轻资产管理模式公司，提供无车承运资质，为小微物流企业和司机开具发票提供通路，从而加强税收管理。

（3）关于诚信体系的推动，一定是建立在整个线上交易模式的基础上，希望政府政策能够与平台一起大力建设公开透明、基于运单和客户体验的诚信评价渠道，突出优秀企业，引导市场健康的发展；诚信数据积累、打通金融进入小微物流群体的新途径。

（4）推动小微物流群体的信息化建设水平，才是有效解决承担90%以上运力的信息化问题。唯有这样，才能上下游贯通，使得信息化协同分工高效完成。实现全程可视化运输，提升服务体验，推动企业经济发展，提升企业供应链的竞争力。

（5）重视小微物流企业核心地位，给予相应的支持帮扶，通过数据交换来实现整合，创造一个新的物流生态。

（卡行天下供应链管理有限公司　钱钰）

我国公路货运第三方物流集约化问题及建议

第三方物流在我国公路货运领域中占据着越来越重要的位置。在我国公路货运领域，不管是零担货源还是整车货源，有很大一部分货源是来源于中小型第三方物流企业，也有一定比例的大中型第三方物流企业本身专业从事公路货运业务，而且这些大中型第三方物流企业手上的货源也会有部分采取整合社会运力资源的方式进行运作。

从近年来我国公路货运的创新创业与发展演变来看，越来越多的网络型零担企业、专线型零担企业以及车货匹配“互联网+物流”平台型企业，也呈现出向第三方物流方向转型或产品升级的趋势。这意味着，以签约货源、方案定制、资源整合、资金垫付为主要经营特征的第三方物流，其上承货主货源、中有方案定制、下接车队运力（自有或整合）的集约化运作模式已经得到了公路货运市场的认可，甚至部分物流领域投资资本的认可。

为此，本文拟对公路货运集约化定义、发展现状与趋势、存在的主要问题进行解读，并在此基础上提出我国公路货运第三方物流集约化发展的总体思路、原则以及相关建议等。

一、我国公路货运集约化发展现状

1. 关于货运集约化的定义与实战解读

长期以来，我国的物流行业，特别是公路货运领域，“小散乱差”和粗放式经营发展是两大基本特征。为此，《中华人民共和国道路运输条例》总则第六条明确规定：“国家鼓励道路运输企业实行规模化、集约化经营。”《道路货物运输及站场管理规定》也有类似条款：“鼓励道路货物运输实行集约化、网络化经营。”2014 年 9 月 12 日国务院印发的《物流业发展中长期规划（2014—2020 年）》则进一步指出：“鼓励企业整合资源、加强协作，提高物流市场集中度和集约化运作水平，减少低水平无序竞争。”

既然国家政策如此关注公路货运物流的集约化运作与经营，那么站在第三方物流公路货运企业实际经营发展的实战角度来看，所谓的“集约化”应该如何定义？又应该是一种怎样的目标状态呢？

实际上，诸多学术界人士对“集约化”都进行过解读。有的认为，集约化是指采用现代化管理方法和科学技术，加强分工、协作，提高资金、资源使用效率的经营方式；有的认为，集约化主要是指资本或资源的集中使用、高效率使用与节约使用；有的认为，物流集约化是指通过一定的制度安排，对供应链上物流系统的功能、资源、信息、网络要素等进行统一规划、管理和评价，通过要素之间的协调和配合使所有要素能够像一个整体一样运作，从而实现供应链物流系统要素之间的联系，达到供应链物流系统整体优化的目的的过程。

这些关于集约化的研究成果如何转化为公路货运第三方物流企业的实际运营行动呢？在总结第三方物流标杆企业的运营经验的基础上，我们可以从物流实战的角度对货运集约化进行定义。所谓货运集约化，是一种以QCDSME（质量——Quality、成本——Cost、交付——Delivery、安全——Safety、士气——Morale、环境——Environment）为评价标准，对公路货运物流产品的生产构成要素、生产环节、生管模式、配套资源等进行局部或整体最优化整合，以实现货运物流产品持续迭代升级，实现货运物流产品价值可持续兑现的运营理念和经营状态。

这个货运集约化定义包含四个层面的要求：一是集约化的核心对象是公路货运物流产品；二是集约化的主要方法是对公路货运物流产品的生产构成要素、生产环节、生管模式、配套资源等进行局部或整体最优化整合；三是集约化一定要体现为货运物流产品持续迭代升级及其价值的可持续兑现；四是集约化必须最终落实到QCDSME这六个方面的综合评价指标。

因此，从第三方物流实战而言，如果在公路货运集约化的四个方面没有实际的作为，就谈不上是真正的货运集约化。

2. 我国公路货运集约化发展基本现状

目前，国内大部分公路货运企业，特别是数量众多的中小型第三方物流企业，由于具备一定的前端揽货能力、资源整合能力、方案定制能力和垫资能力，加上部分“互联网 + 物流”的创新创业平台公司的强势介入，公路货运各市场主体在公路货运集约化经营方面也涌现出了一些集约化的创新与探索。

（1）部分公路货运企业基于集约化思维推出了标准化公路货运物流产品，以物流产品主动统领公路货运集约化经营，但大部分公路货运企业依然处于被动接受货主定制物流产品代工生产的状态。

以德邦物流、天地华宇、佳吉快运、卡行天下、安能物流等公路零担货运企业以及传化物流、天地汇等公路港运营企业为代表，均提出了各自的集约化、标准化公路货运物流产品，而且大都以时效与线路为产品定义维度，主要类别包括当日达、次日达、三日达、卡车航班等。这些公路货运物流产品在市场上的推广、营销和实际运营，对于提升整个公路货运行业的规模化、网络化、集约化发展水平，发挥着积极的市场引领作用。

但是，从更大的行业群体来看，大部分公路货运企业还没有能力、没有意识去打造自有的标准化公路货运物流产品，更谈不上集约化经营。绝大部分都是根据签约货主或上游客户的单票货物特定要求进行资源整合，并提供定制化物流解决方案，相当于签约货主或上游客户是公路货运物流产品的定义者，而第三方物流公路货运物流企业只是这个定制化产品的代工生产者（即 ODM，原始设计制造商），如下图所示。

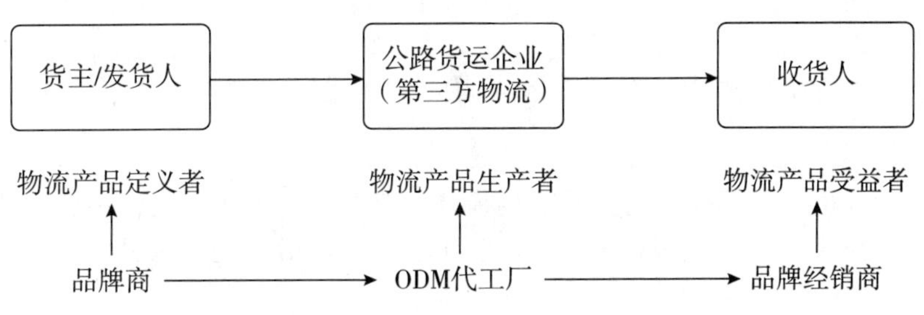

传统公路货运企业主要生产定制化物流产品

这种缺乏标准化公路货运物流产品的现象十分普遍。货主方定义了几乎所有的物流产品参数，公路货运公司基本上只能在货主方规定的参数范围内组织相关物流资源进行具体运作，所以这类第三方物流公路货运企业的定制化生产成本很高，而且始终无法掌控话语权，要开展所谓的集约化经营，困难重重。

（2）在公路货运集约化运营模式与方式方法层面，部分公路货运企业围绕其标准化或定制化的公路货运物流产品，从产品生产构成要素、生产环节、生产管理模式、配套资源等方面进行局部或整体最优化整合，进行了集约化创新与探索。

尽管大部分公路货运企业并没有自己明确的、标准化的货运物流产品，但这并不影响他们的ODM（原始设计制造商）代工生产运营体系的局部性集约化运作。当然，对于少数品牌企业而言，基于其标准化的货物物流产品体系，可以在更大范围和更深程度上对其物流产品进行规模化、网络化和集约化生产。

以下简要总结了公路货运常见的局部性或整体性的集约化运作模式或技术，公路货运企业可以从这些不同的细分维度切入开展集约化经营，见表1。

表1　公路货运常见集约化运作模式或技术

维度	集约化运作模式或技术
客户与货物	客户细分聚焦模式，货物类别聚焦模式（按重量范围，按行业品类等），托盘共用模式，带板运输模式，货物轻重搭配与配载技术等
车辆与调度	集中采购模式，带业务采购模式，厢式货车模式，大车队模式，中央调度模式，动态智能调度模式等
线路与网点	公路港模式，专线网络平台模式，自营/加盟门店模式等
车源与货源	运力资源池模式，无车承运人模式，货运经纪人模式，第三方物流模式，车货信息匹配交易模式等
公路货运环节	干线甩挂运输模式，集并运输模式，终端共同配送模式，多点循环取货/配送模式，多式联运模式，JIT（即时生产）精益配送模式，仓配一体化模式等
货运增值服务	车辆融资租赁模式，真实交易数据授信融资模式，互联网保险，代收货款，代开发票及运费保理，多功能ETC，加油卡集中统一采购等
软硬件技术	各种SaaS模式TMS/OMS，APP工具（司机端+货主端），信息采集与识别技术，API（应用程序编程接口）/EDI（电子数据交换）数据接口技术，大数据储存与挖掘技术，自动输送/分拣技术，货物跟踪定位技术，车联网技术等
人力资源发展	物流人才互联网培训模式，物流人才精准招聘模式等

续 表

维度	集约化运作模式或技术
企业组织协同	自营模式，加盟模式，自营 + 加盟混合模式，企业联盟模式，互联网平台模式，众筹合资合作模式，内部创业模式，合伙人模式等
资本运营管理	战略收购/并购模式，部分参股模式，交叉持股模式等

以上这些不同维度的集约化运作模式或技术，在公路货运领域已经不同程度、不同范围内得到了应用和推广，比如，干线甩挂运输模式、前端集并运输模式与终端共同配送模式等，在政府积极试点和鼓励的同时，一些有前瞻性的公路货运企业已经在各自的物流产品生产体系内采取了这样的集约化运作模式。

（3）在公路货运物流产品集约化可持续发展层面，国内品牌公路货运企业的物流产品及其价值持续兑现相对稳定，尽管产品持续迭代升级较慢；而“互联网 + 公路货运”的创新创业平台公司，在探索中持续进行其物流产品升级，但其价值的可持续兑现还有待实践考验和进一步观察。

国内品牌公路货运企业率先在业界以产品思维审视物流生产运作，提出了“物流产品”的概念，突破了传统物流服务的说法。虽然目前这些公路货运领域的物流产品集中围绕运输时效与线路进行定义，但在推动公路货运往标准化、集约化方向发展方面功不可没，催生了一大批营收上亿、几十亿元的公路货运物流企业，甚至有部分企业提出了向 100 亿元、1000 亿元进军的发展目标。

最近两年在互联网思维的催化下，特别是菜鸟物流横空出世与“滴滴打车”模式成功的刺激下，在公路货运领域诞生一大批直击公路行业“痛点”的互联网创业平台公司，意图从不同的角度，实现创新创业的成功，倒逼货运行业形成标准，实行集约化管理。大部分互联网创业平台企业以“车货匹配”为突破口，甚至打出“消灭黄牛”“消灭物流园区”的去中间化口号。通过 2015 年的市场洗礼，这些以车货匹配 APP 为标志的公路货运领域互联网创新创业平台企业，历经试错转型与产品迭代升级，有的平台在转型过程中轰然倒下，有的平台在试错中悄然引退，有的平台还在观望坚持，有的平台不断自我否定自我突破。从目前的情况看，这些互联网思维下的物流产品升级已经越来越接近物流产品的本质——货源及货源真正的掌控者。从这个角度看，对于没有物流基因的互联网跨界物流的群体而言，是一种钱烧出来的进步。

线下品牌公路货运企业的低调务实与稳健的物流产品规划和迭代更新节奏，与公路货运领域线上互联网创新创业平台浮躁、快速、抓“痛点”表象的物流产品转型、迭代升级，形成了鲜明的对比。不管是哪一种物流产品的推出、迭代和升级，实际上都是对于公路货运领域集约化经营的一种促进，尽管很多创新性的物流产品的价值兑现还有待进一步观察。

（4）在以 QCDSME 评价指标体系建设与实际应用方面，大中型公路货运企业大都建立了相应的集约化管理指标体系，而大部分中小型公路货运企业仍然处于粗放式管理状态。

QCDSME 是一套十分成熟的生产运营管理指标框架，在制造业与第三方物流领域得以广泛应用。通过对每个指标框架项的展开，我们可以对公路货运运营的集约化程度分别从质量、成本、交付、安全、士气、环境六个维度进行有效的评价，表 2 是一个第三方物流公路货运（循环取货）的评价指标体系样本，可供参考。

表 2　公路货运第三方物流 QCDSME 运营指标体系参样（月度）

工作目标	关键考核指标(KPI)	考核依据	目标值
Q 质量	取货及时率	(取货及时次数/取货总次数) ×100%	100%
	取货准时率	(取货准时次数/取货总次数) ×100%	90% 以上
	质损次数	出现物流原因货物质量损失	0
	到货完好率	(到货完好次数/到货车次数) ×100%	100%
	返空单回收率	(返空单回收数/返空单总数) ×100%	98% 以上
	客户投诉次数	由于货运服务问题的投诉	0
	客户满意度	客户满意度调查结果	98%
C 成本	取货装载率	(零件体积/车厢体积) ×100%	50% 以上
	干线装载率	(零件体积/车厢体积) ×100%	80% 以上
D 交付	交付准确率	(交付准确次数/交付总次数) ×100%	100%
	交付及时率	(交付及时次数/交付总次数) ×100%	100%

续 表

工作目标	关键考核指标(KPI)	考核依据	目标值
S 安全	安全事故次数	每月出现安全事故的次数	0
	安全事故赔偿金额	各种安全事故赔偿金额与总行驶里程对比	小于 y 元/千米
M 士气	人均合理化建议数量	团队成员提出合理化建议的数量及价值	>1
	流程迭代升级比率	业务操作流程与 SOP（标准作业程序）的持续更新份次	30%以上
E 环境	周转容器利用率	使用可回收周转容器的比例	90%以上
	车辆空驶比例	车辆空驶里程数/全部里程数	10%以下

公路货运企业进行公路货运集约化经营，虽然可能切入的维度及其组合不同，但始终应该遵循 QCDSME 指标体系进行评估，当然也有必要进行财务、投资、战略等方面的综合价值评价，这也是企业集约化经营的应有之义。需要补充的是，为什么还要从环境的角度评价集约化？实际上，集约化经营不仅强调依靠科技进步和提高劳动者素质提升品质、效率和降低成本，而且也强调怎样节能减排、实现循环经济和绿色物流，保护环境，实现社会经济的可持续发展。

在目前的状况下，管理比较规范的大中型公路货运企业一般都有自己的一套运营管理指标体系，但不管有多少指标，总体上都可以归纳在 QCDSME 的框架之内。而对于大部分中小型公路货运企业，要么没有这种集约化运营指标管理意识，要么只关注每次货运的时效、质损、回单、账款等具体事项，没有上升到指标管理的高度，这在一定程度上体现的是一种粗放式管理状态。

因此，站在货运集约化及其物流产品的角度来看目前我国公路货运领域的发展，总体处于一个快速发展的变革期，新鲜事物不断涌现，传统模式积习难改，货运集约化经营任重而道远。

3. 我国公路货运集约化发展趋势研判

目前，大部分第三方物流公路货运企业没有自己的标准化公路货运物流产品，都是根据签约货主的单票货物特定要求进行资源整合，并提供定制化物流解决方案。从这个角度看，相当于签约货主是公路货运物流产品的定义者，而第三方物流公路货运物流企业只是这个定制化产品的代工生产者。这种缺乏自身核心的标准化公路货运物流产品的现象十分普遍，所以这类第三方物流企业的定制化生产成本很高，而且始终没有话语权，所谓的集约化经营困难重重。

尽管如此，通过最近两年的“互联网 + 物流”的创新创业的洗礼，传统的第三方物流企业不管在物流产品意识方面，还是在依托互联网技术和平台实践货运资源集约化与软硬件技术集约化方面，都有了一些经验教训、创新积累和价值沉淀，这是我国公路货运集约化发展必要的垫脚石。

那么，在目前这种形势下，如何看待我国公路货运集约化发展方向和趋势呢？笔者认为，随着我国公路货运物流产品、物流平台和物流透明管理的进一步演变，以及互联网创新创业平台不断将资本火力聚焦于如何真正服务货源及货源掌控者，这意味着，在公路货运领域，不管是从哪个维度介入这个庞大的市场，一个最重要的集约化发展趋势就是“第三方物流（或类第三方物流） + 互联网”。

这种趋势在美国实际上已经得以实现，罗伯逊物流（CHRW）是成功的典范。在国内被誉为“无车承运人”成功案例的 CHRW 本质上属于公路货运领域的第三方物流企业，只是依托其强大的 IT 系统、流程和人力资源，具备了强大的线上线下物流解决方案能力、资源整合能力和运营管理能力，从而奠定了其在美国乃至全球范围内的行业标杆地位。从这个角度看，国内公路货运企业，最终会慢慢演变为专业的第三方物流企业，从而不断提升自身的物流解决方案能力与资源整合能力，不断强化基于互联网平台与软硬件技术的产品迭代和创新，无限接近地服务真正的货源与货主企业。

因此，如何站在第三方物流的角度思考现有公路货运集约化发展问题，以及如何促进现有公路货运领域已有第三方物流企业的集约化发展，具有十分重要的现实意义。

二、公路货运第三方物流集约化存在的问题

公路货运领域第三方物流拥有一定的前端揽货能力、资源整合能力、

方案定制能力和垫资能力，因而成为公路货运领域整车物流（项目物流）产品的重要市场力量，同时也是公路零担专线及货运黄牛揽取货源的重要渠道。

尽管如此，也许公路货运第三方物流与货主之间相对稳定的合作关系，以及主要从事整车物流的缘故，公路货运第三方物流在最近两年的物流资本市场上处于被边缘化的地位，反而是在一定程度上处于其业务价值链下游的零担快运及最后一公里配送，在互联网跨界群体的所谓创新创业冲击下，一段时间内受到社会资本的无限青睐。这种公路货运第三方物流价值被严重低估的状况自2015年年底开始已有所好转，不少基于“互联网+物流”的创新创业平台在几经市场试错与产品迭代升级后，开始意识到公路货运第三方物流本身所具备的核心价值，是其以互联网平台方式促进公路货运集约化发展必须重视的基础性力量。

最近两年公路货运第三方物流市场价值从被边缘化到被重视的过程，只是第三方物流公路货运集约化发展过程中存在的问题的“缩影”。通过对公路货运第三方物流市场的进一步分析，我国公路货运第三方物流集约化依然存在诸多从宏观到微观的问题，主要体现在以下九个方面：

（1）公路货运行业准入门槛相对较低，运力资源十分离散，资源协同存在诸多局限性，部分现有行业政策不利于公路货运第三方物流实行集约化经营。

公路货运行业准入门槛极低，买一台车就可以从事个体公路货运，就可以直接注册一家货运公司，甚至只要租个档口、摆张办公桌、放台电脑就是一个货运信息部，一个有点货源渠道、车辆信息渠道的个人，也可以在公路货运市场把业务做得风生水起。这样的低门槛准入，造成运力资源十分离散，竞争十分激烈，要整合协同这些离散的C端资源或者B端资源，涉及现有各方关系的利益牵扯，涉及现有运营模式的商业惯性，这对于有志于集约化经营的公路货运第三方物流与“互联网+物流”创新创业平台公司而言，无疑是一个“坎”，近年不少“互联网+物流”创新创业平台在这个“坎”面前不得不快速调整产品策略，甚至在战略调整的道路上轰然倒下。

当然，除了市场准入政策以外，还有更多的行业政策在制约着公路货运第三方物流的集约化发展，主要包括高速公路收费政策、无车承运人政策、挂车管理政策、“营改增”税收政策以及城市货运车辆限行政策等。这些政策掌控着公路货运第三方物流集约化的命脉：经营管理的经济性与资源整合的灵活性。

（2）我国区域经济与产业经济不平衡，货主企业的公路货运物流外包不充分，自营公路货运比例较大，公路货运第三方物流集约化深受货源制约。

随着我国高速公路体系的不断完善以及进口卡车的推广应用，公路运输的辐射能力已经大大突破了传统的经济运距几百公里的概念，直逼2000～3000公里。这意味着横跨全国不同经济区域和产业经济带的公路货运已经成为一种新常态，特别是公路卡班运作模式，已经形成了对航空货运、铁路货运的强大冲击力。尽管如此，随之而来的问题是，由于区域经济与产业经济的不平衡，回程货源的组织成为公路货运第三方物流集约化经营的一块心病。

此外，据中国物流与采购联合会发布的《全国重点企业物流统计调查报告》，从运输量看，2014 年工业、批发和零售业企业委托代理货运量比上年增长 4.9%，占货运量的 77%。一般而言，公路货运量占总货运量的比例为 70% 左右，据此计算，只有一半左右的货运量会外包到社会化公路货运市场。很多生产制造企业和商贸流通企业自营物流，甚至一些小微制造企业和商贸企业都拥有自己的货运车辆。在这样的市场背景下，公路货运第三方物流集约化就会受到货源地理位置不均衡、货源结构不均衡以及货源总量市场化程度不高的制约。

（3）货主需求呈现个性化、碎片化趋势，加上公路货运第三方物流“小散乱差”的竞争态势，市场集中度不够，规模化、集约化运作的货源成为稀缺。

与我国经济新常态并驾齐驱的是供给侧改革。国家近年来大力鼓励发展电子商务、跨境电商和农村物流。2015 年全国网络零售交易额为 3.88 万亿元，占社会消费品零售总额的 10.8%，同比增长 33.3%；与此相对应的是，2015 年快递业务量完成了 206 亿件，同比增长 48%。在这两个数字的背后，我们清楚地看到电子商务大潮带来的个性化、碎片化物流需求正在不断地放大。这其实也是我国公路快运、快递行业得以快速发展的重要原因，因为大部分普通快递快件都在采取公路货运渠道进行干线运输。

由于准入门槛低带来的市场竞争混乱局面，加上近年来“互联网 + 物流”创新创业物流平台的低价策略与补贴政策冲击，在本来有限的碎片化的货运需求中更加稀释了市场集中度，这对于更多的从事零担货运的公路货运第三方物流而言，无疑是雪上加霜。公路货运第三方物流想通过规模化、集约化经营的梦想也因货源的稀缺而变得更加遥远。

（4）公路运输领域没有统一的执法标准和执法监督，公路货运违法违规现象屡禁不止，公路货运第三方物流集约化发展缺乏统一规范的法治环境。

与我国高速公路硬件设施快速建设和发展不相匹配的是道路运输管理政策的相对滞后。不同建设模式下的高速公路收费规则，不同省市管理范围的高速公路执法标准、力度和执法监督，以及相同省市相同高速公路的不同执法部门的执法依据和标准，都会不一样，甚至产生矛盾冲突。有业内人士分析，同一超载问题，面临的执法部门就涉及交警、路政、运管，还有高速公路管理、城管、环保、工商、卫生等约 10 个。而且对于公路货运道路执法而言，“以罚代管”成为执法与管理的新常态，甚至罚款成为执法的任务指标和目的。

这样的执法与管理实际上助长了公路货运违法违规风气，“治超”的结果是车辆越治越大型化、越治越超载化，公路货运行业内甚至出现了“不违法违规就赚不了钱”的说法。这种公路货运法治环境的不完善、不统一、不规范，对于公路货运第三方物流集约化投资与经营管理而言，同样是一个很大的政策制约。

（5）我国物流标准化建设相对滞后，公路货运由于缺乏合适的标准化体系，公路货运第三方物流集约化缺乏标准化支撑，效率较低，成本居高不下。

物流标准化是集约化运营的重要基础。与水路运输、航空运输长期与国际标准接轨不同，我国公路运输在标准化建设方面主要局限于国内的实际道路运输条件与安全生产管理需要。其中比较突出的是关于货运车辆外廓尺寸、轴荷及总质量限值的规范与统一的问题。从 2012 年开始，工信部等多部门开始借鉴国际经验并征求实际使用情况对《道路车辆外廓尺寸、轴荷及总质量限值》（GB 1589）进行微调。经过各方的多年努力，2015 年 8 月 6 日，GB 1589 修订版征求意见稿发布，10 月 30 日完成了审议流程，已于2016年7月正式发布。GB 1589的重新修订和发布施行，在一定程度上能解决长期困扰公路货运的车辆技术参数问题，是与时俱进的一大进步，但该标准如何具体落实到位，如何实现平稳过渡，以及如何改变公路货运行业，还需拭目以待。

除此以外，第三方物流公路货运集约化发展还需要更多的物流标准化的支持，包括但不限于货物包装标准化、托盘标准化、车辆在途跟踪标准化、装卸设施设备标准化、多式联运基础数据标准化、物流数据交换标准化、业务系统与单证标准化等。由于缺乏完善的物流标准化体系支撑，现有的公路货运仍然需要大量的人力加以辅助作业，条码扫描识别及自动信息处理比例不高，缺乏连接的信息孤岛普遍存在，物流总体效率低下，成本优化难度很大，公路货运第三方物流集约化程度大打折扣。

（6）我国移动互联与IT软硬件技术发展迅速，但公路货运第三方物流信息化水平参差不齐，数据交换和信息共享成为集约化经营目前难以逾越的鸿沟。

在我国公路货运领域，尽管专业的货运管理软件已经相对比较成熟，有着互联网基因和资本支持的“互联网+物流”创新创业平台也经历了一次市场大潮的洗礼，虽然对于部分大中型公路货运企业（含第三方物流）、车队或司机带来了信息化变革，但对于大部分公路货运企业、车队和司机，依然采取传统的运作模式，手填的纸质运输单据，不规范的公路货运合同，原始的电话跟踪方式，没有信用保障的代收货款等。

这些现代科技与“原始文明”同时并存、参差不齐的现象，意味着公路货运第三方物流在进行集约化经营的过程中，无法高效、准确、全面地获取基于货运订单的物流状态信息，无法及时做出集约化数据分析和经营决策，也就意味着公路货运第三方物流集约化丧失了神经系统，无法敏锐地感知和控制公路货运第三方物流运营体系。

（7）公路货运行业诚信体系还很不完善，加上部分业内企业管理不规范，公路货运第三方物流集约化发展缺乏良好的信用环境和融资环境。

围绕道路运输市场诚信体系建设，交通运输部发布了《交通运输部关于进一步加强道路运输市场诚信体系建设的意见》（交运发〔2011〕157号）等一系列文件。尽管如此，最近几年，我国公路货运领域还是经常出现零担货运公司“跑路”现象、货主货物灭失调包现象，以及事先抢业务后中途强行加价等现象。这些有失诚信现象的屡屡出现，反映出公路货运行业诚信体系建设的迫切性和艰巨性。

这种物流诚信问题的长期客观存在，以及部分公路货运第三方物流企业内部管理的不规范，使得公路货运第三方物流的集约化发展面临企业信用与融资的挑战，进而制约着企业集约化发展规模扩张的速度和深度。

（8）公路货运行业物流产品研发还处于初级阶段，第三方物流主要遵循货主要求定制化生产运营，靠层层外包寻求生存，缺乏集约化经营产品基础。

公路货运领域是我国物流产品概念与实践的发源地。这种敢为天下先的物流产品研发实践虽然只是局限于品牌公路快运、快递、网络化专线企业的范围之内，但对于我国物流行业的标准化、规范化发展，有着十分重要的意义。

从整个公路货运行业看，物流产品研发依然处于一个小众范围运行的初级阶段，大部分公路货运第三方物流依然按部就班地遵循货主的需求和要求，针对每一票货运业务提供定制化产品方案，然后整合资源，甚至层层外包地进行定制化产品的运营生产。这种定制化物流产品生产模式，虽然在一定程度上充分满足了货主的需求和要求，但是这意味着公路货运第三方物流必须付出更高的成本、以更低的效率去生产这个定制化物流产品。因此，没有物流产品标准体系和话语权的公路货运第三方物流，只能逐个生产物流产品，很难以标准化、批量化、规模化的方式生产物流产品——也就是说，如果没有标准的公路货运物流产品定义权，公路货运第三方物流集约化经营必须付出更高的代价。

（9）公路货运行业人才问题比较突出，公路货运第三方物流集约化资源整合与物流解决方案优化受到专业人才瓶颈的严重制约。

最近几年公路货运行业突飞猛进，部分公路货运企业也实现了快速成长。但是，这种粗放式的野蛮生长除了带来财富的积累，并没有给更多的公路货运第三方物流带来物流人才队伍的同步壮大和成长，很多夫妻档、家族式公路货运第三方物流更是如此。

自“互联网＋物流”创新创业平台“入侵”公路货运领域以来，公路货运领域的人才需求暴涨，开价水平也水涨船高，一时有业内专家抛出了“疯狂挖人的背后将是无人可挖”的观点。这种急于求成的猎才做法以及公路货运行业从业人员长期以来的职业习惯，并没有（也不会）解决公路货运物流人才的培养与育成问题。而且，集约化是一项综合性很强的系统工作，它涉及公路货运的各个环节和方方面面，尤其是物流规划技术类的人才，便成为公路货运第三方物流集约化发展的一个保障。因此，必须依靠一批具备战略资源整合能力与物流解决方案能力的物流人才，必须依靠一批与时俱进、具备强大领导力、创新力和执行力的物流人才。物流人才是公路货运第三方物流集约化的内在根本。

总之，公路货运第三方物流的集约化发展是大势所趋，但也面临着包括宏观政策、货源规模、法治环境、行业标准、信息化、诚信体系、物流产品与物流人才等方面的诸多问题。其中，有些问题是国家层面与行业层面需要解决的，有些问题是企业层面需要思考和改进的。不管是探讨和解决哪一类问题，都应该充分站在公路货运物流产品化与第三方物流集约化经营的角度，进行深入的有价值的思考。

三、关于公路货运第三方物流集约化发展的若干建议

1. 公路货运第三方物流集约化的总体思路

正如前文所言，第三方物流是我国公路货运的最终发展趋势。而集约化发展既是第三方物流的内在要求，也是第三方物流的必然趋势。结合前文对于公路货运第三方物流集约化发展基本现状、趋势以及存在问题的分析，笔者认为促进我国公路货运第三方物流集约化的总体思路如下。

一是政府层面，要深入公路货运领域第一线。要现地现物考察调研公路货运企业和司机群体面临的困难、困惑和问题，秉承求真务实的作风，不断营造良好的公路货运宏观政策环境、法治环境与信用管理环境，不断完善包括公路货运在内的物流行业标准化体系。

二是行业层面，要充分发挥中国物流与采购联合会公路货运分会、全国各省市公路货运相关协会及其核心会员的作用。组织公路货运代表型企业和相关企业共同研究和推动公路货运行业的难点问题，有条件的情况下，可以进一步组织培育包括公路货运第三方物流企业在内的同业联盟。

三是企业层面，要逐步适应和响应社会经济的发展变革趋势。用集约

化经营思维构建自身的物流产品体系、物流信息化体系和物流人才育成体系，改变传统的粗放式管理模式，大胆尝试创新集约化运营模式，向规模化、集约化、精益化生产运营要效益、求发展，甚至在条件成熟的情况下，通过组建同业协会或联盟方式促进集约化发展能力提升。

2. 公路货运第三方物流集约化发展具体内容建议

第三方物流在公路货运体系内处于连接货主的重要地位，也是公路货运其他中下游参与者积极对接的对象。从物流产品的角度而言，第三方物流在充分理解和掌握直接货主的物流需求以后，要么定制化一个物流产品，要么用自己的标准物流产品，要求中下游的货运车队、司机按照其产品标准进行生产运营。因此，公路货运第三方物流是最有能力、最有条件、最有可能促成公路货运集约化运营的中坚力量，而部分公路货运第四方物流平台如果用第三方物流的资源整合思维来运作其平台，也会大大促进其第四方物流平台的价值提升。

下面站在公路货运第三方物流企业的微观角度，拟从货源组织、软硬件投资、运作管理模式、商业模式创新四个方面提出集约化发展的相关建议。

（1）货源组织方面的集约化建议。

对于公路货运第三方物流企业而言，按照传统的业务思维进行货源组织，在短时期内依然是主流做法。但是，如何充分考虑货源总量、地理分布、结构变化、碎片化等宏观层面的因素，结合自身在某一货源组织领域的长期经验，如何在自身力所能及的范围内，进行多种渠道的货源组织集约化，是公路货运第三方物流企业必须思考的问题。

可以考虑的货源组织集约化策略包括：相邻地理区域货源集约化组织策略，相同类别（行业性或特性）货源的集约化组织策略，相同干线货源的集约化组织策略，相邻目的地货源的集约化组织策略，相同货运服务需求货源的集约化组织策略等，可以规划用不同的物流产品满足以上不同策略的具体落地。当然，在进行货源集约化组织的同时，可以考虑利用移动互联网技术和货源集结物流中心，利用互联网平台或移动 APP 作为无缝连接工具，让货源能够实现线上线下相结合的集约化。

（2）软硬件投资部署方面的集约化建议。

公路货运第三方物流企业一般会有少部分的自有硬件投资部署，比如仓储库房、车辆、装卸设施设备等，但也会整合更多的软硬件资源，比如购买 TMS 或租用 SaaS 模式的 TMS，利用组织社会运力资源、仓储资源甚至全国代理网络资源等。这在一定程度上本身就是集约化运营的体现，也是第三方物流本身所具备的优势——根据客户业务量多少及具体需求情况，灵活合理地调配各项物流资源，进行客户定制化物流产品的生产。

但是，站在物流产品的角度看，公路货运第三方物流企业现有的软硬件资源整合只是针对定制化物流产品的临时集约化行为。因此，建议在软硬件投资方面以物流产品生产线为主导，在构建标准化物流产品生产流程体系的基础上，按照柔性化生产的方式进行集约化资源配置。具体而言，就是针对每个物流产品生产线进行相对独立的组织架构、人员、设备、流程、资源、网络等方面的动态化、集约化部署。这些人力物力资源部署允许交叉和重合，比如“一岗多能”或“一人多岗”，以满足柔性化生产的需求。当然，同样可以利用互联网平台工具做集约化资源配置，降低成本，提升效率，增强透明度。

（3）运作管理模式方面的集约化建议。

在运作模式和企业管理方面，建议借鉴本章表 1 中的集约化运作技术或模式，进行合理化组合和应用。这些集约化模式或技术涉及公路货运企业从基础运营到战略规划等 10 个方面，公路货运第三方物流企业可以根据自身的实际情况、实际能力加以适时导入和推进。实际上，这些集约化运作管理模式与技术之间的排列组合应用，本身也是一个集约化的过程。

（4）商业模式创新方面的集约化建议。

商业模式创新是集约化的高级境界。实际上，最近两年，国内“互联网 + 物流”的创新创业平台大都是想在公路货运领域进行商业模式创新。商业模式创新切入点包括干线运输承运人、货运经纪人（黄牛）、大车队、司机、物流园区、最后一公里、城市社区 O2O、车货匹配、代收货款、金融保理、大数据等。这些基于公路货运的商业模式创新大都基于一种资源整合、高效对接的集约化理念。但是，这些商业模式创新并不是每一个都会成功，核心的一点在于，大部分“互联网 + 物流”的创新创业平台忽视了真正的货主以及与货主有着紧密合作关系的第三方物流，更多的是在整合公路货运价值链中下游的环节。目前，已经有越来越多的“互联网 + 物流”创新创业平台开始关注公路货运第三方物流这一片价值被低估的洼地。

从这个角度而言，建议公路货运第三方物流企业仔细研究和分析近年的“互联网 + 物流”创新创业平台及对应的商业模式，寻找其中适合自身的商业模式亮点，通过综合分析和集约化处理，探索自己的商业模式创新之路。具体而言，就是探索如何构建第三方物流思维的第四方物流货运O2O平台，如何构建基于物联网技术的供应链透明化的公路货运管理体系，如何嫁接互联网金融、保险、云计算与大数据、物联网与车联网等先进的产品与技术，构建有自身特色的商业创新模式。

3. 我国公路货运第三方物流集约化发展展望

未来3～5年，将是我国公路货运结构性变革发展的重要时期，而集约化运营将是这种结构性变革的重要内容和发展方向。笔者认为，我国公路货运第三方物流集约化发展将呈现出以下局面：

一是基于标准化、规模化与集约化思维的公路货运物流产品将更加丰富，产品细分的维度也突破时效与线路的范畴，呈现百花齐放的态势。现有品牌公路货运企业仍是规模化、标准化物流产品的领军梯队，但中小微公路货运第三方物流的标准化特色物流产品将逐步走向市场。

二是制约公路货运第三方物流集约化发展的外部环境因素将逐步得以改善（比如无车承运人政策），基于“互联网 + 物流”的创新创业平台将在这种有利环境下快速成长，成为引领我国公路货运第三方物流集约化发展的重要力量。

三是目前一些停留在理论和规划方案中的集约化运营模式和技术将得到广泛的应用和推广，甚至发展成为公路货运第三方物流集约化运营的主流模式和技术。

总之，在我国社会经济处于新常态与供给侧改革并存的时期内，饱受社会资本关注的公路货运领域必将进入一个崭新的第三方物流时代。而公路货运第三方物流也必将迎来资本“轰炸”的洗礼，在这个过程中发挥自身的最大潜力，充分挖掘和发挥前端揽货、资源整合、方案定制和金融垫资等方面的基因优势，在自身取得良性发展的同时，为我国公路货运的健康、稳健和可持续发展做出应有的贡献。

（重庆精驿行供应链管理有限公司　蒋啸冰）

我国公路货运集约化问题及建议

“物流”这一概念引入我国已经有30多年，从单一的物品流通到绿色化、智能化等新元素的加入，使得这30年成为物流的发展史，也是物流的进化史。而公路货物运输作为物流的重要组成部分，发展到今天也面临着新的挑战与机遇——“集约化”就是发展方向之一。

近年来，公路货物运输在区域内综合运输体系中占有越来越重要的地位。在短途、小批量货物集散运转上，它比铁路、航空运输具有更大的优越性，尤其在实现“门到门”运输中，其重要性更为显著。然而，随着网络经济发展，互联网因素的逐步渗透，再加上公路运输成本的不断提高，还有铁路等其他运输方式对公路货运的多重挤压，传统公路货物运输业也面临着前所未有的挑战。可以说，公路货物运输业的发展机遇与挑战并存。因此，公路货运集约化发展的课题被摆在了日益重要的位置。

集约化发展就是对各种资源进行有效聚集、合理配置，通过集中的专业化、信息化管理，一方面可以有效地降低物流成本，提高运输的质量和效率；另一方面可以提高物流企业的整体效率，促进物流产业链之间、各生产要素之间的相互协调，从而提高公路货运企业的行业竞争力。

本文就目前公路货物运输发展的现状进行研究并提出目前公路货物运输行业存在的问题及进化发展的分析，最终得出未来公路货运走向集约化发展的必然趋势。

一、公路货运现状

2015年，全国公路完成货运量354.5亿吨，同比增长6.4%，各季度分别增长6.4%、6.0%、5.7%和7.5%，货运量保持平稳较快增长态势。公路完成货物周转量64705亿吨·公里，同比增长6%。

1. 发货企业物流需求变化状况

一方面，随着商品流动数量、频率的加剧和网络经济的发展，公路货物运输业也面临着运输量的增加；另一方面，随着人们生活水平的持续提高和消费意识的不断转变，消费者不再满足于企业向顾客提供的产品和服务，而是不断向企业提出个性化和多样化的需求，买方市场逐步形成。发货方对物流需求也由原来的集中采购、批量生产销售模式，向多频次、小批量、个性化转变，这是商业企业适应消费者需求变化的内在要求。也反映出在“互联网+”大趋势下，供需双方消费习惯的转变。

2. 区域公路货运运力结构

随着区域内日益优化的交通网络，以及卡车、集装箱车的迅速普及，区域公路货运运力组织也有了充分的发展，但问题也日益凸显。目前来看，区域内公路货运运力结构主要分为以下几种：

（1）专线运力。又分为零担运力与整车运力。零担运力可以针对客户要求提供部分个性化运输服务，它可以为不具备规模运力需求的各类第三方物流企业提供服务。事实上，这种集多种服务需求的专线企业很难完成自身的标准化收费与运营。同时，专线企业的一句最豪迈营销词是：“只要你愿意给钱，我什么都可以做到！”这也为其乱收费体系埋下伏笔。纯粹的整车运力采购管理相对容易，结算单元相对简单，市场上也有较为成熟的管理软件和 GPS 系统进行管理。这类运输的采购价格往往比较合理，但是也存在一些缺陷，比如运力采购方必须承担整车装载不足的空仓耗费、单一服务无法满足企业发展的多样化和个性化需求等。

（2）同城运力。城市生活的同城配送，多以小批量、综合性的配送为主，需求复杂，路线纵横。缺乏集中规划管理，易造成运输线路的重复，给道路畅通增加负担，返空现象也时有发生。运力资源方面，同城配送的配送批量较小，大型货车和专用运输车辆的使用较少，小型货车却供过于求，易造成运输车辆的闲置。

3. 区域专线生存状况

近年来，随着商品流通数量和频率的加剧，区域专线数量越来越多，但普遍规模较小。据统计，目前专线物流承载了中国公路运输 90% 以上的运力。但是大量专线的生意越来越难做、成本越来越高、政策管控越来越严格，竞争越来越激烈。专线物流的生存难点主要体现在以下几个方面：

（1）成本控制。成本控制一直以来都是专线物流企业生存的基本底线，但近年来随着人工、油耗、设备、场地成本的急速上涨，正逐渐失去控制，超出企业可以调控的范围。面临此种状况，企业试图以冲量的方式解决问题，但这非但不能从根本上解决问题，反而把企业带到另外一种绝境。

（2）冒险冲量。成本失控使得专线企业试图“以量求存”“以险换量”，虽然此举在短时间内可以缓解成本失控的局面，但这同时却使专线利润率进一步走低，风险加大，企业更加脆弱，一次事故就可能给企业带来灭顶之灾。

（3）高利恶魔。专线企业的发展离不开雄厚的资金，而较长账期却让企业资金正常运转得不到保障，为谋发展，部分企业选择铤而走险，把援助之手伸向民间高利贷。众所周知，高利贷风险极大，企业一旦触破，最终将会被其吞噬。

二、区域公路货运存在的问题

1. 市场集约化、规模化程度不高，行业整体竞争力不强

道路运输经营特别是货运经营主体总体上仍呈多、小、散、弱状况。道路运输企业中传统的单车承包、车辆挂靠等管理方式仍然存在，组织管理手段落后，生产效率低下，经济效益不高，企业竞争力不强。物流服务层次较低，集约化、规模化程度不高，物流的精细化组织和管理等能力仍显不足，具有管理整条供应链能力的物流企业屈指可数。

2. 运力不能完全满足需求，运输供给结构不合理

公路货运主体集中度低，低档次运力过剩，高档次运输供给不足，市场车辆结构仍以中小型普通货车为主，高效低耗的多轴重载货车、厢式货车、集装箱车和各类特种车、专用车所占比重小。加上运力分配不平均，各种运输方式不平衡，相互协作配合程度低，各自的经济技术优势不能充分发挥。这使运力交易成为了一个难以标准化的过程。不标准意味着每次

都需讨价还价、支付方式不标准等，这都会降低运力交易达成的时效，提高运力交易成本，并严重限制交易对象的选择范围。

3. 物流园区基础设施不完善，总体水平落后于道路运输快速发展的需求

从已建成的园区看，多数物流园区水、电、路、网络、通信等基础设施建设滞后，集疏运通道不畅，路网配套能力较差，普遍缺少铁路和多式联运中转设施。另外，在一些重要物流节点，仍然缺少设施齐全、服务能力较强的物流园区。多数物流园区虽然具备了运输、装卸、仓储配送和信息服务等功能，但与物流发展的市场需求相比，仍然存在专业化程度不高、设施装备配套性差、综合服务能力不强、信息联通不畅等问题，多式联运和甩挂作业、冷链物流服务、信息管理、流程优化、一站式服务等功能亟待完善和提高。

4. 法规体系不完善，行政管理不规范

从部门分工来看，物流管理体制条块分割现象较为普遍。加上各部门管理范围职权不明确，部门之间协作难度大，制约了物流业发展的总体规划和规范管理。不仅如此，交警、运管、路政等执法部门的不合理处罚，加上油费、路桥费以及二级维护的费用，更是让各路货车司机有苦难言。

5. 科技创新不够，信息化水平较低

一是道路运输行业科技人员缺乏，现代化运输信息管理水平和智能运输水平低，综合性运输组织管理信息化、网络化系统尚未形成，行业整体科技含量较低；二是道路运输管理信息化程度低，信息化基础设施建设不足，网络的覆盖范围不够，互联程度不高，远不能支持社会经济发展对道路运输提出的畅通、安全、便捷的需求。信息不对称导致运力等待、空驶和半载等无效时间大大增多，这使运力需要在每次接单时收取更高的单价才能弥补其成本和预期利润，从而抬高了运力的交易价格，也推高了整个链条的价格。

6. 物流从业人员整体素质不高

物流从业人员学历低，物流专业知识缺乏。据测算，从业人员中具有

中专以上学历的不到10%，接受过现代物流知识培训的人员不到0.1%。一些中小型物流企业员工对发货人不理不睬，态度怠慢；送货司机懒散、迟到、闯红灯、拉私货甚至对收货人恶语相向；部分员工衣冠不整、不爱惜货物等，诸如此类的现象屡见不鲜。

7. 诚信体系不健全，尚未实现行业自律

对于物流企业来说，诚信不仅是合作的基础，更是树立品牌与可持续发展的基础。特别是在介入物流金融业务时，鉴于物流企业在其中所充当的角色，诚信愈加值得重视。但就现阶段来看，我国物流企业的诚信状况不容乐观，存在许多突出的信用缺失问题，如货物欺诈、拖欠贷款、携款潜逃、肆意涨价、泄露信息等行为，屡屡发生。这一问题，不仅严重破坏了物流市场的正常秩序，更加大了社会经济的运行成本，严重制约着物流行业的整体发展与壮大。

三、公路货运集约化运输进化分析

1. 物流业务从层层转包转向去中间化，车货匹配模式兴起

以往传统的车货匹配平台主要是线下实体，包括配货站、公路港、物流园区等。当前互联网方式介入后，形成了虚拟车货匹配平台，利用互联网，通过物流 APP、Web（网页）或其他系统的开发，将线下车源、货源等进行整合，并在线上通过 APP、Web 或者其他系统发布信息并精确匹配，希望解决物流信息不对称性问题。2014 年产生了 200 多个车货匹配 APP，却鲜有成功。其瓶颈主要有三点：供需信息很难标准化；诚信认证体系缺失；车辆更倾向于稳定的货源，货主更倾向于稳定的运力，让现有软件很难介入主流市场。

2. 从同质化物流运输转向物流运输资源配置的集约化，如公路港运输模式

据有关资料统计，个体运输户在整个公路货运市场中占比 90% 以上，而5 辆车以上的企业数量仅占 2.2%，全国户均拥有营运货车数仅为 1.8 辆。个体户之间高度同质化的竞争造成公路货运行业生存现状恶化。因此，

革新公路货运发展模式，彻底摒弃以往靠打价格战生存的粗放型发展模式，集约化运营是道路运输企业发展的必然出路，以传化为代表的“公路港”模式兴起就是一个例子。传化“公路港”模式，把众多的第三方物流企业集聚到一起，为他们提供一个包括“基础性的物流设施”“信息交易服务”和“商务配套服务”在内的综合性运营平台。该平台由基础设施平台和电子商务平台构成，传化扮演平台组织者、管理者和服务者的角色，并不直接从事第三方物流业务。传化物流特色的“6+1服务体系”，即信息、交易、运输、仓储、配送、转运及服务功能。通过搭建高效的物流运营平台，建立物流资源集聚区，提供一站式服务，实现车源与货源的有效对接，在实现物流运输资源集约化配置方面有了进一步的提升。

3. 从注重速度和数量转移到注重质量和效益，如供应链模式

近几年，随着电商平台的发展和“互联网+”潮流的席卷，越来越多的物流企业从注重速度和数量转移到注重质量和效益的供应链优化上来。在流通环节冗长、混乱、低效的传统供应链中，智能化运输将移动物联网、移动互联网、云计算、大数据等技术应用在产品可追溯、在线调度、自动配送、智能配货等领域，能够在互联网和云端上实现物流订单便捷管理、合理配载、智能调度、跟踪、交付等运输全程可视化、网络化、标准化、智能化和精益化，能够让物流更加“聪明”。英国物流学者马丁·克里斯多夫曾指出：“市场上只有供应链而没有企业，21世纪的竞争不是企业和企业之间的竞争，而是供应链和供应链之间的竞争。”尤其在“互联网+”时代，作为物流企业，要想赢得未来的竞争，就需要主动拥抱“互联网+”所带来的供应链变革和商业创新机遇。

4. 从自成体系转向标准化、信息一体化，如专线联盟模式、平台整合模式

最理想的运力交易，就是运力需求者和运力供给者在空间（在哪里）、时间（什么时候）和载货状况（可用空间）上合适，才能很好地得到匹配。随着国家政策向物流逐步倾斜和国民经济的快速发展，物流运输从自成体系的单打独斗向标准化、信息一体化方向转变，这其中最显著的便是专线联盟模式和平台整合模式的出现和快速发展。

目前，专线联盟有三种形式：会议型专线联盟、场地型专线联盟和管

理型专线联盟。大多数专线联盟成立的初衷都是为了实现短期目标，为了解决现实的问题。业内对专线联盟有一个形象化的比喻：专线企业都是各路游击队，专线联盟是各根据地的方面军，管理型平台想做瑞金中央红军。未来专线联盟的发展在集约化战略的大趋势下，发展将会越来越迅猛。

在小型企业数量占绝大多数的国内物流市场，实现物流资源的整合似乎是一条必行之路。从早期小型物流企业自发式联盟到如今已经颇具规模又各有特色的传化、林安、普洛斯等，物流人寻求整合之路从未停歇。

四、以物流园区为支点的公路货运集约化运输解决思路

1. 物流园区基本支点，形成园区间互联互通

物流园区是发货企业、物流公司、车辆汇集地场所，也是货物天然的集散地，同时，物流园区作为当地知名的企业，有大量的固定资产，有良好的企业形象、社会信誉和社会资源。物流智家提出的核心模式就是用物流园区的长项弥补中小物流公司的弱项，二者互为促进，协同发展，打破制约物流公司发展的各个瓶颈，将大量社会优质货源引入物流园区，分配给园区体系内的物流公司，让物流公司的货量实现几何性大幅增长，从而促进整个物流行业的发展，减少专线间恶意竞争。

利用先进的园区互联互通信用，结算体系使物流专线公司从价格竞争中走出来，逐渐走向服务型专线公司，形成良好的行业风气，优质的物流服务，通过优质的物流服务吸引客户，从而减少专线间的恶意竞争；物流园区从物业管理型的传统物流园区向服务标准化、信息化的第四方资源整合平台转型升级。通过园区之间协同网路，将区域内优质的物流园区进行互联互通，打破园区之间的运营孤岛，园区不再靠收取物流公司租金收费，而是为物流公司争取社会优质货源、为物流公司提供优质货源，大大提升了物流园区的盈利能力和服务水平。

2. 物流园区内运力协作、共享，最终形成甩挂运输

通过物流园区，实现物流基础设备的最大规模共享，从共享托盘、共同装卸、共同提配送、共享运力，最终实现在园区之间各个专线公司的物

流运输设备流转共享、运力的甩挂的实现。基于园区协同网络的集束零担运力体系，通过货源、运力、信息共享，将不同线路各自专注精准、高效经济的分散优势融合为无缝衔接、灵活定制的网络能效，产生聚合诚信力，将周转、时效、服务、成本做到极致，创造增值收益。在引入社会化货源进园区后，真正实现低成本、高效率、周转快的目标。

3. 专线发货信息标准化、一体化，专线间无缝对接

目前在物流市场，大多数物流公司都有 TMS 系统来管理日常运输业务，但是运输过程中由于信息的标准不统一，专线间为了互通信息，不得不在每件货物上粘贴详细的货物信息和随车运单。在所有标准化不完善的“受害者”之中，感受最深的大概还是来自一线的物流企业，毕竟，他们损失的是看得见的“真金白银”。由于货物条码没有统一的标准，专线物流公司每天有 1 分多钱要花在为每件进出仓库的货物更换或者贴上统一的条码上，以便录入信息系统，进行统一管理、实时监控。而每天进出公司的货物至少也在 1 万件以上，单此一项，一天就要损失 100 多元。以山东为例：山东 2015 年货物流转量 800 多亿件；因为标准不统一的成本 8 亿元。而这还只是直接损失，公司因此要花费的人力、时间以及降低的效率则是无法估算的。标准化的问题已严重阻碍了公司的发展。

（物流智家运营管理有限公司　修平）

我国公路货运标准化问题及建议

一、前言

（一）项目背景

在经济全球化与国际贸易日益繁荣的背景下，传统的贸易壁垒已逐渐被更为隐蔽的新壁垒所取代，其中就包括以标准为代表的技术壁垒。可以说，掌控了标准，就掌握了主动权。不仅国际贸易如此，标准对于国内经济以及行业的发展、市场的规范以及企业的发展都至关重要。

我国经济在近年来总体运行平稳、稳中有进、经济结构调整优化、改革开放向纵深推进，党中央、国务院重视物流业发展，物流业产业地位有了显著的提升。2014 年，国务院出台了《物流业发展中长期规划（2014—2020）》，作为物流业中最基础运输方式的公路货运，《规划》中有多项内容涉及；国家发展改革委下发了《国家发展改革委关于印发〈促进物流业发展三年行动计划（2014—2016）〉的通知》，将物流行业的标准和集装单元化提到了前所未有的高度。我国 2015 年社会物流总额达 220 万亿元，与 5 年前相比增长 70% 左右，而公路货运量在我国各种运输方式中位居榜首，在综合运输体系中超过 75%，是支撑经济社会发展的基础性产业。目前，我国公路货运行业发展前景广阔，而相关标准的缺失或者滞后问题却越来越突出，总体呈现出“多、小、散、弱”的局面，货运用车规范不统一，准入规则和处罚法规不规范，结算方式存在很大漏洞，使得公路货运效率低下，严重制约物流行业的发展，因此，我们有必要对公路货运标准进行深入的探讨和研究。

（二）研究目的及研究内容

针对我国目前公路货运行业迅速发展的现状，本文就我国及国外公路货运标准化现状进行较为全面的分析研究，提出建立一整套符合我国公路货运发展趋势的公路货运标准体系方案，不仅对规范公路货运行业发展、整合并建立公路货运信息化服务平台、降低公路货运成本，也对发展和完善公路货运标准化有着非常积极的现实和战略意义。

本文研究的主要内容是针对国内外公路货运标准现状进行调研，全面识别已经制定或正在制定的公路货运标准及相关标准，结合我国公路货运行业的特点，提出公路货运标准体系方案，以及针对公路货运标准现状，确定并起草目前行业急需的标准体系框架。

（三）技术路线

（1）整理分析国内外公路货运现有标准。

（2）调研国内公路货运标准的现状，并进行综合分析。

（3）在总结、确定国内外相关标准框架的基础上，形成我国公路货运标准体系框架。

（4）以研讨会、信函、电子邮件等多种形式公开征求高等院校、企业、科研机构、行业主管部门等的意见或建议。

（5）研究、吸纳反馈意见，修改完善最终形成标准体系框架。

在以上技术路线的指导下，完成公路货运标准体系框架的建立。

二、我国公路货运标准发展现状及存在问题

（一）国际公路货运标准经验借鉴

1. 国际公路货运标准现状

在研究中，通过对国外的标准化组织调查，收集到涉及物流的标准

8000多项（见表1）。这些标准构成了各国特有的标准体系，其中大多为技术标准、技术规范、管理标准、评定指标以及信息标准，为各国的公路货运发展提供了技术保障。

表1　　各国物流标准情况

标准化组织	运输	包装	仓储	配送	装卸搬运	流通加工	信息
ISO（国际标准化组织）	181	42	93	53		2	1605
美国标准化学会	91	314	487	121	8	33	123
英国标准协会	733	432	400	400	51	51	400
德国标准协会	788	40	500	499		124	499
日本工业标准调查会	24	29	38	20		4	300
总计	1817	857	1518	1093	59	214	2927

从表1中不难看出各国公路货运标准化存在以下特点：

（1）各国政府对标准化工作的支持。在西方发达国家，标准化属于社会公益事业，美国、德国、日本等发达国家每年都提供政府财政支持用于标准化的研究工作，日本每年标准化活动经费约60亿日元（合计人民币4.2亿元），美国标准技术研究院每年从政府得到的经费为7亿美元。

各国在标准化推进方面的力度也非常大，比如，美国为了促进物流信息技术的发展，加快物流信息系统的建设，主要是通过发布国会立法和总统命令的形式来不断加强这一工作；在日本，对物流标准化也非常重视，日本政府工业技术研究院委托日本物流管理协会用了4年的时间对物流机械、设备的标准化进行调查研究，并且提出了关于物流方面的若干草案，为国内的物流整合及有效利用奠定了基础；在欧州，欧盟利用其强大的技术力量和区域联盟这一得天独厚的条件，率先研究制定了欧盟区域标准化发展战略，以指导其建立更强大的、更完善的欧洲标准体系；在加拿大，加拿大标准协会组成了由工业、政府、非政府组织和标准制定组织的代表组成的顾问委员会，制定了标准化战略方案，并称之为国家的重要计划。

（2）已形成了较为完善的物流标准体系，为公路货运的发展提供了保障。调研中发现，由于国外的物流标准体系都相对完善，同时制定了大量的技术标准和管理标准，为建立完善的公路货运标准化体系提供了保障。

国际 ISO 组织制定了物流模数标准，为物流设备的统一奠定了基础；德国制定了一整套结构合理、层次恰当、协调一致的技术规则（法规、标准、规则）体系；在日本，他们制定了包括物流模数体系、集装箱的基本尺寸、物流用语、物流设施、设备基准、卡车车厢尺寸、包装尺寸等大量的技术性标准；韩国将物流标准认证系统应用于 12 种物流设备上，包括包装机、托盘等；在欧盟，对于设施设备的标准通过多年的研究，发布的标准大多为强制性标准，这样不仅快速得到推广应用，而且由于有了统一的设备标准为基础，在资源有效利用、资源整合和降低物流成本方面都有很大的成效。同时国外标准化机构深入研究管理性标准，制定了许多管理标准，这些标准的出台对于物流活动的有序进行、提高效率都具有十分重要的作用。

（3）信息标准化领先。日、美、韩、德等少数国家掌握着信息技术领域的大部分专利技术，信息化的发展方面，我国与其他发达国家相比还存在一定的差距，在收集到的国外标准中，国外标准化组织发布的物流信息标准占到总体的约 1/3，物流信息化使物流的发展从点到面到网，并越来越呈现出网络化、自动化、智能化的发展趋势，也成为现代物流发展的核心。

2. 国外公路货运标准对我国的启示

探究国外的公路货运标准化总体情况，对我国的公路货运标准化的发展有如下启示：

（1）建立公路货运标准体系，对于今后公路货运标准化发展有良好的指导意义，从而促进公路货运物流走上科学、规范、协调发展的轨道。

（2）在公路货运领域，设施设备技术标准的统一，使公路货运物流活动的各个企业、各个环节实现顺畅衔接，对于公路货运有序发展、资源整合，提高效率、降低成本有重要的战略意义。

（3）公路货运作为服务领域，要更好地提高服务水平，必须关注服务技术及服务提供过程中的人、质量、安全等方面的标准。

（4）公路货运是一个涉及多领域、多种类但又历史悠久的行业，因此积弊深重，在标准化工作中需要充分考虑相关行业的衔接及协调，同时也要加强宣传监管力度。

（5）重视物流信息标准化建设，保障物流活动中信息的传递与对接。

（二）我国公路货运标准现状与问题

1. 我国公路货运发展现状

（1）市场需求规模不断扩大。国民经济的持续快速发展为我国物流业的发展提供了强有力的保障，而公路货运占我国社会物流总量的80%左右，同时由于电商物流（淘宝、京东等）的快速兴起，使国内公路货运业市场需求规模扩大。

（2）公路货运本身所具有的行业优势。公路运输具有机动灵活、适应性强，可实现“门到门”直达运输，在中、短途运输中，运送速度较快，原始投资少、资金周转快，掌握车辆驾驶技术较易的特点，然而目前物流业竞争激烈，各个物流企业都通过科技进步、规范管理、提高服务质量等方式来降低成本提高效率，因此所有物流企业的目光都投向了“最后一公里”的争夺战中，谁能够打赢这场战争谁就能获得供应链末端的控制权。公路货运就是“最后一公里”争夺战中的关键。

（3）公路货运与互联网平台的融合。随着“互联网+”成为国家经济的新常态，公路货运行业为了发展也必须顺应这一趋势。公路货运网上平台打破区域界限，集信息流、资金流和物流于一体，使信息更加公开化，价格更加透明化，地区差价缩小化；使从生产、流通到终端用户的供应链变短，成本降低，流通效率提高。

（4）公路货运的行业组织——中国物流与采购联合会公路货运分会成立。中国物流与采购联合会公路货运分会是由中国境内从事运输、配送及相关物流服务的企业和装备设施提供企业、货主单位以及社会团体、咨询机构、科研院所、高等院校等单位自愿组成的全国性行业组织，是中国物流与采购联合会在公路货运领域的专业分支机构。

分会依托中国物流与采购联合会与国家发展改革委、交通运输部、财政部、国家税务总局等政府部门建立的经常性联系机制，致力于推动《物流业发展中长期规划》中涉及公路货运方面政策的落实。它的成立会推动公路货运行业的发展，同时为促进公路货运标准化发展提供支持。

2. 我国公路货运行业存在的问题

目前，我国货物运输80%都是由公路来完成的，这个市场体量很大，但公路货运市场高度分散，整个市场规模大约3万亿元，其中零担业务占了30%，约为9000亿元，除了顺丰和“三通一达”占有约1000亿元快递份额，以及以德邦物流为代表的网络快运公司占有约200亿元外，其余大部分零担业务还是由众多中小专线公司把控。这些企业80%以上仍在以低价策略生存，导致整个行业准入门槛低，投资强度小，而且受到上下游挤压和款项拖欠，导致物流老板“跑路”现象时有发生。据央视调查数据显示，我国物流公司有700多万家，货运车辆有1600万台（平均一家企业车辆不足3台），车辆空驶闲置率高达50%。

我国公路货运行业存在的问题主要体现在以下四个方面：

（1）竞相压价，市场混乱。货运行业准入门槛低，很多所谓“第三方物流”没有道路从业资质，就是通过把控货源，市场恶性竞争严重，导致整个货运市场秩序混乱。

（2）多头执法，雁过拔毛。不同地方和单位对货车司机的违法违章处罚标准不统一、执法监督不完善，让货车司机无所适从。

（3）结账制度不规范。很多物流公司用油卡给司机冲抵运费，借此来抵税。

（4）货车非法改装现象严重、非法超载超限问题突出。据交通运输部统计，2013年我国货运车辆仅为全社会汽车保有总量的10%，而货运车辆万车肇事起数、死亡人数，分别为全社会平均水平的2.8倍、4.6倍。事故频发与车辆标准化程度低、技术落后直接相关，货车非法改装现象严重、非法超载超限等问题突出。

总之，货运行业的根本问题，一是不标准，二是效率低下。不标准是罪魁祸首，是基础性问题。不标准导致了产业集中度低，无法实现集约化、机械化、自动化，从而无法高效化。伴随着我国产业结构转型升级和节能环保的经济发展大潮，我们认为高效、循环、绿色物流必定是未来新的需求点和增长点，而物流基础装备的循环共用也将成为必然趋势。

因此，解决公路货运行业标准化问题是非常重要的。

3. 我国公路货运标准现状

国内的标准化工作中涉及公路货运标准研究的共计 72 项（见表 2）。

表 2　　国内主要公路货运标准列表

代码	出处（类别）	数量
GB	国家标准	61
JT	交通行业标准	3
YC	烟草行业标准	1
DB	地方行业标准	6
CNS	台湾行业标准	1

其中国家标准中，冷链运输相关标准 8 项，大宗货物运输标准 4 项，危险货物标准 1 项，其余通用类、服务类标准共计 48 项。其构成比例如图 1 所示。

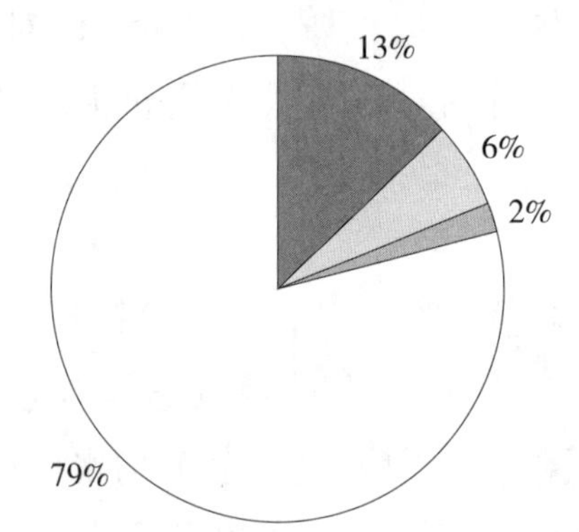

图 1　公路货运国家标准构成

本次调研共收集到与公路货运相关的法律法规 10 项（见表 3），其中大部分法律法规可作为公路货运行业标准工作的指导性文件。

表 3　　国内主要公路货运相关法律法规条例

名称	颁布时间	涉及内容	条例数量
中华人民共和国公路法	1998.01.01	公路的规划、建设、养护、经营、使用和管理	87
道路交通事故处理程序规定	2009.01.01	道路交通事故处理程序	87
中华人民共和国道路交通安全法实施条例	2004.05.01	道路安全	115
汽车运价规则	2009.09.01	规范全国道路运输价格计算办法	33
汽车货物运输规则	2000.01.01	汽车货物运输	93
道路运输从业人员管理规定	2007.03.01	道路运输从业人员管理	53
道路运输车辆动态监督管理办法	2014.07.01	预防和减少道路交通事故	42
道路货物运输及站场管理规定	2005.08.01	道路货物运输及站场管理	79
中华人民共和国道路运输条例	2004.07.01	道路运输安全	83
收费公路管理条例	2004.11.01	收费	60

表 3 中与公路货运相关的法规条例共计 732 项，但从事公路货运的企业当中，仅有少数企业对于这些法律法规的收集、识别、应用较好，大多数企业较少触及。应该说，这些标准对于行业标准的制定以及企业的规范发展有着重要的意义。

4. 目前我国公路货运标准存在的问题

（1）公路货运企业标准化意识薄弱。

从各企业的标准状况来看，一是企业标准化工作相对落后，真正建立企业标准体系的只有几家企业，有许多企业还停留在只抓业务，忽略标准化工作的状态，有的企业标准只局限于服务标准，对物流技术及管理标准还没有深入的研究；二是对现行标准的采标情况，大多数企业采标较少。

（2）行业标准建设滞后于公路货运的发展。

在技术类标准方面，随着我国公路货运行业的发展，传统的运输、仓储、货代企业加快向现代物流企业转型，国外先进的物流管理方法和技术开始带入国内，但从对国内公路货运企业的调研结果来看，目前的公路货运企业能力参差不齐，对于标准化工作方面的资金、技术、人力的投入不足等原因，也造成技术类行业标准的缺乏。突出体现在物流设备标准方面，比如运输车辆的标准在不同种类货物运输、装卸、包装过程中的缺失，不仅难以实现搬运技术和仓储的机械化，运输装卸的合理化，同时对产品的质量也无法保证，导致成本升高，服务质量难以提高。而行业的物流资源整合、行业价格机制等工作更是无法深入。

在管理类标准方面，尽管客户在选择公路货运服务商时有部分的考核标准以及指标，但是对于公路货运企业的综合管理标准，如公路货运企业的道路运行许可、环保、安全等管理标准、人员管理标准、企业内部绩效管理标准等还没有统一的规定。

在公路货运服务标准方面，目前已经发布的公路货运服务标准及可直接引用的国家标准有《乘用车公路运输栓紧带式固定技术要求》等，但公路货运常常与其他运输方式联运，公铁联运、公水联运相关服务标准方面均无行业标准。

在信息化标准方面，由于多、小、散、乱、弱局面长期存在，货运信息不对称、运价体系不统一，严重制约了公路货运发展。因此，应当建立公路货运网上信息平台优化资源配置，提高运输效率。

（3）标准化工作缺乏整体的布局和规则。

标准化是一项复杂的系统工程，根据公路货运技术发展的内在要求与物流标准化的整体性要求，建立科学的公路货运标准体系，制定近期及中期公路货运标准发展规划，是推进公路货运标准化健康发展的基础，对引导公路货运企业的健康发展、提升企业核心竞争力有很好的指导作用。但是目前存在的问题主要有两个：一是已出台的行业标准中存在着口径不一致、标准不协调、主题不明确；二是公路货运的范围包括哪些，公路货运应有哪些标准，哪些是企业及市场急需制定的标准，哪些是行业需要规范的内容，哪些国际标准可转换为行业标准在国内推行都没有系统的进行识别，行业标准化工作缺乏统一的布置和规划，这样的现状极不利于行业标准化的发展。

（4）缺少专业的公路货运标准化组织。

标准化主要是通过企业与企业间、行业与行业间在市场上的不断磨合，为了共同的利益完成的，主要依靠市场化方式运作，大量的协调工作应依赖于行业协会和标准技术组织。我国的标准化运作目前还没有完全摆脱部门分割的现状，市场化基础薄弱，对国家行政管理力量的依赖程度比较高，行业协会和标准技术组织没有发挥应有的作用。

目前，国内公路货运行业尚未建立公路货运统一协调机制下的专业标准化机构，因此标准化工作的科学、规范开展，行业标准的贯彻实施十分困难。公路货运标准化涉及各个领域、各个行业，若按目前行政部门划分很难实现标准化的整体协调及统一，建议成立在全国物流标准化技术委员会领导下的由专家、研究机构、企业各方面组成的、统一的公路货运标准化分技术委员会，将对公路货运标准化和行业发展具有积极意义。

（三）重点领域公路货运标准现状及问题

1. 我国大件货物公路货运标准现状及问题

（1）我国大件货物运输标准现状。

近几年，随着我国经济的发展，以钢材、车辆为主的大件货物运输量快速增长。与此同时，相关物流标准也随之发布，国家发布了《汽车物流术语》《公路运输乘用车捆绑加固技术要求》《零部件物流塑料周转箱尺寸系列及技术参数》《汽车物流服务评价指标》四项国家标准。

（2）我国大件货物公路货运标准主要问题。

大件货物公路货运标准制定相对滞后，对货运企业管理、服务规范和运输工具均未形成统一的标准。同时，由于大件货物（以钢材为代表）起步早，长期以来公路货运人员素质较低，因此导致标准化进程缓慢且难以管理。

2. 危险货物公路货运标准现状及问题

我国危险货物公路货运标准现状和主要问题有：目前危险货物公路货运企业中自产自运、挂靠经营的占相当大的比重，这种经营模式是造成危险品物流企业现代化水平低、发展慢的原因之一。一方面，部分企业缺乏对运输的安全标准，一定程度上放任了危险品运输无证经营、无证运输、超载超限；另一方面，目前国家对危险品运输企业管理逐步加强，准入门槛提高，造成一定时间内市场需大于供。企业为了控制物流成本，往往在安全控制和要求上妥协；管理落后，人才缺乏，对于资质管理、质量安全体系、标准制定、维修保养、现场监督、安全技术培训还有包装检验等方面的管理体系及其实施还不完善；符合危险品运输、搬运装卸的装备专用化程度不高，缺乏统一的能够保障安全的装备技术标准。

3. 冷链货物公路货运标准现状及问题

（1）我国冷链公路货运标准现状。

我国冷链物流近年来取得了长足的进步，冷链产品日趋多样，冷链需求进一步扩大，冷链市场前景广阔。目前，我国已有冷链物流标准 191 项，包括冷链物流基础标准、冷链物流作业技术与管理规范、冷链物流服务质量管理标准、冷链技术方法标准、冷链设施设备标准、冷链物流服务信息标准、冷链物流安全、环保卫生标准及检验、试验等相关标准。其中强制性标准 41 项，推荐性标准 150 项；国家标准 70 项，行业标准 86 项，地方标准 35 项；作业与管理规范和冷链物流技术设备两大类标准的数量所占比例最大，约占 50%（见表 4）。

表 4　　我国已颁布冷链物流标准

	国家标准	地方标准	行业标准	合计
冷链物流基础标准	2	1	2	5
冷链物流作业与管理规范	14	16	27	57
冷链物流服务质量管理标准	1	0	2	3
冷链技术方法标准	4	8	1	13
冷链设施设备标准	18	1	35	54
冷链物流服务信息标准	0	0	4	4
冷链物流安全、环保标准	3	1	6	10
冷链物流卫生标准	28	8	9	45
合计	70	35	86	191

注：冷链公路货运标准涉及的内容部分涵盖在冷链物流标准中。

（2）我国冷链物流标准主要问题。

第一，冷链物流标准之间缺乏协调性。从目前已颁布的冷链标准分析可以看出我国冷链标准化中存在的一些突出问题：标准中对同一物流过程规范的角度、范围和内容有较大差异；有些标准从大类出发制定标准，有些标准从小类出发制定标准，在口径和表述上风格不同，内容衔接性和兼容性较差。

第二，冷链物流设施设备标准化程度低。我国冷链公路货运企业之间的设备参差不齐，难以实现行业标准化。冷链物流服务需求企业对冷链物流运营特点缺乏全面认识，对冷链物流运营的高成本性认识不足，冷链物流业务服务价格难以提高。冷链物流服务企业为了降低服务成本，而追求设施设备的低成本化，甚至降低设施设备的规格，从而造成物流设施设备标准化程度低。

第三，标准化基础性研究较落后。我国冷链物流标准部分研究力量分布在不同领域，如医药行业、食品行业相关科研机构和大学有不同的相关研究。冷链物流需要的专用设施设备技术参数技术含量较高，不同产品温度和卫生条件也需要根据专用研究和试验验证。标准化构成中的相关标准需要的条件和研究都需要有科学的依据，虽然一些技术参数可以借鉴国外，但从长远发展和行业发展出发，需要构建系统的基础研究，以推动标准化科学、系统地向前发展。

第四，国际标准采用比例较低。随着经济全球化的发展，冷链物流面对的是全球化的市场环境，冷链物流标准化具有非常强的国际性，要求与国际物流标准化体系相一致。尽管权威机构制定了一些相应标准，以便与国际标准接轨，但是这些冷链物流标准所占比例很低，这必将为我国的冷链物流企业与国际企业接轨设下壁垒。

三、我国公路货运标准发展建议

（一）我国公路货运标准发展重点

1. 大件货物公路货运标准发展重点

（1）大件货物作业标准。

①装载重量。应当符合国家道路交通法规定，整车货物总重量不得

超过各种车辆核定最大载重量。订立国家强制性标准，坚决杜绝超载现象。

②装载作业。应以车厢宽度中心线为基准，均匀摆放，不超出侧门高度；订立强制性标准，坚决杜绝超高、超限现象。

③加固作业。制定各类货物加固作业国家标准，包括捆绑作业标准、隔离物相关标准等。

（2）大件货物公路货运服务标准。

①制定服务量化指标。制定公路货运具体服务量化指标标准，提高服务水平。

②追溯信息系统的建立。根据公路货运的各个环节，制定出保证供应链可追溯性的信息标准要求，即哪些信息必须建立以保证可追溯系统有效运行。重要的是应制定出指导性强、可操作性强的可追溯体系操作规范或标准。确定供应链中的关键环节，各个环节的标准信息准则及信息管理技术标准。

2. 危险货物公路货运标准发展重点

对于危险品运输，首要是安全性标准的制定。一是制定危险货物公路货运基础准则，包括危险货物隔离方法、积载方法、监管方法、包装方法，危险品信息规范记录、标识及传输等；二是规定运输人员应当对危险品的特性有一定了解，同时掌握危险品运输过程中出现问题的处理方法。

3. 冷链公路货运标准发展重点

（1）生鲜、易腐食品冷链运输。

生鲜、易腐食品物流环节多、作业复杂，在货运过程中，各环节的技术、设备、能力、作业及其协调性对食品安全均有重要影响。为了解决上述问题，迫切需要有合理的食品冷链物流运作标准为其提供指导和规范，指导行业有序、规范的发展，保障食品品质与安全，促进国民经济发展。针对我国生鲜食品流通过程中在保障食物安全质量上存在处理不规范、责任不明确的情况，必须编制食品冷链物流公路货运的标准规范，对各个环节的服务资格、服务规范和行为准则、操作流程、质量控制和测量方法、服务质量要求、质量评价指标和评价方法等予以明确，使供应链相关各方在共同保证食品安全方面标准统一、依据明确、责任分明，以有效推动食品冷链公路货运业的行业规范、行业自律、行业发展，促进食品冷链公路货运业健康发展。

（2）农产品冷链运输。

重点制定和推广一批农产品冷链物流公路货运的操作规范和技术标准，积极推行公路货运质量安全认证和市场准入制度。一是制订各类生鲜农产品在公路货运环节的保鲜技术和制冷保温技术标准。制定冷链各环节有关设施设备、工程设计安装标准。二是围绕生鲜农产品公路货运质量全程监控和质量追溯制度的建立和发展，制定数据采集、数据交换、信息管理等信息类标准。三是建立符合国际规范的 HACCP（危害分析和关键控制点）、GMP（药品生产质量管理规范）、GAP（良好农业规范）、ISO 等公路货运质量安全认证制度和市场准入制度。四是对于肉类、水产品等密切关系居民消费安全的产品在进行公路货运时，执行国家强制性标准。

（3）医药冷链运输。

目前医药冷链公路货运标准化工作重点是制定和推广公路货运中冷藏车的制冷效率、能耗标准，构建低碳、环保型冷链物流系统，进而提高我国医药冷链物流效率、降低运营成本。对于疫苗等温度条件要求高的药品制定全流程产品信息的公开、透明和可追溯标准，保证流通过程的安全。

（二）我国公路货运标准具体发展措施

1. 发挥政府部门及标准组织的协调工作

公路货运标准涉及术语与定义、人员要求、服务设施设备要求、作业要求、安全要求、准时要求、服务要求等多方面，标准的归口管理多设在各个管理部门的标准化技术委会员，这些标准要达成统一，需要进行很多协调工作，衔接难度较大。因此，为促进公路货运标准化的发展，政府应协调行业部门间的关系，充分考虑公路货运的发展，给公路货运标准化提供一个良好的环境，同时，政府也要给予更多的配套支持政策并加大资金扶持力度，以促进公路货运标准化的发展。此外，还需要充分发挥科研机构和社团组织的作用，开展公路货运标准的研究制定工作，为公路货运行业发展服务。

2. 发挥行业协会组织的牵头作用

从国内外公路货运标准化的研究和实践来看，行业协会组织都发挥了积极的作用，尤其是各国的标准化协会和各类物流协会在推动公路货运标准化过程中发挥了重要的牵头作用。这就要求中国物流与采购联合会公路物流专业委员会和全国物流标准化技术委员会充分发挥其领导和带头作用，组织行业内优秀企业、高校等从事公路货运标准化的研究、制定和推广工作，制定一些急需出台的标准，从而更快建立起适应公路货运行业发展所需的公路货运标准体系。

3. 鼓励企业积极参与公路货运标准工作

生产企业、贸易企业、公路运输企业是公路货运标准化的客户和使用者，标准是否被企业认可并贯彻实施是标准价值的重要体现。掌握企业的运作现状以及企业对标准的需求是研制标准的前提条件。因此，鼓励生产企业和公路运输企业积极参与到制定标准工作中来，提供自身运作的物流标准及标准需求，为公路运输标准化建设提供良好的基础素材，是我国公路运输标准化工作发展的必然。

4. 加大公路货运标准宣传贯彻实施力度

在标准化工作实践中，一个较突出的问题是标准化工作得不到足够的重视和推广。这种现象的广泛存在，从侧面也反映了我国物流标准化工作滞后的现状。因此，推进公路货运标准化建设，需要加大公路货运标准的宣传贯彻力度，加强对标准管理人员以及相关从业人员的培训，提高管理部门、企事业单位对服务标准的认识，大力推进标准的实施工作，推动公路货运标准化工作的全面展开。

5. 重视公路货运标准体系的动态维护和管理

一方面，公路货运标准的制定是一个逐步推进、不断完善的过程。公路货运标准需要适应公路货运不断变化和发展的需要，通过制修订机制的完善，实时跟踪、定期评估标准的适应性，及时对标准进行维护和更新，保证公路货运标准的科学性和权威性，以使标准满足公路货运业务操作和未来发展的需求。另一方面，标准体系是一个动态发展的过程，和标准需要修订一样，也需要进行动态的维护和管理，以便更好地发挥体系对公路货运标准的指导作用。

6. 搭建公路货运标准信息化服务平台

在网络上建立专门的公路货运标准信息查询平台，收集适用于公路货运的国内国外的通用的基础性标准、相关的行业标准、法律法规等，对公路货运企业开放，会员企业可自由查询，同时设标准建议箱，企业可将应用中的心得及标准改进建议在信箱中提出，以便于今后标准的修订工作。

7. 重视物流标准的基础研制工作

公路货运标准体系的建设是一项复杂的系统工程，涉及领域和行业较多，技术设备专业性强，科研力量较分散，这些都给公路货运标准化建设工作提出不少新的挑战。公路货运标准化管理部门应充分发挥组织协调职能，整合分散的科研力量，组织开展标准基础研究工作，加强重点领域标准化基础研究和重要标准项目的前期研究，走“政、企、学、研、协”结合的路子，充分发挥政府部门组织领导的优势、一线企业的实践经验优势、大专院校的人才智力优势、科研机构的研发能力优势和行业协会的桥梁纽带优势，合力加快推动建设步伐。

四、我国公路货运标准体系方案

（一）我国公路货运标准体系设计目的、原则和依据

1. 目的

建立“公路货运标准体系”的目的，一是要通过全面甄别公路货运领

域中所涉及的现行标准，提出公路货运标准体系结构图，使今后的公路货运标准化工作在科学、统一的体系指导下健康、协调发展；二是要借助公路货运标准化的发展，促进公路货运行业的健康、快速发展，提升公路货运企业的核心竞争力；三是要为我国公路货运的创新发展提供指导，促进公路运输行业及物流业的共同发展。

2. 原则

（1）科学、系统、全面原则。

公路货运标准体系的建立，要能够科学、系统地表达公路货运各领域之间内在的有机联系，标准体系要充分考虑本次研究所涉及的领域及尚未涉及的领域的标准情况，公路货运标准体系结构图应是现有的和预计应发展的标准的全面蓝图，是建立在高新技术基础上的全面成套的公路货运标准体系。

（2）层次恰当、划分明确原则。

在设计标准结构图时要综合考虑个性标准与共性标准的层次划分，各层次的划分要清晰，在一定范围内的若干个标准中，识别共性特征并制成共性标准，且提取成为上一层次的标准；上一层次的标准应由下一层次的共性标准组成，上一层次的标准应对下一层次标准具有制约、指导的作用。

（3）协调性、衔接性及相关性原则。

公路货运涉及多个行业领域，在设计标准体系结构图时，需要借鉴、汲取其他行业标准体系的研究成果。

（4）发展、开放及创新原则。

标准化是一个动态的管理过程，是随着公路货运领域的不断扩充而完善的过程，在标准体系的构建中，要充分考虑行业发展的客观规律和未来行业发展的趋势，要为今后的新标准的研究以及国际标准的吸纳留有余地，应是具有发展空间的标准体系。

3. 依据

我国公路货运标准体系设计的依据主要包括：

（1）《中华人民共和国标准化法》。

（2）国家《标准化事业发展“十二五”规划》。

(3)《国家中长期科学和技术发展规划纲要 2006—2020 年》。

(4)《物流业发展中长期规划（2014—2020)》。

(5) GB/T 13016—2008《标准体系表编制原则和要求》。

(6) GB/T 13017—2008《企业标准体系表编制指南》。

(7) GB/T 15497—2003《企业标准体系　技术标准体系》。

(8) GB/T 15498—2003《企业标准体系　管理标准和工作标准体系》。

(9) GB/T 1524. 1—2003《服务标准化工作指南第 1 部分：总则》。

(10) GB 1589—2004《道路车辆外廓尺寸、轴荷及质量限值》。

4. 相关定义及内容

(1) 公路货运标准体系。

公路货运标准体系是指公路货运标准按其内在联系形成的科学的有机整体。

(2) 公路货运标准体系表。

公路货运标准体系表是指将公路货运领域内的标准按一定形式排列起来的图表（包括国家标准及行业标准)。

(3) 基础性标准。

在一定范围内作为其他标准的基础并普遍使用，具有广泛指导意义的标准。(引用 GB/T 13016—1991)

(4) 技术标准。

技术标准是指对标准化领域中需要协调统一的技术事项所制定的标准。本标准体系的技术标准包括企业条件评估标准、技术方法标准、设施与设备标准、公路货运作业标准等相关技术标准。

(5) 管理标准。

管理标准是指对标准化领域中需要协调统一的管理事项所制定的标准。本标准体系的“管理事项”包括所涉及的统计技术与管理标准、公路货运单证标准、质量安全环保管理标准、绩效管理标准等。

(6) 服务标准。

服务标准是指在公路货运行业中，服务标准既是工作标准又是服务标准，是指对标准化领域中需要协调统一的服务事项所制定的标准。包括服务质量标准、服务组织标准、服务人员标准、配送服务标准、装卸搬运服务标准等。

（7）信息标准。

信息标准是指公路货运活动过程中所必需的各种信息需要协调统一制定。包括信息标识与采集标准、信息交换标准、信息系统与信息平台标准、信息应用标准等。

（二）我国公路货运标准体系结构介绍

1. 公路货运标准体系结构图

公路货运标准体系结构图充分吸收了我国公路货运企业和各物流企业多年来的研究成果，在公路货运现代化运营的基础上，系统地分析和研究了货物从出库起点装卸、运输、入库前整个过程中的各个环节，有效识别了这些领域间相互接口及交叉范围，突出了行业物流系统资源整合、集成、优化的特点，借鉴了相关领域标准体系的经验，力求使公路货运标准体系结构图科学、系统、合理（见下图）。

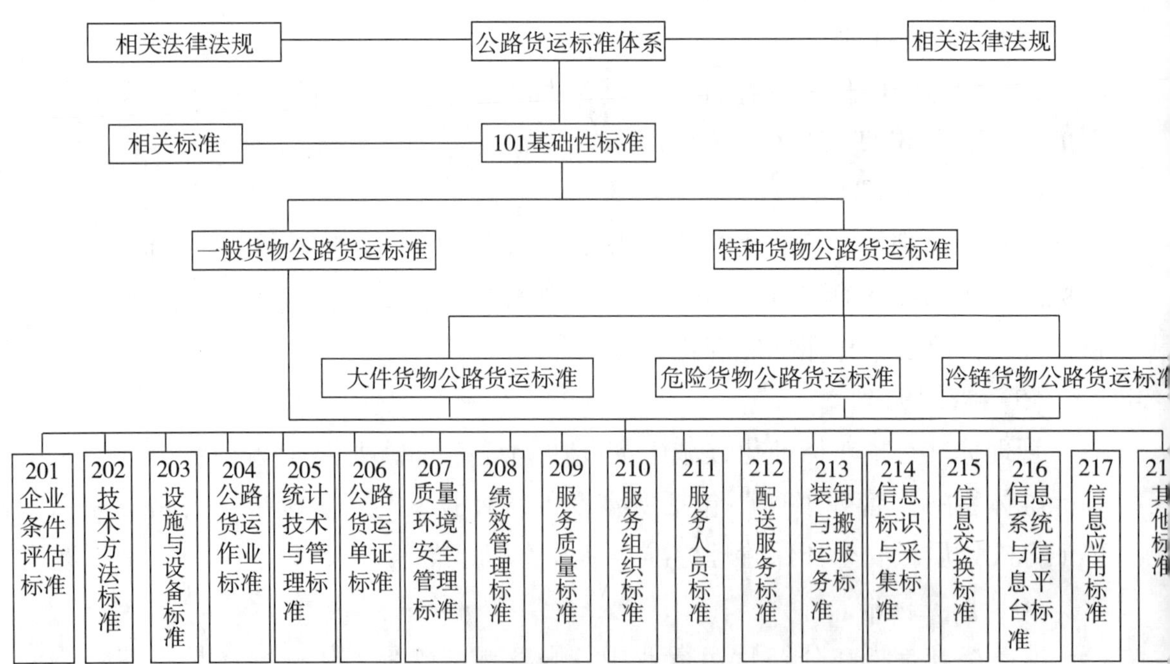

公路货运标准体系结构

2. 公路货运标准体系结构图说明

（1）公路货运标准体系结构图共分为两个层次：第一层为 101，第二层为 201、202、203、…、218。

（2）在公路货运标准体系结构图中，方框如“公路货运标准体系”等中不含标准项目，方框如“101 基础性标准”等中含标准项目。

（3）各层次内容说明：

相关法律法规：适用于公路货运企业的，与标准化相关的，国际、国家及地方的法律法规。

国家发布的现行通用基础标准：国家发布的，现行有效的，可为公路货运标准化建设提供参考的通用基础类标准。

相关标准：国家和地方发布的，非物流主管部门归口的，可直接执行或引用的，现行有效的国家标准、行业标准。

第一层标准：是基础性标准，主要包括公路货运标准化工作导则，技术通则、导则，公路货运管理通则，公路货运服务工作指南，公路货运服务分类，术语等基础性、指导性标准。

第二层标准：第二层共分 18 个类别，包括了公路货运技术类标准、管理类标准、服务类标准、信息类标准和其他标准。

——201—204 为技术标准，分别为：企业条件评估标准、技术方法标准、设施与设备标准、公路货运作业标准；

——205—208 为管理标准，分别为：统计技术与管理标准、公路货运单证标准、质量环境安全管理标准、绩效管理标准；

——209—213 为服务标准，分别为：服务质量标准、服务组织标准、服务人员标准、配送服务标准、装卸与搬运服务标准；

——214—217 为信息标准，分别为：信息标识与采集标准、信息交换标准、信息系统与信息平台标准、信息应用标准；

——218 为其他相关性标准。

（鞍钢股份物流管理中心　侯海云）

关于无车承运人发展的问题和建议

一、前言

无车承运人是指自身不拥有运输车辆，以承运人身份与托运人签订运输合同，承担承运人的责任和义务，通过委托实际承运人完成运输任务的道路货物运输经营者。无车承运人依托移动互联网搭建物流服务信息平台，集约整合和科学调度车辆、站场、货源等零散物流资源，通过统一的信息服务、结算体系和服务标准，促进车、货的高效匹配和资源的集约整合利用，能够有效提升运输组织效率，优化物流市场格局，规范主体经营行为，对于促进现代物流转型发展、支撑物流业提质增效、降低全社会物流成本具有重要意义。然而，由于既有的法规制度、标准规范仍然建立在“有车承运”基础上，从而造成无车承运人难以获得合法身份，在运营中“获取资质难、开票难”，制约了无车承运人的有序发展。

国务院高度重视无车承运人等依托移动互联网技术的新业态、新模式的创新发展。2015 年，《国务院关于加快构建大众创业万众创新支撑平台的指导意见》和《国务院办公厅关于推进线上线下互动加快商贸流通创新发展转型升级的意见》均明确提出要“鼓励依托互联网平台的无车承运人发展”。促进道路货运无车承运人发展，是贯彻落实国务院“互联网 +”行动计划的重要举措，是移动互联网条件下推进物流行业转型升级的重要路径，更是打造创新创业平台、培育新的经济增长点的重要内容，各级交通运输主管部门要站在推进物流转型升级，促进经济社会发展的高度，从破解制度障碍和规范行业发展的角度出发，坚持“问题导向、法规先行、综合施策”的原则，加快制度创新，优化发展环境，着力完善无车承运人发展的制度规范和政策措施，努力实现“线上资源合理配置、线下物流高效运行”的发展格局，全面支撑经济社会的发展。

二、无车承运人的概念、特征及本质

1. 无车承运人的概念

无车承运业务是指经营者以承运人的身份与托运人签订以全过程运输服务为标的的运输合同，承担承运人的相应义务和责任，将货物实际运输任务委托给有合作关系的实际承运人承担，并由实际承运人完成运输服务的经营活动。无车承运人是指从事无车承运经营活动的经营者。无车承运人属于承运人的范畴，通过与托运人签订运输合同，承担全程运输责任、收取全程运输费用，但同时自身并不拥有车辆，由其委托的实际承运人完成运输业务，并向其支付运费。

2. 无车承运人的特征及本质

与传统的货运代理、货运经纪（代办）相比，无车承运人在运作模式、承担的责任和风险、主要利润点等方面有着本质的差别（见下表）：一是责任风险范围不同。货运代理与货主签订委托代理合同，受货主委托承担相应的责任和义务；货运经纪与货主、车主签订居间合同，为承托运双方提供撮合服务，撮合成功后其责任义务即结束；无车承运人则与货主、车主签订运输合同，承担运输过程中所有的责任和风险；二是利润点不同。货运代理的利润主要来自于货主企业给予的佣金；货运经纪的利润主要来自于货主或车主支付的信息服务费用；无车承运人的利润主要来自于名义运费和实际运费之间的运费差价。因此，从总体上看，货运代理和货运经纪均属于货运中介服务的性质，而无车承运人则属于承运人的范畴，承担承运人的所有责任和义务，拥有承运人的所有权利。

无车承运人、货运代理、货运经纪之间的差别

类型	风险责任	利润点	与实际承运商的关系	与托运人的关系
无车承运人	作为承运人，承担运输过程中所有的责任和风险	名义运费和实际运费之间的差价	与实际承运人签署运输合同	与托运人签署运输合同

续 表

类型	风险责任	利润点	与实际承运商的关系	与托运人的关系
货运代理	代表货主，承担代理合同内规定的责任和风险	代理费用	以托运人的名义与承运人签署运输合同	签署委托合同
货运经纪	仅承担承运人和托运人之间的撮合责任，撮合成功后其责任义务即结束	撮合费用	签署居间合同	签署居间合同

三、无车承运人在现代物流的背景下发展现状和优势

无车承运人是由美国 Track Broker（货车经纪人）这一词汇演变而来，是无船承运人在陆地的延伸。无车承运人的特点如下：

（1）大体的业务对象是：委托人、无车承运人、实际承运人、收货人。

（2）基本业务流程：委托书→运单调度→装车→在途→签收→回单。

（3）业务关注点：货主关心单据执行状态。

（4）管理难点：过程监控，运费结算。

（5）与普通运输的区别：无车承运人不用具体关注货物如何装卸，不用详细管理车辆。

案例：在美国无车承运人的保证金为 7.5 万美元，而货运代理企业仅需缴纳 5 万美元。可见，在准入政策设计上，无车承运人的准入门槛较高，以保证其有赔付能力，真正保护托运人的利益。

罗宾逊公司是北美最有实力的第三方后勤物流公司之一，也是全球最大的无车承运人。公司经营范围遍及美国、加拿大、墨西哥，以及南美、欧洲和亚洲。2003 年，该公司先后在大连、天津、青岛、上海等地建立分公司。作为非资产物流供应商，并不拥有运输工具和其他固定资产，而是侧重于利用其遍布全球的网点和信息网络，以及先进的物流管理经验和客户资源，集约整合社会物流资源，为客户提供一体化的物流运输服务。

通过上述案例，可以总结出无车承运人在现代物流发展当中有以下几

个固有优势：

（1）拥有先进的现代物流理念和丰富的运营管理经验。无车承运人是集知识密集和技术密集于一体的现代服务企业，知识驱动型的发展模式时期形成了先进的物流发展理念和丰富的管理经验。

（2）能够系统整合和集成社会零散物流资源，提高了运输组织效率。无车承运人拥有发达的信息化网络，掌握庞大的货源信息，了解当地的运力结构和产品类型，通过对实体资源的有效整合，从而实现虚拟与实体网络的有效结合，实现了物流的网络化和规模化运营，提高了物流运作的整体效率。

（3）拥有较强的低成本扩张能力，能够快速扩大服务范围。由于无车承运人无须购买运输车辆，轻资产运营的特点一方面降低了企业规模扩张的成本，另一方面企业可以将有限的资金高效用于信息资源的获取环节，扩大无车承运业务的辐射范围，增强企业的核心竞争力。

（4）拥有敏捷的市场反应能力，能够灵活应对瞬息万变的市场环境。对于有车承运人来说，重资产运营时期不得不将有限的精力投入到“车辆管理”环节；而无车承运人轻装上阵，其工作重点是关注市场的运力，货源信息和如何有效组织调配市场资源。因此，无车承运人更容易根据市场供求变化来调整自己的发展策略，以具有较高的抗风险能力。

（5）可以较好地保护消费者权益。货运代理人作为纯粹的代理人，对货物在运输过程当中出现的经济损失，并不负有赔偿责任。而无车承运人作为货主的第一承运人，对于货物在运输、仓储等环节中的损失承担直接的赔偿责任。因此，无车承运人较之货运信息中介更加重视整个运输过程中各个环节的安全性、时效性，从而有效地保护了货主权益。

四、我国公路运输发展的现状

截至 2014 年 12 月底，中国共有货运车辆 1453. 36 万辆，占机动车总量的 5. 5%，约 758 万家运营单位进行运营，平均每家单位拥有车辆 1. 92 辆。2014 年国内运输总费用为 5. 6 万亿元，占国内生产总值（GDP）约 8. 8%，其中公路运输形式的货运总量为 333. 28 亿吨，占全国货运总量的 77. 27%。公路运输行业是我国物流运行当中比重最大，处于基础地位的行业。

当前我国道路运输经营许可证的办理条件为：有与经营业务相适应并经检测合格的车辆；有符合规定条件的驾驶人员；有健全的安全生产管理制度；法律法规规定的其他条件。由上述分析可知，企业若想获取道路运输许可证，必须自备运营车辆，这就决定了无车承运人并不具备办理道路运输经营许可证的条件。而是否具有经营资质往往是货主考虑是否与企业合作的重要因素。另外道路运输行业“营改增”之后，企业自开票纳税人的资质认定条件比较严格，作为自开票纳税人应当同时具备以下条件：证照齐全，以及有工商部门核准的营业执照、税务机关的税务登记证、交通运输管理部门核发的经营许可证；年营运额在20万元以上；有固定的经营场所；在银行开立营业账户；有一定数量的自备运营车辆或其他运输工具；会计核算制度齐全等。很显然，仅“自备运营车辆”一条就在客观上制约了无车承运人自开票纳税人资格的获取，进而使得无车承运人在税率和开票额度上都受到很大的限制，无形中增加了企业的成本负担。

案例：×运输公司公路运输全年营业额19749989.39元，铁路运输半年营业额493900420.74元，合计为69140410.13元，主要客户是国内著名的大型饮料企业集团，主要生产经营银鹭八宝粥、银鹭花生牛奶等系列产品。为规范公路货物运输管理，有效控制物流成本，提高物流效率与服务水平，保障产品在运输过程中的安全及准时送达，该客户委托××运输公司承运银鹭产品从湖北汉川运送至银鹭全国各经销商手中。××运输公司拥有主要设备、车辆资产：公司自有车辆25台，主要车型为翼展车，方便装卸货，加快装卸货时间，每台车车价含翼展为50余万元，客户业务平均每月发货量45000吨，自有运力无法完成每月任务。因银鹭业务为单边运输，自有车辆运输到经销商手上无固定回货回湖北基地，考虑到单边放空、加油、过路费等因素，自有车辆仅运输湖北基地方圆150千米内的业务，每月占比5%左右，其余95%运输需求由社会个体车辆完成。车辆使用特征：须为栏板1.6米以上的高栏车、半密封车或者全封闭车辆。该车型为社会普通车型，主要通过信息部、市场采购返程车运输。运输行业“营改增”之后，除自营的正常轮胎损耗外，其余进项采用以下方式取得：发油卡、购进机油和轮胎转售给社会车辆。目前公路城际运输市场主体力量为社会个体车辆，且个体车辆没有合法的独立经营身份，导致司机无法开出增值税发票，税务代开的增值税发票抵扣比例不足，造成用车单位无法获得可抵扣进项发票。

通过上述案例不难看出无车承运人是运输组织的主体，发挥着整合物流运输资源、提升物流运作效率的作用，在发达国家，它们已成为支撑现代物流和多式联运发展的核心。然而由于我国无车承运人特有的“无车承运”模式与中国既有的“有车承运”管理制度相冲突，不仅难以使其获得合法的经营资格，而且在税收、异地设点等方面存在诸多障碍。同时，政府对无车承运缺乏有效的市场监管手段，造成市场运营的混乱。在现实运营当中，运输企业通过少量购买或租赁车辆来获得运输资质，而在实际运营当中80%以上的业务都是通过外包给个体运力来完成实际运输任务，这就造成了中国独特的有车和无车承运混业经营的局面。

五、我国对发展无车承运政策的思路

国办发〔2015〕72号文第六条指出：“发挥互联网平台实时、高效、精准的优势，对线下运输车辆、仓储等资源进行合理调配、整合利用，提高物流资源使用效率，实现运输工具和货物的实时跟踪和在线化、可视化管理，鼓励依托互联网平台的‘无车承运人’发展。”当中第一次以国家文件的形式提出了无车承运人的概念。这顺应了物流行业的现状，也为行业未来的发展奠定了良好的基础。无车承运人通过管理和组织模式的创新，有效促进了货运市场的资源集约整合和行业规范发展，对于推进道路货运行业的转型发展具有重要意义。

一是有利于促进行业的集约发展。相对于传统的货运经纪和货运代理组织模式，无车承运由于承担全程运输责任和风险，有效降低了市场交易成本，能够促进市场中分散的中小货主企业、货运企业和个体业户资源的集约整合，优化市场发展格局，引导货运物流市场各类主体合理分工，促使货运市场逐步从分散走向集中，促进市场的集约化发展，促进行业的“零而不乱、散而有序”。

二是有利于规范市场主体行为。道路货运行业是一个主体众多、经营分散、市场化程度高的服务行业，对中小微货运经营主体实施有效监管，促进行业安全、规范发展，一直是制约行业发展的难题。无车承运人不仅实现了对中小微运输业户的业务整合，同时，由于无车承运人在运输过程中要承担第一责任，为保障运输安全和服务质量，无车承运人会通过运力资格审查、统一服务标准、在线诚信考核等市场化手段，加强对外包的中小微运输业户经营行为的监管，通过市场化的手段，约束市场经营主体行为，净化货运物流市场经营环境。

三是有利于促进行业提质增效。无车承运人通过信息网络和移动互联技术，实现分散运输资源的整合，解决目前货运物流行业普遍存在的运力空驶、长时间等货等突出问题，通过对货源的集中配置和运力的统一调配，提升车辆工作效率，降低运输成本。同时，无车承运人还能够利用其信息及资源的优势，不断延伸服务链条，引领传统运输服务向现代物流服务转型发展，为社会提供快捷、方便、可靠、一站式的物流服务。

六、在无车承运政策引进及推行过程当中存在的问题及建议

“无车承运人”政策将是一个对物流行业产生深远影响的政策，为了让好的政策在物流行业当中得到良好的运用，并引领物流行业规范化的发展，就政策方面提出以下建议。

1. “无车承运人”的政策内涵及外延

（1）概念。是指运输经营者以承运人身份受理业务，与货主签订货物运输合同，承担承运人责任，通过委托实际承运人完成运输任务的道路货物运输经营者。

（2）特征：通过外包运力完成运输任务。

（3）本质：道路运输企业。

（4）重要文件：工商登记、道路运输许可；与委托人签订运输合同，承担运输人责任；足够的保险赔付能力；主营业务为运费收入与支出；完善的信息管理平台或系统；履行相应的纳税义务和权利。

通过上述对“无车承运人”的剖析我们不难发现，此项政策的核心是，让物流行业的从业者从购买生产工具赚取运营利润的投资性收益，转而放

开了由组织生产工具赚取运营利润的管理性收益。这项政策极大地释放了物流从业者的生产力和发展的积极性，也为打造多式联运组织模式提供了坚实的产业基础。

由于此项政策使承运人与运营资产脱钩，对于其配套管理措施也提出了挑战，如何界定“无车承运人”，如何建立“无车承运”与“有车承运”良性公平的市场环境，将是对政策制定者的一大考验。

2. “无车承运人”政策面临最大的挑战——配套的财税体系建设

（1）“无车承运人”纳税主体的行业认定问题。

过去的政策是，只有拥有运输工具的企业才被认定为道路运输业，可以开具11%的道路运输行业增值税专用发票；通过外包运力完成运输任务的行为被认定为货运代理业，可以开具6%的其他物流服务行业的增值税专用发票。

现在的政策需求是，只要是与委托方签订了运输合同，并承担承运人责任，即可以认定为运输行业，给予开具11%道路运输行业增值税发票的权利。

挑战一：对于企业资质如何认定，认定流程是什么？特别是2015年10月1日，三证合一之后，对于“无车承运人”申请和认定会产生怎样的影响？

（2）“无车承运人”如何申领增值税发票问题。

过去的政策是，国税采取“以票控税”的方式，通过核定企业开票数量来控制和管理企业的纳税行为，针对于道路运输企业，在其第一次申领发票时，通常是以其自有车辆或者租赁车辆吨位作为依据，核发企业的增值税发票数量（这里指一般纳税人企业）。

现在的政策需求是，针对“无车承运人”制定一个合理的发票申领流程，方便“无车承运人”的一般纳税人企业进行正常业务经营。

挑战二：对于“无车承运人”的一般纳税人如何申领道路运输行业增值税专用发票，制定明确的操作流程，以及核发发票数量的原则。

（3）“无车承运人”成本进项来源及稽核方式。

过去的政策是，“有车承运人”其进项来源大体是自有车辆的折旧、维修和燃油。采取查账征收的方式，准许180天的进项抵扣期限。

现在的政策需求是，明确“无车承运人”的进项成本来源于外包车辆开具的增值税专用发票，其应税及抵扣额为3%；如何获取外包车辆开具的增值税发票，怎样验证外包车辆开具的增值税专用发票的有效性要有明确的指导意见。

挑战三：如何解决单车异地开票将是解决“无车承运人”发票来源的重要环节，如何稽查其业务的真实性将是链条的核心问题。

（4）解决运输市场公平性问题。

现在的市场状况是，由于外包业务占运输市场的比例很大，因此无论是“无车承运”还是“有车承运”都面临着成本无法进行有效抵扣的情况，市场充斥了大量虚开发票的现象，加重了运输市场不公平的乱象，造成全行业违法经营的情况存在。如何通过市场化的手段，理顺市场供需关系，并通过财税调节手段，提高市场违法主体的成本，引导市场良性发展。

挑战四：如何建立有效的运输市场秩序，提高运输市场违法成本，引导从业主体合法经营，形成良性平等的市场环境，财税管理将是一个重要的解决路径和手段。

面对上述挑战，在政策方面应利用现有信息技术手段，打造“物联网+物流”综合信息平台，实现运输链条在线化和可视化。掌握运输业务的真实性将是解决各项挑战，制定政策的基础。具体建议如下：

（1）搭建信息共享平台。在“三证合一”之后，无车承运人在国税局第一次申领运输行业专用发票时，应提供交通运管部门核发的“道路运输许可证”作为申请的要件之一。

（2）打破“以票控税”的方式。通过信息化手段，逐步形成以真实业务进行税控监管的模式，采取“无车承运人”先获得单车成本发票，并以成本发票运力为基础开具销项发票的方式。增加“无车承运人”运营灵活性的同时，也能够有效地杜绝虚开增值税发票的风险。

（3）利用信息化手段。打破一直沿用的税收征管主要以资产登记所在地管辖的原则，启用业务发生地原则即业务委托方（收票方）所在地管辖原则，这样既能够充分解决单车异地开票的难题，也尽量避免了增值税专用发票异地抵扣所带来的弊端。

（4）以技术手段保证业务真实性的前提下，大胆启用运输行业体系内的开票方式。单车开具的小规模增值税专用发票3%，收票方（主要是运输业务委托人，即上游的无车承运人）以8% ~9%抵扣进项税，可以让企业税务率基本和“营改增”前持平（5.41%），国家增值税税收增加500亿~636亿元，企业逃税占比降至10% ~15%（数据结果来自上海交大中美物流研究院研究成果），在营造了市场公平环境的同时，也有力地推动了物流行业的转型、整合、升级和健康发展，为国家、行业、企业及从业者个体提供了有利的就业机会和渠道。

当然，政策的制定不能仅考虑上述因素，而应综合考虑相关因素。作为业界期待已久的“无车承运人”的政策制定和推进运输行业财税体制的改革，定然对物流行业未来的发展方向起到决定性的作用，也是一个里程碑的事件。如果“无车承运人”没有配套的财税体制改革相扶持，那么政策的出台要么成为“僵尸政策”，出台即被市场抛弃；要么成为扰乱市场的源头，被不法分子利用政策的漏洞，让运输行业更加混乱。

期待着政策的出台，也期待着运输行业财税体制的改革能够为这个传统的行业提供新的动力和发展。

（交通运输部科学研究院　董娜
天津安联程通信息技术有限公司　陈兴元
合肥维天运通信息科技股份有限公司　冯雷）

我国货运“营改增”问题和建议

我国在2013年8月1日正式在交通运输业全行业推行“营改增”税改政策，经过2年多的运行，运输企业在现有模式下无法进行合理合法的充分抵扣，导致全行业税负增加，操作链条断裂的问题全面暴露。政府如何稳定货运市场秩序，优化货运产业结构成为亟须解决的问题。

一、运输行业现状

1. 概况

截至2014年12月底，中国共有货运车辆1453.36万辆，占机动车总量的5.5%，约758万家运营单位进行运营，平均每家单位拥有车辆1.92辆。2014年国内运输总费用为5.6万亿元，占国内生产总值（GDP）约8.8%，其中公路运输形式的货运总量为333.28亿吨，占全国总货运量的77.27%。

2. 作业模式及特点

作业模式是代理人制。在整个公路货运总量中99.9%的货物都是通过代理人的作业模式进行操作的。所谓的代理人制，就是货主通过中间商与司机（承运人）之间达成运输协议的模式，中间商就是代理人，他是衔接货主与司机之间的必要环节。代理人包括物流公司，运输公司，配货站。在代理人制中司机（车辆）是运输行业中最小单位和最基本构成要素，是所有操作的最终操作单位，而货主是代理人制中所有资金流、信息流及货物的发源地，也是所有成本的最终承担者，如图1所示。

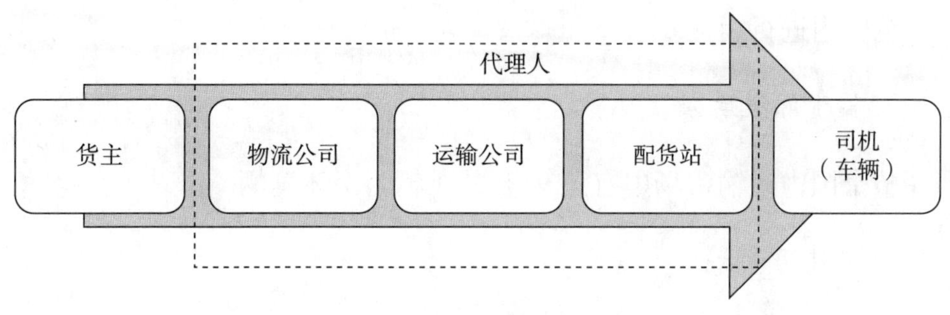

图1　代理人制模式示意

代理人制是运输行业经过长久的市场调节自然形成的作业模式，运输行业通过代理人制自然集约了分散的运输需求，节约了社会资源，提高了生产效率。这种模式是运输行业固有的、客观的，也是无法改变的。无论是在国内还是在国外，只要是在市场经济体制下的运输行业都是这样的操作模式。

二、道路运输行业的业务特性

1. 代理人层级结构多且复杂

由于运输行业是一个传统的行业，在行业自身发展过程中，信息化程度不高、信用制度的缺失导致在行业链条中形成了一个个信息孤岛，因而造成了不必要的代理人层级。从货主委托运输到最终的司机（车辆）实际承运至少有一层代理人，极端的情况下会出现五层代理人。每增加一层代理人就会增加一次成本，也延缓了信息反馈的及时性。在有增值服务的情况下合理的运输代理人结构不应该超过三层。

2. 货运车辆车籍相对集中

由于历史原因及地区文化差异，国内采用的车籍管理制度决定了车辆经营主体管辖主要按照所在地进行行政管理，主要包括运管资质、行业管理、税收征管等。目前运输市场中有约70%的车辆的车籍集中在如下四个区域：西北区宁夏、内蒙古、新疆；华北区河南省、河北沧州等地；华东区安徽省、江西省；东北区域；但是这些车辆并非只在上述区域从事经营活动，而是通过停车场、信息部、专线运输公司和第三方物流公司等载体在全国范围内进行运输。

3. 运输资源极度分散

在整个国内运输市场中有近91%的车辆为个体车辆。

4. 现金使用量大

由于运输行业中车辆资产所属权为个人所有。通常采取的形式是个人采购车辆，挂靠到某运输公司名下，向运输公司缴纳一定的管理费，自行在市场中进行承运活动并直接向委托人收取现金。

三、道路运输行业“营改增”产生的资金及信息流向变化

原有营业税征管模式下运输行业的资金流和信息流如图2所示。

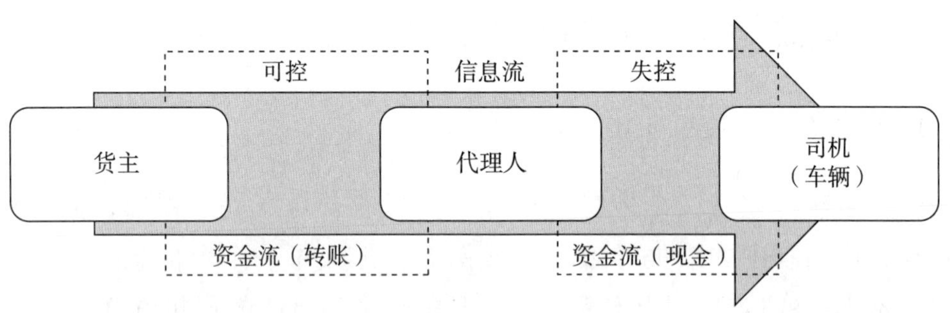

图2　原有营业税征管模式下运输行业的资金流和信息流

在上述模式中不存在增值环节，尽管在信息流中主要通过代理人进行信息的传递，但是在资金流当中，资金在整个交易中只表现为整个环节由代理人开一次运输发票，并通过企业间转账形式获取资金，从代理人中无论经过几个层次，在这些层次中都是以现金形式进行结算。

而现有的增值税征管模式下运输行业的资金流和信息流如图3所示。由于目前服务行业“营改增”套用的是商业企业“营改增”的模式，该模式忽略了行业中代理人制度的存在，形成了如图3所示的征管模式。

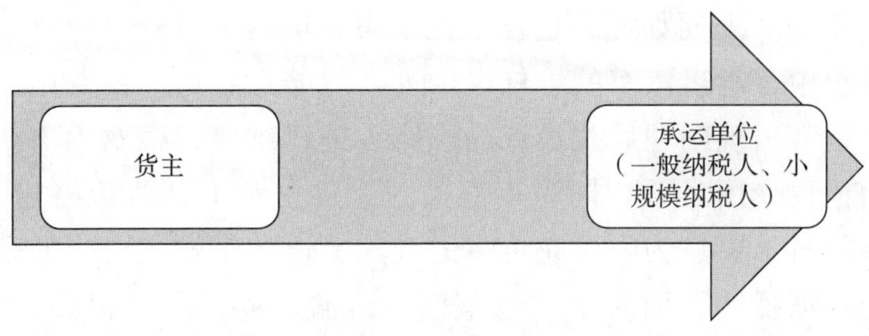

图3　现有增值税征管模式下运输行业的资金流和信息流

在现有的征管模式下，运输行业中代理人根据所处层面不同，通常都以一般纳税人或者小规模纳税人的形式出现，作为一般纳税人其进项抵扣主要集中在油费、车辆采购及维修三个方面；而小规模纳税人则无进项抵税，这种征管方式严重忽略了运输行业中占比最大的“回程配载”运输模式，同时也造成了代理人进项税抵扣不足，对应的所得税虚增的情况，迫使运输公司通过非法渠道（特定地区的虚开增值税发票或挂靠企业利用名义运力虚开增值税发票）获取发票的方式解决进项不足的问题，随着“营改增”在全国范围内的实行，“虚开增值税”给税务征管带来巨大风险的同时，也给纳税人合法合规带来现实操作中的困惑，严重扰乱了货运市场的公平性，对整合运输行业带来灾难性的后果。

四、“营改增”之后，道路运输行业遇到的困境

从2012年“营改增”开始试点，截至2015年12月底，经过3年的运行，整个行业税收负担是增加的，相比较营业税时期的实际税负平均增加了一倍，行业企业平均税负率在5%左右，产生这种结果的主要原因有以下三个方面：

1. 进项抵扣不足

根据增值税征管条例相关规定，交通运输行业自营运输可以作为抵扣项目的来源主要有三个，即新购车辆的固定资产进项、车辆维修费用及车辆的燃料消耗。上述三项在实际道路运输过程中的总和平均占运输成本的46%，尽管这三个进项来源税率是17%，但是相抵之后仍然有

3.18%的差距。即便如此，这三项进项来源仍然难以获取。例如，在实际运输过程中，货运汽车的维修很少进入能够开具增值税专用发票的维修厂商，通常出现问题后找最近的维修店进行维修，根本无法获得能够抵扣的增值税专用发票，同时零部件开票价格和不开票价格相差悬殊，导致很多司机不愿意为发票花更多的钱。上述的车辆主要指的是企业自用车辆的进项抵扣，而对于外包车辆的运输业务，根据相关法律规定，相关的原材料消耗是不能够纳入到抵扣范围的。因此，“营改增”之后不仅企业税负增加，同时也诱发了全行业普遍性的税务不合规（这里指的是实务中企业为解决成本费用列支，进项抵扣不足等而发生的买票，卖票、倒票等行为）。

2. 税率高

运输行业在营业税期间，税率为3%，而增值税改革之后，一下子调整到11%，尽管有进项抵扣的因素，但是由于不能够实现全要素进项抵扣，所以11%的税率制定得偏高。

3. 虚票市场泛滥

由于进项抵扣不足，以及外包运力无法获得合法进项发票做抵扣，造成客观存在的进项发票市场需求，而一些不法分子和为地方利益着想的政府，成为了虚票市场的主要供票方。不法分子通过挂靠车辆利用车辆折旧及相应的油费及轮胎等虚构业务内容作为开具11%销项增值税票的主要方法，向市场倒卖运输行业增值税专用发票牟取不正当利益；另外，一些地方政府官员为了当地财政及GDP的数据，不惜以大比例退税的方式，通过当地虚假注册的运输公司和虚构的运输业务内容开具11%的增值税专用发票，通常会以相对较低的价格向市场倒卖发票。以地方为主导的供方在整个虚票市场当中占有主导地位，目前形成的全国虚票市场的交易价格基本上在3%~7%，通过虚票市场给国家造成的财政损失达1000多亿元。而对于用票企业方面，不仅承担着违法风险，同时由于“买票”产生的费用（类税收成本）直接影响了企业正常的利润。虚票市场不仅仅危害整个运输产业链，制约着市场的发展，同时因获取虚票的渠道和成本不同，也直接导致了企业之间不公平的竞争，使整个行业陷入了“劣币驱逐良币”的恶性循环之中。

更令人担忧的是，“虚票”泛滥的同时，市场中还普遍存在另外一个现象，就是大量的运输企业通过购置燃油做进项成本，而在实际业务运作过程当中，把油卡当成应付给司机的现金使用，也就是变相的“卖卡”。通常的占比是油卡费用占到运费总成本的40%左右。巨大的需求，也导致了围绕着运输增值税专用发票的次级交易市场产生，这种市场的蔓延不仅大量地占压了运输企业的流动资金，最终会将矛盾转移到服务提供者司机或者车主身上。由于以油卡作为现金结算的操作越来越普遍，造成车主或者司机手里面的油卡越来越多，已超出正常业务使用量，车主或者司机只能通过黑市折价变现，通常折价率为95%~98%。这种情况不仅影响物流行业从业者的形象，如果管控不恰当，还会造成更为恶劣的社会影响，甚至可能形成群体性事件，形成社会不安定因素。

五、“营改增”解决方案的建议

利用现代信息技术提升整个运输行业管理是实现全行业顺利“营改增”的必由之路，也是政府行政管理升级换代的有利抓手。这里提出“一个前提，两个要件，三个路径”的解决方案。

1. 一个前提：业务真实性为前提

如何通过技术手段在繁复的“代理人制”形式下确保货运企业正确合法开票、纳税，业务真实性是国税部门最关心的问题，也是优化财税体制调整的前提条件。“物联网”“移动互联网”及“云计算”技术的发展，为解决运输行业线上及线下管理的全流程控制奠定了技术基础，利用“三网合一”技术，通过对车、货（运单）、人的捆绑，可实现对运输过程中每一票业务的跟踪和管理；从货物的委托到最后的签收，全链条都置于信息系统的监控下。全轨迹、多维度的信息系统既能保证每票业务操作的真实性，也可作为税务开具增值税发票并核查相关业务的最直接的数据来源和依据。

2. 两个要件：单车异地开票及结构性税差

单个车辆作为运输行业增值税源头环节，无疑是最重要的因素，单车扮演了衔接消费增值税链条与服务增值税链条重要的传递枢纽。具体而言，单车作为消费链条上的终端消费者，在实际运行当中承担了购车、维修及通行过程当中产生的油费、路桥费等所有消费链条上的成本，这些成本绝大部分都是以增值税的形式传递给了作为终端消费环节的单车，单车承担了所有消费环节上产生的增值税税负。而在交通运输服务链条当中，单车又是整个服务链条的源头，是基础服务的提供者，作为上游服务“原料”的提供商，它承接了消费链条和交通运输服务链条的中转枢纽。能不能开放单车在业务发生地主管税务机关代开票，成为破解运输行业“营改增”难题的核心要素。单车作为小规模纳税人只能开具3%的增值税发票，而受票方对外开具的销项票为11%，中间8%的结构性税差成为市场能够接受合规路径重要考量因素。作为消费链条的终端消费者，承担了所有消费链条上的增值税税负，如果不能将这些税负有效地传递到服务行业当中，对于单车来讲造成了税收不平等的因素，也导致了服务行业链条结构性税差无法消减的主要因素。因此单车异地开票解决的是企业获得发票来源的合法性问题，而解决结构性税差的问题则是为了保证合法性路径在实际市场当中具有足够的竞争力，尤其是在经济增长“新常态”下，调整结构性税差，避免“劣币驱逐良币”，使其即使在虚票市场泛滥的情况下，也具有一定的比价优势，从而引导市场主流从业者回归合规和健康的发展。由此，这两项问题成为解决交通运输行业的两个必要要件。

3. 三个路径：差额抵扣、降低税率、财税返还或贴息融资

在了解运输服务行业市场规律下，增值税征管模式在运输行业中能起到促进行业发展，规范行业运营，降低行业整体税收负担的作用。其原则是根据运输行业的代理人制形成的增值链条，针对增值部分予以征税。将最小运输单位车辆视同为“原材料”，代理人环节视同为“流通加工环节”，货主视同为“终级消费者”，增值税征管环节将形成闭合系统，在合理征税的同时，也为行业减轻了税负，如图4所示。

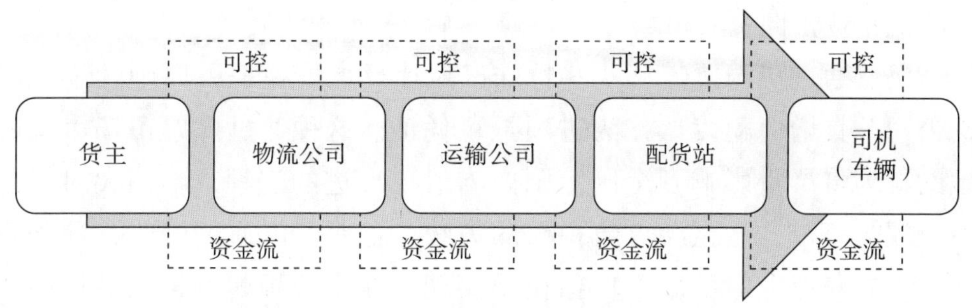

图 4　增值税征管模式

上述办法，需要税务局在针对运输服务业增值税征管办法当中，对于单车纳税人资质的认定，赋予其开具增值税发票的权力，作为行业增值税管理的起始点，实现源头税收监控。通过以“陆路运输管理与交易平台”为代表的经过税务部门认定的行业管理平台为基础，统一使用平台纳税人识别号，对单车核算的方式进行征管，在不改变税收体制的前提下，进行适当创新，利用高科技手段对业务真实性控制的同时，也解决了整个运输行业“营改增”的核心问题。

2016 年 5 月 1 日国内全行业实行“营改增”之后，通过“陆路运输管理与交易平台”系统性解决全行业困境已经成为最佳选项。

（1）一般纳税人企业遇到的困境。

根据最新发布的 36 号文的相关规定，针对运输服务行业当中的进项要素税率的调整不如预期，进项抵扣不足给运输企业一般纳税人造成了税负的增加，现状并没有随着全行业“营改增”有所改变，那么作为企业如何应对这种变化呢？可以采取以下三种模式：

①将企业规模从一般纳税人拆散成为小规模纳税人，由税局统一代开，降低税收风险，为了稳固市场会采取降低承运价格为代价，但是客户在物流业务分包的时候，通常对于承运商的资质有所限定，而这种限定会使企业陷入两难的境地。

②企业采取接受虚开燃油增值税发票的形式，来完成成本抵扣不足和对外包车辆费用支付，但是这种操作会使企业的账务成本严重畸形，承担巨大的税务风险，同时由于整个市场大量使用油卡作为支付实际运营成本的手段，将由税负增高产生的压力转嫁给最基础的服务提供者（司机或者车主）身上，产生恶劣的社会影响，容易引起社会不安定因素之外，也不

利于物流企业走向资本市场。

③仍然通过特殊渠道从一些特殊区域违反增值税征税原则的地方或者特殊公司开具增值税发票作为进项抵税凭证。这种通过虚票市场大量购买进项的行为将严重影响到全国范围内增值税推进的进程，不加大对虚票市场的重视与打击，甚至会导致税改的失败，企业可以通过虚假合同和资金空转等形式获取大量的虚开增值税票实现企业不合理超额抵税的同时，也再次开放了非法现金的大量产生的渠道，为逃税、避税提供了滋生的土壤，严重地影响了货运市场公平性的同时，也造成了严重的税收征管风险。

系统的解决方案是：通过使用“陆路运输管理与交易平台”现代信息化技术工具，提升企业管理水平的同时，也解决运输作业真实性的问题，使一般纳税人企业合理获得成本发票进行有效冲抵，使企业摆脱两难的“囚徒困境”，保证运输链条的完整性。

（2）小规模纳税人遇到的困境。

通过采购新设备或过户原有车辆重新进行登记注册小规模企业，一次性成本过高，同时超过年限的运输车辆不准许过户又成为一个无法解决的问题。

成立小规模企业后，每个月都需要进行企业税收申报，需要有配套的财务服务需求，这使企业运行成本大大增加。如何证明其业务真实性，是亟须解决的问题，目前来讲都是纸质的文件。

由于其规模小，在接受大订单时必然面临运力不足的情况，当前国税允许小规模企业通过签订租赁协议的方式扩充其运力进行开票。如果监管不严不法分子会利用这个出口，通过大量虚假租赁协议来开具增值税发票，进而扰乱整个市场。

“营改增”初期往往会出现小规模企业证照与车辆分离的现象，原有体系下存在的票贩子会利用这个机会大量注册这种开票公司，如果任意其发展必定对增值税体系造成重大影响。

大量增加的小规模企业，使国税部门窗口代开发票压力倍增，在不考虑其提供资料真实性审查的前提下，国税局将面临人员、设备等巨量地增长，造成资源的重复和浪费。

系统的解决方案是：通过使用“陆路运输管理与交易平台”通过现代信息化技术工具，解决运输作业真实性的问题同时，避免了因过户等原因导致的成本增加，解除了小规模企业的后顾之忧，同时也解决了国税系统人力及设备大规模增加的难题，通过互联网+的手段有效地将运输市场当中大量的小微运输企业纳入到有效的税收管理体系当中。

地方性利益保护导致产生不同的执法差异，需要通过国家层面制定跨部门的物流共同信息平台的标准，能够使各地政府有统一的执法基础，并实现公平的市场执法环境。

结合“营改增”的契机，大力推动以单车为单元的管理体系建设，实现全国范围内的单车运营管理体系，为形成大型运输组织企业的成立和发展提供基础的土壤。

调整道路运输行业增值税征收机制，有效降低全行业税负有以下三种思路：

思路一：根据增值税的管理体系，在不对其他增值税管理链条产生影响的前提下，针对小规模纳税人（单车）开具的增值税专用发票实现运输链条内的差额抵扣，彻底解决道路运输行业“营改增”后税负高的困境，同时也杜绝上游运输组织企业违法经营虚构增值税的现状。

思路二：统一增值税税率，将道路运输行业一般纳税人增值税税率调整为6%，抵扣项目为小规模纳税人（单车）开具的增值税专票，小规模纳税人或单车通过信息化手段由税务局代开增值税专票。

思路三：通过财税金融体系的联动，实行超税负返还，即超出原营业税时期的部分税收，通过平台提供的数据对企业进行精准返还，补贴企业因此产生的结构性税差，为运输行业提供持续性发展的动力；或者与金融系统对接，将陆交平台的数据与财税数据及金融数据进行整合，以政府贴息的形式通过银行提供对应企业专项贷款，既解决了运输企业税负过重的问题，同时也解决了运输行业普遍存在的企业融资难的问题，将会极大地促进企业投资的积极性，也可以利用金融杠杆有利地引导物流产业的发展方向，为行业持续性的发展奠定基础。

上述三种解决路径都可以作为政府改进财税体制，推进物流产业降本增效的有效路径。可以推动跨部门的运输行业项目整合，利用信息化手段逐步打造能够进行跨运输模式的物流信息化公共管理平台，为长途与市域配送、多式联运以及跨境物流提供基础性服务，进而为实现“一带一路”的建设打下坚实的基础。

六、道路运输行业国税征管体系的变化与未来“营改增”的预期

国家税务总局关于印发《“互联网＋税务”行动计划》的通知（税总发〔2015〕113号）和《关于全面推开营业税改征增值税试点的通知》（财税〔2016〕36号）这两个文件的颁布将会对整个道路运输行业的财税管理体系产生重大和深远的影响，同时也将会对道路运输行业的未来发展起到决定性的作用。

2016年5月1日必将成为中国商业发展历史上的一个重要节点。从这个时间之后，中国所有的行业将从营业税时代跨入到增值税管理时代，标志着我国产业的转型和升级将进入一个新的时期。尽管交通运输行业已经于2012年1月开始了“营改增”的步伐，但是此次36号文的颁布对交通运输行业也产生了重大影响，归纳为一句话就是“方向明确，格局调整，抵扣未增，拭待规范”。具体而言，此次试点方案出台对运输行业有“两大利好”及“一个未变”。

“两大利好”是试点实施办法当中第四十六条第二款“非固定业户应当向应税行为发生地主管税务机关申报纳税；未申报纳税的，由其机构所在地或者居住地主管税务机关补征税款。”个体运输户由于运输行业的特点需要在不同的地点完成运输任务，本条规定为单车异地开票行为落实了法律基础，为未来单车异地开票具体的监管操作规程提供了指导性意义，也为彻底解决道路运输行业“营改增”提供了必要的条件。交通运输服务当中规定“无运输工具承运业务，按照交通运输服务缴纳增值税。无运输工具承运业务，是指经营者以承运人身份与托运人签订运输服务合同，收取运费并承担承运人责任，然后委托实际承运人完成运输服务的经营活动。”首次正式在国家公开文件中定义了无车承运人的具体含义，这将是对整个运输行业运输管理业态的一个重大影响和转折，这条规定正视了我们运输行业早已存在的运输行为外包的方式，同时也为运输行为做了正本清源的梳理，解决了乱象丛生的各种避税行为，还使我们的行业可以摆脱以往法律的桎梏，为运输行业的集约化经营，提高运输行业的运行效率提供了前提条件。

“一个未变”指的是运输行业在试点方案未出台之前一直热烈盼望的道路通行费能够纳入增值税进行抵扣的期望，对于这个期望来讲，36号文及相关附件进行了明确的规定：“车辆停放服务、道路通行服务（包括过路费、过桥费、过闸费等）等按照不动产经营租赁服务缴纳增值税。”依据这个规定路桥费应该按照11%增值税税率进行征收，也就意味着道路通行的使用方，应该能够获得11%通行费增值税发票进行抵扣。但是同时附件二“营业税改增值税试点有关事项的规定”又做了如第九条第二款的补充：“公路运输经营业中的一般纳税人收取试点前开工的高速公路的车辆通行费，可以选择适用简易计税方法，仅按3%的征收率计算应纳税额。”试点前开工的高速公路，是指相关施工单位许可证上注明的合同开工日期在2016年4月30日前的高速公路。这两条信息表明，通行费4月30日之前开工的道桥企业可以选择3%的简易征收率，又根据36号文当中关于简易征收的事项不得进入抵扣范围。这意味着全国90%以上的高速公路通行费将维持在营业税的水平上，公路运输企业和个人在相当长时间内是获取不到可抵扣的通行费专用的“营改增”发票。

财税36号文出台之后在整个运输行业产生了热烈的争论，那么未来运输行业增值税管理体制将会如何变化和发展呢？国税总局在2015年制定的《“互联网+税收”行动计划》当中给予了明确的回答，即未来会依靠科技进步，提升国税征管平台互联互通的能力，通过与行业第三方平台的对接进行数据共享，同时推进电子增值税发票推过的进程，预计将在2017年开始试点电子增值税专票的使用。这就意味着我们交通运输行业的企业和从业人员，也要同时改进和提升科技水平，完善管理制度，加强数据管理。在新的财税体制下，能够发掘更多的机遇。

（天津安联程通信息技术有限公司　陈兴元
天地华宇　陈嘉勉）

我国代收货款问题及建议

虽然物流代收货款业务由来已久，但代收货款的问题是从2014年开始暴露的，并在2015年进一步凸显，集中爆发。另外，在物流代收货款事件频繁曝光之后，相关主管部门和中国物流与采购联合会高度重视，成立专门工作小组研究规范方案，一些企业也用商业推动行业变革的方式进行了大胆的尝试和探索。

一、2015年代收货款发展回顾

2015年是代收货款问题进一步凸显的一年，但事实上在这一年代收货款总量并没有明显萎缩，而是在年中的短暂回落后，下半年业务量又大幅回升。代收款回款速度略有增加，但其占用问题还普遍存在，亟待控制。

（一）发展现状

1. 全国业务分布广，总量可观

代收货款业务普遍存在于全国各个地区的物流企业中，呈现的分布特征与各地经济基础呈反比，即越欠发达地区，代收货款占总商贸额比例越高，而长三角等经济发达地区，由于企业规模和商业诚信环境较完善，代收货款业务非常少。

2015年，随着物流体系的日益完善，新疆地区的代收货款量快速上升，仅华凌大市场2015年的代收货款额就超过20亿元。

2015年，物流之都山东临沂的代收货款总额达到了38.5亿元，较2014年增加23%。

调查显示，全国约10000家物流公司的日代收货款总量接近6亿元。中国有80万家专线物流企业，按照60%的物流公司涉及代收货款业务估算，全国日代收货款量接近300亿元。

2. 市场碎片化、零散化、区域化

由于代收货款普遍存在于小微商贸企业和专线物流企业之中，因此，集约度不高，单笔数额小，笔次多。易代收调研表明，山东临沂400家物流公司，共产生362万笔代收货款，其中单笔数额在1000元以下的代收货款业务为290万单，占80.2%，而单笔在5000元以上的代收货款业务仅占总数的2.2%。进一步调查也显示全国约10000家物流公司的代收货款单笔平均额度仅为1340元。

代收货款在全国分布广泛，但各个区域的集中程度却参差不齐，总的来说，越是经济欠发达地区，代收货款的业务越为集中。

3. 跑路集中爆发，日益加剧

近年来，物流公司因代收货款“跑路”开始出现，最早的案例可追溯到2003年。2014年年底，临沂某物流公司老板王恒建因合作公司拖欠代收款而服毒自尽，成为了“跑路”浮出业界的爆发点。

据不完全统计，2015年，全国涉及代收货款的“跑路”案例不少于300个，而事实上，这只是初步统计，因为在下半年，各地有关部门担心物流“跑路”事件会影响市场秩序，大都采用封锁消息的做法，因此我们只能窥得冰山一角。

分析这些案例，不难看出所谓“跑路”大多数的本质都是物流公司占用的代收货款资金池耗尽，现金流断裂，最终导致崩盘，而不是物流公司老板真的卷钱逃跑，比如，陕西的朝阳物流就在问题发生后发出通告，制订还款计划。

4. 社会关注集中，诚信危机

物流公司“跑路”一般涉案金额在数百万元不等，而由于前文提到的代收货款单笔金额并不大，因此一家物流公司的跑路涉及的货主数量将达到数百人，大多数相关案例都引发了围堵、挤兑，甚至哄抢、群殴等群体性事件。

随着自媒体的迅速发展，这类事件的曝光率开始上升，曾经一度哪里有物流跑路现象，哪里就立刻会吸引电视台等地方媒体的关注，久而久之，造成了货主的极大恐慌，并对物流公司整个群体产生了极其恶劣的影响。

山东临沂某物流公司坦言，在“跑路”事件频发曝光后，一度代收货款业务下降了近一半，同时，所在物流园区也开始收取所谓的诚信押金，给物流公司的经营带来了很大的困难。

在对2015年8月的一些所谓物流公司“跑路”案例调查后，发现是由于竞争对手利用跑路潮的恶劣影响，群发假消息，甚至有组织预谋而发生的恶性事件。

5. 管控需求旺盛，服务杯水车薪

按照目前的市场情况，一般代收货款会在物流公司内部停留5～7天，甚至15天。而由于物流公司“跑路”事件的进一步暴露和发酵，货主对于选择物流公司代收货款的安全返回需求是第一位的，时效是第二位的。而事实上，代收货款在物流公司停留的时间分为合作方沉淀期和物流公司沉淀期，这其中的不可控性陡然增加。

目前针对代收货款业务的服务大都是由银行推出的，因此银行非常看重货主手中的批发业资金流转业务，因此，他们出于自身业务和需求的考虑，把货主作为核心客户，但对于目前的物流企业来说，一步到位的做法无异于自杀，因此市场并不看好，而真正解决这一问题痛点的服务少之又少。

（二）存在问题

1. 没有准入门槛，没有有力监管，没有服务规范

追溯专线企业代收货款业务的由来，可以看出，代收货款业务一直以来就是物流公司自发的一种增值服务，对于货主来说，对提供代收货款服务的物流企业选择是盲目的，并没有专业资质、自有资产、诚信评价等量化依据。

由于货主在代收货款回款上的话语权很小，因此只要能在正常约定时

间内收到回款，对时效性一般没有要求，更谈不上对资金走向的把握和控制。

由于代收货款业务没有准入门槛，流程和规则一般由物流公司作为主体制定，物流公司也是根据自身的经营状况随意制定，目前尚没有针对这一领域的规范。

2. 涉及环节多，不可控

代收货款之所以回款难，原因之一就是环节多，不可控。

首先，是货主对于收货人的不可控，有的收货人以各种借口先提货延迟付款，物流公司还得充当催款人。

其次，是发货物流公司对下游物流公司的不可控，专线公司要大量扩充线路，大多会选择合作加盟式的分公司，这种合作式的分公司最大的缺点就是总部的把控能力比较弱。例如，2014 年河南顺鑫物流就是因为山西两条合作线路跑路而陷入代收货款危机，2015 年年初山东的王恒建事件也是因为合作方卷款跑路而酿成的惨剧。

最后，还有货主对物流公司的不可控。因为货主将货交给了物流公司，而且从货物发运到回款会经过至少 7 个环节，由于信息不透明不对称，货主无法了解货物的实时状况和货款的回流状况，因此，只能被动地等待物流公司通知回款，而物流公司形成了大量的资金池，占用代收货款已经成为了行业潜规则。

3. 物流公司经营占用代收资金流

成本逐年上升和 10 年不涨的运费，物流公司的利润空间进一步缩小，专线公司已经从曾经的暴利行业变成了现在的微利行业，经营危险和难度越来越大，代收货款资金池在这种情况下为物流公司占用，提供了充足的现金流。除了自用周转，很多物流公司为了增加利润源，承接三方业务，还会挪用代收货款垫付运费账期，甚至将代收货款挪作其他投资，比如建物流园、投资餐饮等。

而那些所谓的“跑路”企业归根结底除了极少数的卷款跑路，大都是资金池耗尽导致的崩盘，这也是之前为什么临近年底，物流公司“跑路”倒闭的特别多，而 2015 年由于企业经营环境恶化，再加上物流公司跑路事件闹得沸沸扬扬，货主更加谨慎，及时查款提款，加速了物流公司代收款资金池的消耗，使得年中即有大量物流公司出事。2015 年将近农历春节，笔者走访发现，很多物流公司都提前歇业，有的甚至提前了半月以上，有货主在交流时就抱怨说，临近年关，想提款却发现物流公司已经提前放假。

4. 大多现金交易，不能实现三流合一，高风险

由于代收货款的主要构成是小商贸企业的批发款，双方的利润空间都不大，难以承受高额的手续费，所以在选择支付方式的时候，大多是现金往来。

而由于运输管理系统在付货时已经终止，并不包括代收货款回款的流程，因此代收货款在返回过程中已经没有任何信息，而代收货款在返回货主的过程中需要经过许多环节，在整个流程中，存在诸多如上文所述的不可把握的不确定因素，不仅体现在到账时间上，还可能在交接的环节中，存在笔误或者人为问题的错误，回款金额不符，互相推诿扯皮，无法查找，代收货款的高风险在这个问题上体现得十分透彻。

（三）核心痛点

代收货款的核心痛点体现在两个方面：一个是物流公司占用代收款资金流的现实问题，另一个是这一问题对商贸物流发展的不利影响。

1. 物流公司经营占用代收款资金流

与 20 年前的暴利相比，现在的物流公司利润一落千丈，竞争也激烈异常，由于物流企业普遍资金管理能力较弱，现金流十分紧张。在这种情况下，代收货款资金池成为物流公司补充现金流的一条捷径，从临时借用到长期占用，代收货款源源不断沉淀，给很多物流公司老板造成了现金流充足的假象，在不知不觉中，窟窿越来越大，一旦经营产生风险，就面临着资金链断裂的风险。

物流公司经营占用代收货款资金流这一问题不是一朝一夕发生的，而是长期存在的一个潜规则。对于普通的零担物流公司来说，利润空间仅为 3 ~8 个点，三方业务如果不计资金成本的话利润则为 10% ~15%，甚至

20%，但承接三方业务就要面临账期长、压款多的问题，相对5%的资金成本来说，代收货款资金池更方便和划算。但三方业务占用了大量的企业现金流量，一旦发生对方拖欠运费或者赔偿纠纷，企业就面临着资金链断裂的风险。

2. 商贸物流诚信危机

近两年，物流公司“跑路”事件的出现和爆发以及媒体的炒作，让代收货款问题暴露出来。货主在一度减少代收货款业务之后，发现这也在一定程度上影响了其自身的业务，因此，代收货款的总业务量在2015年中期萎缩之后，到了下半年又恢复常态。但是货主对于代收货款的关注度提高了，对于物流公司的业务流程更加挑剔了。

梳理2015年至今的“跑路”事件，就会发现，真正的物流公司跑路或者倒闭并不多，大多数是在资金链遇到问题的时候，遭遇货主的挤兑，甚至有的同一地区同一线路的物流公司的客户存在重合，在竞争中，利用货主的这一心态，造谣中伤对手公司。而物流公司因此倒闭，势必会牵扯到更多的商贸货主的货款损失。

（四）行业进展

1. 企业的觉醒

代收货款问题也越来越受到物流公司自身的审视和重视。从2015年8月易代收成立以来，联系我们咨询业务的物流公司不下百余家，而这些企业大都是中小物流企业，一些大型的物流企业也自行联系银行等相关资源方提供背书，力求在货主面前树立正规诚信的良好形象。

虽然积重难返，不能一步到位实现无占用，但物流公司也在改善代收货款回款的速度和支付方式，主打诚信牌，另外，物流公司对分公司的管控需求也越发迫切。企业逐步认识到代收货款的良性循环可以使其在良莠不齐的物流市场中树立品牌形象，争取到更多的货源。

2. 协会组织重视，专家小组探讨解决问题的方案

中国物流与采购联合会公路货运分会代收货款兴趣小组成立于2015年

1 月，后改称为代收货款研究小组。在重要的联席会议及内参中多次提及代收货款相关问题，在 2015 年的年会上发布了国内首份《公路货运企业代收货款调研报告》，在 2015 年 10 月召开了代收货款调研与解决方案专题座谈会，这些都体现了行业协会的重视和推动作用。

3. 相关服务平台的出现

国内首个代收货款多元化安全平台 E－COD 于 2015 年 8 月 1 日正式对外发布，并于 2015 年 10 月正式上线，在山东华奥物流集团落地运行。该平台主要是针对中小微物流企业提供代收货款安全管控及资金链控制解决方案。同时，不少企业也看到了代收货款将是未来整个公路零担领域唯一增长的空间，因此卡行天下、安能、传化、天地汇等平台企业也在内部启动了把控代收货款风险的服务业务。

银联商务、招商银行、民生银行、工商银行、建设银行等机构也在关注这一领域，并推出了相关产品，但此类产品的着眼点更倾向于货主的需求，未考虑到目前物流行业的代收货款问题及现状，所以并不能真正解决物流行业的痛点。

二、2016 年代收货款发展展望

展望 2016 年，我们认为这将是代收货款量持续增加的一年，同时由于物流行业受经济环境的影响，利润空间仍在进一步压缩，因此，代收货款的风险在持续加大。但随着团体标准的出台及诚信物流示范单位的全面推行，这一业务将有规可依，迈出规范、安全、可控的第一步。

（一）代收货款量将持续增加

2016 年，由于经济环境的影响，商贸批发业受渠道制约的现状会进一步显现，因此代收货款的业务量将会持续增加。代收货款业务在现阶段不会被支付宝等线上支付业务替代。原因在于代理商不能占压自有经营资金，在交货环境还有检验的需求，而货主对于经销商没有任何话语权，又不能充分信任，所以把这一问题及风险转嫁给物流公司，这与淘宝上的 B2C 或者 C2C 的商业模式不尽相同，因此，代收货款在短时期内不会减少、消失，反过来，随着经济的下滑，业务的比例反而会增加。

（二）物流公司经营前景不乐观，代收货款风险将持续加大

由于经济预期不好，2016 年，物流公司的经营前景并不乐观，而且代收货款的资金池流失有一个过程，因此，我们预测这一年代收货款问题仍然会出现，甚至会集中爆发。风险依然存在。

（三）团体标准将出台，代收服务有规可依

由中国物流与采购联合会货运分会主持的代收货款团体标准将进入实施阶段，标准从服务、周期、门槛等多个角度规范代收货款业务，未来使代收服务有规可依。

（四）协会积极主导，代收货款诚信物流示范将全面推行

对于货主来说，物流公司“跑路”事件的集中爆发和大肆渲染，让他们对物流公司难以选择，因此如果协会按照代收货款团体标准来制定相关的示范规则，这将会使货主在选择物流公司的时候更加清晰明了，同时，也促进了物流企业的自律，推动代收货款安全问题早日良性化发展。

（五）需求将催生代收货款安全服务机构和企业

2016 年，将有更多针对货运企业金融服务和代收货款业务的平台和金融服务涌现。大型物流企业将陆续制定自己的服务标准，针对中小微企业公共服务平台也将更加完善。

（苏州好易通物流科技有限公司 E－COD　李岩溪）

我国代收货款问题及建议

因代收货款引发的“一夜蒸发”及“跑路”与“被跑路”乱象似乎成了货运行业一个顽疾，尤其在2015年后愈演愈烈，成区域地出现频繁跑路现象，而很多被跑路的事件也时有发生，对于行业发展而言不仅造成的负面因素较多，对于商业交易中的那些商家而言无疑是一种难以承受的痛苦，而对于政府部门、物流园区企业而言，因为跑路危机引发的社会治安管理问题尤为突出，从而让关注行业正常发展的相关部门及有心改变现状的有志之士逐渐聚焦，希望能够通过建立完善的诚信体系进行监管和管控，最终让整个行业逐渐恢复平静。对于物流人而言，很多人预测2016年将会出现一批物流企业倒闭潮，在时代优胜劣汰的规律下，如何在避免被淘汰的同时将这种现状（代收卷款跑路现象）降到最低程度已经成为当务之急。现笔者根据长期的工作经验将代收现状进行分析与报告，希望能够有所价值。

一、代收货款在货运行业中的相互关系

代收货款俗称COD，对于物流企业而言，这是在商家与商家的交易过程中，为了保障各自的利益不受损害，通过物流企业的第三方介入完成的交易。目前，在物流行业中还没有一种类似支付宝的方式来实现和完成这种交易，所以物流行业的代收货款依旧以这种方式存在。而代收货款主要是建立在商家与商家缺乏诚信体系和不信任的基础上，为了能够更好地完成交易，在物流企业这个代收平台上，货物出现任何异样都可以通过增减代收来完成交易，同时也通过物流企业的这种监管方式进行短期囤货和库存等，降低现金流及仓库库存压力，所以代收货款这种产物不会因为跑路事件而完全消失，只会随着交易方式的延续，依旧会存在。

二、代收货款在物流行业中的分布特征、现状及作用

1. 代收货款地域方的分布特征

对于干线物流企业而言，代收货款分布量较大的都是区域性的零担物流，比如，湖北的大道物流、京昌物流以及河南的宇鑫物流，省内线比省外线的比重高。而对于南北区域而言，较为发达的南方区域代收货款比例相对北方物流企业而言较低，中部部分地区比如湖南、湖北、河南尤为多。尤其在二三线及不发达区域，因为各种因素，代收货款存在的比重相对发达地区而言较高。在代收货款交易过程中，单笔代收低至二三十元，高时高达 7 万元左右。

2. 代收货款在物流企业中的利益关系

在代收交易过程中，各个区域银联之间的业务特征也各有不同，根据代收存款交易数量的大小及银联企业之间的一些合作需求，代收货款需要支付的费率也各不相同。而物流企业根据代收货款的比重收取的代收手续费比例也不一样，基本上呈现在千分之三到千分之五，也有个别的企业按单收费，比如按照 2 元/单的方式来揽收代收业务。事实上，当前的代收货款除了包括商家交易的货款之外，还应该将代收运费规划为代收货款范围之内，因为在上下游交易之中，特别是干线物流从厂家、三方将货物揽收后再转包给下游的短线物流，最后将货物送到客户“最后一公里”时，上下游交易之中的运费也是代收中的一种，长期积压或者拒付也会给企业之间带来一些负面作用，因此也需要重视。因为代收业务收取的佣金（手续费）是很多物流企业的利润之源，至于其在现金流交易中的深重影响则另作他谈。在交易过程中，特别是一般的 3 ~ 7 天沉淀下来的现金流在合理利用下会成为一种隐形的投资资本，因此几乎很多物流的口号都是提供代收服务。也正因为很多物流人看到了这种商机，不惜铤而走险将手伸向了客户代收的荷包，最终为代收跑路危机留下了隐患。

3. 当前代收交易方式

在代收货款交易过程中，现金交易基本上还是处于第一，但是随着银

联的普及对资金交易风险意识，转账及 POS（销售终端）现象开始逐渐升温，需求开始增多，但是当前 POS 机的使用费率（3.8‰）也成为让人关注的问题，对于其推广不是很重视。而代收款交易的周期随着快递市场的介入等因素，从 7～15 天的账期下降到了 3～7 天，当然“T+1”模式也逐渐盛行，但是由于银行的存款和账期结算，节假日期间的财务管理以及代收货款出现延期支付等现象也在一定程度上为延期留下隐患。而代收的流通环节，几乎是需要从物流门店到银行存款（公司账户）到分离客户账户（转账），最后流通到客户的账户下，很容易出现 3 天后支付的现象，而且必须是当天货到当天提货且办理支付，完成支付交易等。一旦客户因为货款没钱提货或者出现赊欠现象等，那么代收货款的结算周期就会出现短期延误现象，在一定程度上加大了代收监管难度。特别是当今市场竞争激烈的情况下，为了赢得客户和揽收业务，部分商户为了降低仓储成本，甚至将货物从商家订购之后在物流公司停放 3～7 天，那么就出现了货物长期积压在物流公司无法正常发放而制约了代收支付效率，也成了代收无法管控之风险问题之一。代收货款多数是以异地监管支付居多，在总部每天无法及时进行跟踪审核的情况下，个别网点出现挪用代收的问题，让物流老板用来投资的现象也有。因为到货时效、提货时效及支付方式都在一定程度上影响着代收支付，最终出现发货一个月后未到账是正常现象。因此，这种问题除了加强财务管理之外，货物运输监控管理都在其中。相对而言，通过信息化管理的企业比完全未能实施信息化管理的企业财务风险管控能力较强，能够更好进行管控等。

三、代收货款之罪与罚：零担物流企业“跑路”与“被跑路”案例解析

跑路这种负面问题给物流企业带来的是不可估量的灾难，甚至有客户出现了当天发货，第 3 天开始追款的现象，给客户心理上造成了伤害。而由于跑路问题频频发生，客户开始有意识地对于物流企业的实际能力进行评估，通过企业的资质和企业自身的资产评估，比如企业的固定资产评估、企业的市场口碑及区域性的市场影响程度等，这在一定程度上加速了小物流的死亡，成为了优胜劣汰的匕首之一。而在 2012 年后，海南海口、河南

郑州、山东临沂、山西太原，包括湖北武汉区域每年都在出现物流跑路现象。那么，跑路的老板的钱都去了哪儿呢？根据以下案例，我们可以看看物流跑路之痛，痛在何方。

1. 湖南辉成物流

从百度上可以查询到辉成物流也曾辉煌风光过，而作为辉成物流的80后掌门人谷亚辉在2014年选择了跑路，留下了8000万的账单未能及时支付，当时对于湖南当地知名企业无疑是敲了一记警钟。而知情人透露，在谷亚辉临走前留下的账簿显示：应收账款和应付账款差不多可以平衡，所以他的跑路让人觉得很遗憾，但是为什么这个物流企业会选择跑路？当时除了盲目扩张网点之外，民间借贷和银行抽贷都是隐形杀手，而真正无形的杀手则是承接三方业务的货款结算周期较长，虽然其中甚至包括某知名大企业，货大欺客最终让企业从银行借贷走向民间借贷，最终走上了不归路。从该跑路事件中，如何通过有效的TMS系统建立一定的监控系统，通过有效的财务管理手段及诚信体系遏制这种事件发生则成为专线物流（尤其是干线物流）的救命方案之一。

解析：如何通过有效的信息管理平台加强对于上下游企业合作之间的财务管理，通过诚信体系的建立来实时管控，以有效的红线来监管和平衡收支平衡，保障物流企业之间的稳定运行成为一个重要问题。目前有部分专线面临着和辉成一样的尴尬局面，上游货主方的诚信体系如何监管、财务如何管控同样是重点。

2. 山东临沂事件

2015年年初，山东临沂的一位老板带着对现实的愤怒、悲哀与绝望以一瓶农药结束了自己的生命。这位原本以白手起家，靠着诚信做起来的小老板就那样悄然离开了这个行业，给所有的物流人在新年之际留下了一个悲情的故事。而这其中原因，主要就是异地的合作企业拖欠了50多万元未能及时支付，且数次讨要未果，虽然通过借贷等其他方式到最后仅仅只剩下10多万元未能到位，但是在年底货主追债、银行拒贷等各种因素作用下，这位汉子用生命留下了血泪般的控诉。诚信保留了，也没有选择跑路，但是这50多万元为什么合作方迟迟不做支付，为什么隔了几个月才发现如此大笔的漏洞？这些钱去了哪儿？所有的结果不得而知。

解析：代收货款异地管控难度，如何通过有效的手段对于下游的合作企业实施财务管理，通过多方平台来进行互通共享也是根本之一。

3. 山西天和旺

2015 年年初，刚过完元旦的天和旺突然之间被涌入园区门口的上千客户讨要代收款，他们声称老板要跑路，甚至传闻数额达到上千万，然后所谓的哄抢货物事件随即发生，天和旺也在这种局面下险些失控，同时被迫停业，最后通过自救方式保留了企业，但同时也让其元气大伤。事情的真相却是因为同行挤兑，通过互联网技术的发达和传播速度最终在一定程度上对天和旺造成了冲击，唯一庆幸的这个企业最终还是挺了过来。

解析：同行挤兑之中，如何通过有效的办法自救，如何有效保障代收货款的正常支付，不积压货款仍是急需解决的难题。

4. 陕西朝阳物流

2015 年 9 月 25 号，媒体传播的朝阳物流老板跑路了，留下上亿元的代收货款未支付，还为老板冠上了赌博输钱的恶名，最终导致上千客户哄抢货物，朝阳物流被迫关门，停业清查账务等。在哄抢者中，部分客户甚至都拿不出自己的发货单据。而事件的导火索只是因为某门店的客户与门店管理人员之纠纷引起的。当然，一切的罪魁祸首还是因为代收货款而引起。货款之中是不是有问题呢？所谓的无风不起浪，朝阳物流的代收货款因为甘肃朝阳物流线路 4 年呈现亏损状态且因为各种因素一直未舍得关闭，比如因为挪用货款投资了酒店及农业等，所以在账务上有一个几千万元的缺口，而老板有赌博恶习则是无稽之谈。直到 2016 年的今天，陕西朝阳物流还在通过一定的自救方式及时兑付客户的货款，通过事实来为诚信树立典型。哪怕这条路一步一步的略显艰难，在悔恨中掌门人依然挺立着，所以我们还是祝福和期待这个企业能够从泥泞中走出来，能够继续走向美好的明天。

解析：朝阳的“被跑路”最终还是和代收货款被挪用投资有关，所谓无风不起浪。作为民企的企业负责人之一，或许陕西朝阳物流的企业负责人只是其中一个典型，他们敢打敢拼，敢想敢做，在利润越来越微薄的今天，如何通过有效的办法更好投资，如何借用自己手中的钱生钱，以别人的钱来投资强大自己也是很多冒险者的游戏之一。只是，在收支与风险同步时，代收货款最终是需要支付给货主的，那同时也是他们的经济支撑之一，所以如何有效对企业财务管理进行管控，对于企业负责人加强财务风险意识管理是重点。虽然亡羊补牢为时不晚，但是相信今天的朝阳物流老板对于昨天的失误还是心存悔恨。

5. 西安太子物流

在陕西朝阳“被跑路”事件发生后，太子物流的老板是第一个站出来为李朝阳说实话，鼓励他挺住的汉子，然而很快他自己也因为“被跑路”而走向了关门之路，一家原本经营正常的企业就那样很快随着浪潮挤兑选择了关门。太子物流的老板跑路了很快传入物流行业之中，而知情人透露，主要根源不是老板跑路，老板也未能拿到代收货款跑路，而是在老板与内部中层管理人之中因为部分原因，在有部分人准备浑水摸鱼，有心挪用代收的情况下没有及时向总部支付代收货款，因为一起欠薪的劳动纠纷造成了最后的悲剧。而在其电脑上，已经有十来天没有代收货款支付的数据且很多凭证在网点已经被毁，无从查证，老板无奈之下只有选择关门，变卖资产。

解析：异地门店的财务管理，如何对网点门店实现日清日结实时监控。在银行转账和支付都有一定的短暂账期，尤其是现金流较大的区域地区，如何有效地管控其现金流动向也是重点之一。派用驻外出纳的办法是不错的，但是在人力成本陡增之下如何控，如何管都是难题。

从以上不同的跑路与“被跑路”之中，我们不难看出代收货款不仅仅出在上游客户结算不及时身上，下游合作方挪用或者占为己有、同行挤兑、企业负责人自身禁不住诱惑挪用投资，包括异地门店管理中，无法及时管控门店之财务都在一定程度上因钱的问题而引发了种种危机。代收货款急需改变的是代收货款现金流支付方式，目前，80% 以上的客户还是使用现金流进行交易，其余的则是转账或者 POS 支付等。由于目前的 POS 机的使用费率较高，大多数企业并没有执意向客户推荐使用 POS 或者仅仅只是支持使用。且在部分企业中，代收货款运单占据所有运单比例都在 80% 以上，无代收客户的比例较小，尤其是在区域性的小霸王型企业里，代收货款无疑是重点的业务之一。所以当前需要解决的代收货款问题除了支付方式之外，还有多方平台的使用及诚信体系的建立，如何打通上下游，合作方之间的互通关节，如何在不相互影响各方业务的情况下通过一个三方平台来管控双方的财务风险等问题。加强财务管理则是未来医治跑路顽疾的办法之一。当前，很多企业都不愿意自己的数据被共享，甚至担心被挖掘的情况下，很多企业与企业的 TMS 管理系统呈现闭塞状态，上下游之间无法适时进行财务管控等，留下了财务管控风险，所以将来的 TMS 之间的互通互相是有效降低跑路风险的一个方法。

四、跑路危机思考：代收该不该一刀切

因为频繁的代收跑路现象，有部分园区和专线喊出的口号是拒绝代收，但是这样可能只会加剧部分企业的崩溃，因为在长期交易过程中，80% 的企业都是在利用代收货款进行流通和运行。采用一刀切的办法，不仅不利于流通，反倒成为了打断物流企业活命的最后一根稻草，使之最终走向死亡。代收货款本没有错，错的只是在物流企业运作的过程中没有办法合理监控和监管，缺乏强烈的风险意识才造成跑路的。当然，在代收交易过程中，因为强大的现金流而没能控制住自己投资或者消费欲望的因素也在所难免。比如，某个物流公司的小门店，一个月的代收货款有时都高达上百万元甚至接近千万元，试想想许多个这样的门店沉淀下来的资金流有多少。某一个区域物流，3 天未支付的代收货款累计可达千万元左右，3 ~7 天的资金流量可想而知。当然，物流企业的车辆开支及各种支出每天都需要庞大的现金流来支撑。代收货款则是物流企业流通的血脉之一，在运行中起着重要作用。应用得好，促进企业良性发展，一旦失误，造成的后果则是不堪设想。而由于这个行业本身就是一个高成本，低收入的行业，随着物流成本的不断上升，通货膨胀下的交易方式，挪用代收货款来运行已经是不争的事实。对于整个行业而言这种现象多年早已存在，所以想要瞬间改变只能是对物流企业起着雪上加霜的效果，所以目前只能是一步一步地进行完善管理而不能采用一刀切的办法，否则只能是加速行业跑路现象。

五、风险，管控之道

1. 一个客户多个账户、多张银行卡及多个企业发货

很多商家为了各个不同区域的客户提货方便或者自身方便等，出现了一个客户多家发货且货款给予的是多个银行的账号等现象，这在一定程度上加大了管理代收支付的难度。每个物流企业的货款支付方式及时效，银行的货款支付时间，都能够导致商家多家的货款在多家企业出现“被跑路”的现象。如何更好地将货款揽收的货物通过平台集中化管理和支付状况进行实时监控等也是迫在眉睫的问题，需要进一步强化了代收的管理或者采用物流支付一卡通等。

2. 支付方式

目前现金流居多，部分企业开始使用网银批量转账等，而使用 POS 刷卡消费的企业不多，主要是过高的支付费率所致。而支付宝和微信支付目前的使用群体还是以 80 后之后的年轻人为主力军。在二三线城市由于地区差异，甚至于每个区域存款的银行都不一样，同一个企业的异地存款可能都不会在一个银行，而遭遇节假日期间银行的支付速度明显放缓或者延迟，这些都在一定程度上制约着支付时效，也成了很多跑路企业借机跑路却无征兆的幌子和主要因素之一。如何保证支付时效和实时监控现金流流向也是关键之处。

3. 赊欠

在竞争激烈且同质化严重的区域，为了揽收业务经营下去，很多企业不得不采用了赊欠的方式，这在一定程度上无法保证货款支付的时效性，同时也间接性地存在了一定的风险。一旦遭遇无良商家赊欠后跑路无法追回，就会引爆代收货款问题，也制造出了跑路危机的案例屡见不鲜。为了更好地提高物流企业的财务风险意识，加强财务人员的职业道德水平培训，可以通过一定的平台对于物流企业的代收流水支付情况做实时监控，且通过良好的数据测试和评估每一家的支付比例及频率来反映出异常等，以等

级和警报形式来警惕代收跑路危机，杜绝赊欠。

4. 货款支付流程的不可控

当前代收货款的支付流程大多数是异地汇款到物流企业的个人账户或者其他人的账户上然后再进行分批支付等。货款量较大的企业往往出现了多个账户和户主。在一定程度上，他们又能够使用账户上的流动资金，也间接性地成为了被挪用的主要因素之一。如果说强制地只允许一进一出（由于当前很多企业都存在严重缺钱的问题，代收货款有时相当于是其流动资金。一旦一刀切可能后果不堪设想），那么这种挪用问题难免存在。因此，要解决代收被挪用的问题，首先要解决专线企业缺钱的问题。当前，物流企业融资借贷难已经是一个不容忽视的问题。想要让企业不随便挪用货款必须解决缺钱的问题才是关键之处。当然，对于多个账户的企业强制要求一个账户执行支付的情况等也亟待改善。

5. 代收货款的合法化及审核

对于物流企业而言，有没有资质经营代收服务的权益？拿什么来维护消费者的权益？当前现状是：任何一家物流企业都可以以提供代收货款服务来作为揽收货源的业务，也成为不良分子借机捞钱的遮羞布。提供代收服务的门槛几乎没有，企业经营审核资质也没有，所以出现了代收乱象，最终也凹陷出了物流企业良莠不齐的状况。目前经营和提供代收物流服务的企业几乎都是无盲区地运作，监管几乎为零。所以，代收服务的合法化及审核资质需要对企业进行风险评估才能经营此业务才是当前必须解决的问题。没有一定的实力没有权利去经营此业务也是一种降低风险的程度。而对于企业资质的审核除了企业的基本注册问题外，企业经营人的身份核实、资产评估及各种信用审核等都必须立档保存，成为追溯的资料；对于诚信缺失或者信用不过关的企业经营者经营的企业进行一定的管控；物流协会有权力对于企业进行调查等。

6. 当前 POS 机收费费率

对于代收货款的收发放而言，使用 POS 机支付是最快捷而且比较安全且符合物流产业需要的，但是由于银联行业同样存在不同竞争，而且不同省市之间物流企业所使用的商业银行卡皆不一样且分布不均。比如，湖北的大多数地区是以建行为主，但是在部分偏远地区又是以农行、邮政等为主，每个都不一样。而且，通过银联出具的使用POS机费率比例数据显示，各个区域的收费费用皆不一样，这样导致支付环节中存在管控难度不一样的风险，而且无法统一化管理。让物流企业能够受益的银行业也各不相同。不同的企业合作、管理各有千秋也是代收难集中管理的原因之一。

7. 代收监管环节思考：从发货时监管还是从物流企业管起

代收货款到底是应该从发货时就开始管起还是从货发了之后从物流企业方面管起？在很多人看来，或许都应该从物流企业管起。事实上，从源头开始把控代收风险才有可能更好地降低代收被卷款的风险。也就是说，从开具运单的那一刻起就将代收货款的数据流向在第一时间进行管控。而这种管控，等到货到了后从物流企业的账户上管起看起来比较简单，事实上真要管住比较难。而在源头，通过和银行互通的数据，直接交予银行后台运作，通过大数据集中管控，可能更利于行业发展。当然，如何和银行达成一致且以资金池的方式管理则需要从各个环节中协调处理。

六、呼吁诚信体系的建立及多方平台监管介入

诚信经营，诚信第一。对于诚信二字，在物流圈里而言可能只有拿出事实和有效的数据来监督或许才能起到真正的效应。而事实上，口头上所谓的诚信很难在这个行业中建立起来，更不用说在涉及一定利益的合作关系之间。而诚信体系的建立首先必须解决的问题是：

（1）谁来做负责监督诚信的平台？

（2）谁来对诚信企业进行评估和确定？

（3）谁能用更真实的数据来证实诚信经营的企业和公布相关信息？

（4）诚信体系评估的标准衡量和确定。

当今业态中，跑路之乱象究竟谁之过，谁来管？这些都是值得我们深思和挖掘的重点之一，也是解决问题的关键和建立诚信体系的基础之一。

1. 物流跑路谁来管

每次发生跑路事件时，大批商家围堵在高速公路旁（2015 年年初郑州曾经发生一起）、围堵物流园区、游行、趁乱哄抢货物、去政府部门游行或者游街，高呼希望还血汗钱的口号，等等，但是最终换来的后果要么就是遭到大批警卫人员为治安安全而劝慰下去，要么就是索赔未果。老板没有跑路的也是因为没钱，跑路了的更是索赔无果，甚至连企业真正的法人代表和经营者都不知道，怎么查，从何查起？仅仅依靠一些手写的运单信息，甚至部分商家因为马虎连单据都掉了的，索赔更是无望，这也是很多物流企业经营者敢于铤而走险跑路的根源之一。而事实上，这个行业究竟归谁来管呢？

2. 物流企业归谁来管

快递部门稍微有一点不适可以通过邮政部门之间监管，并且进行强制执行罚款等，但是物流行业究竟归哪些部门来管？如何管？这似乎是一个很模棱两可的问题。虽然说是有相关的物流局或者物流协会来监管，但是对于这个行业而言，似乎真正能够执行到位进行监管的并不多。笔者作为一名物流经营者，在办理工商执照时只需要提供一定的个人相关资料、个人财产信息、房屋租赁证明以及企业提供的一定企业品牌信息等即可办理合法的工商执照。而道路运输等证件在工商执照办理之后则很容易顺理成章地办出来，而有些二三线城市的门店甚至是无证经营。对于物流企业而言，如果不是遭遇客户投诉或者报警之类的不良事件发生，基本上是没有部门来管制的。这也就意味着对于物流企业而言，只要在一定期间能够保持看似正常经营的状态，鲜有监管部门问律。而出了事件，涉及索赔的小事件，打 110 报警处理的常态基本上就是：只要不发生恶性的群体打架斗殴事件，涉及双方钱财的应该由工商部门来管，110 只关心社会治安问题。而工商的态度则是：涉及双方利益的，大多数还是让双方自行调解。甚至个别工商部门人员对于物流的管理条例以及物流行业中的保险条例等也同样是半知半解。至于税务部门只关心交税纳税。而对于物流行业而言，税收对于二三线城市几乎很少。运管部门只管车，城管部门、交警部门只关心乱摆乱放、违停等。从办证的那一刻起，各个部门几乎是各负其责，相互之间并不是协同管控，对于经营者的资质认定、经营管理认证几乎是一个盲区，这也为那些凭一辆车，2～3个经营者，租一个门面，摆两张桌子，然后定制一些物流运单等单据即可称之为货运部，这给物流或者快运公司等留下了一个很好的契机，同样为那些“挂羊头，卖狗肉”，通过假证件信息注册的皮包公司，几个月后卷款跑路留下了安全隐患和机会。记得2015年年底曾经参加某县城的关于物流快递公司的管理会议，在经营的30多家之中只有8家有相关的企业信息，好几家甚至是工商执照都没有，或者已经过期（法人代表已经更换等），而至于企业信息的真实性呢？包括笔者自己，因为频繁搬家，工商执照上的地址一直在要求变更，但是却因为很多原因不了了之，百度上的信息是7年前的地址，而工商执照上的地址也是3年前的地址。这是正常经营的企业，换位思考一下，如果是那些从一开始就出现动荡的企业，从何查起，怎么查起呢？至于跑路事件发生了，引来工商部门也只能做一个协调处理，根本没有办法来强制执行。

至于物流协会与物流局等机构，在发达城市中可能还起着一定的作用，更多的物流协会变成了办证、考证的机构，由于当今管理机制的原因，物流协会或者部门并没有落实到权力去监管，于是间接性地变成了这个行业事实上是无部门在长期正常监管的。而等到跑路事件发生后，各个部门除了保持沉默基本上是无力应对的。因此，在以后的物流管控中，物流部门究竟归哪些部门实时监管，如何来管？加强管理物流协会和物流局的管理权限和资质，通过制定一定的物流条例法规等来解决物流行业中实质性的难题，真正有效地落实到行业管理中去，让这个行业不再成为打擦边球的行业。协同工商、地税、运管等多个部门的管理，在一定程度上能够对企业的管控方面起到良好的作用，降低各种恶性事件的发生。让这个行业成为有病可医，有病能治的行业。杜绝那些打一枪，换一炮，换张狗皮膏药就可以干上一家物流的投机者投机事件发生，让良莠不齐的行业逐渐走向管理规范化，市场正常化经营。

3. 物流企业的注册资质和诚信体系的评估标准

由于工商部门办证流程的简化，工商部门对于企业的注册及资质在一线城市或者发达区域审核稍微严格一些之外，对于二三线城市而言更多的就是一张表格及几份材料证明即可办出合法经营证件。经营者自身具备的资产评估、个人信用评估以及经济实况根本无从查起，甚至花钱买证的现象也有。有车、无车仅仅依靠注册人的一句话就行。至于对法定代表人的变更、变更原因、地址变更等以及是不是发生突发事件的情况等，平时检查的概率几乎为零。“办证易，查证难”也是最终的现状。事实上，对于物流经营者的资产评估，信用评估以及其经济现状和能力是不是该进入物流注册审核的范围之内，这是值得这个行业亟待解决的问题之一。每天收着2～3元/件货的运费，却收着成千上万元的货款。一个网点每天的平均资金流量有多少？门店具备的偿还能力有多少？经营者到底是自备车辆经营还是请外包挂靠车经营甚至是租车经营？企业真正可动用的流动资金有多少？固定资产有多少？这些在未来的工商部门管理经营者注册时，是不是该纳入合法的审核范围之内，这样，从注册时就提高了注册的门槛，杜绝物流黑户进入这个行业。而对于物流企业诚信的评估标准在哪里呢？笔者认为评估标准至少包括以下四点：

（1）是否有着正常的发款或者还款期限（比如代收货款）发放等。

（2）是否存在拖欠商家货款或者挪用客户货款现象。

（3）经营者企业经营的现状是否正常状态。

（4）在行业之间是否具备好的口碑，是否诚信经营等。

这些未来是不是通过有效数据来对相关企业进行评估等，评估时间不再是按年而是分季度或者按月来审核评估，从最大程度上提高评估的标准，落实到监管之中去。

4. 如何来实施诚信体系的建立和评估

所谓事实，就是拿数据来说话，这也是最有力的说明。而需要有效的挖掘企业是否存在拖欠客户的货款现象或者积压资金等，除了在客户群体中进行暗访调查之外（这需要大量的人力与时间去完成），这是最有力但是也是最落后的办法之一。事实上，数据是最好的说明书，而这一切通过企业信息化管理的实施之后，则是一件很轻松就可以完成的事情。部门可以通过调查企业的信息系统里面存在的一些出入库信息，即可协同查到客户的收款及支付情况，也很容易查出经营者是否存在大量坏账烂账等。而那些跑路的企业，除了个别的企业是有着好的数据化管理之外，更多的是一份手开单，客户提货了就到门店去拿现金的小企业（这种做法事实上就是助长了这种跑路事件的发生）。全面实施信息化管理后，对于企业的各种排查以及评估就是比较容易的事情。而对于经营的企业而言，通过实施信息化管理后，企业的收支管理基本上属于透明化管理，有着一定的财务管理能力，企业自身事实上也是通过这种办法来有效实施对于内部的财务管控风险，真正地为长期正常经营提供造血功能。所以在未来的空间里，呼吁企业实现信息化管理是加大企业管控能力、实现透明化管理、更好地对企业进行评估的一种方法

5. 如何进行有效评估

可以说，一个企业有着几家甚至几十家不同的网络，多的甚至是上千家。如果只是通过一次排查就想看出问题那绝不可能。而对于企业而言，异地监管除了企业自身存在一定难度外，对于相关部门同样也是一个困惑。那么，如何在不触碰多方企业利益的情况下，改善上下游之间的合作关系，还有就是平级之间，企业各个分公司之间的利益关系。很多企业是一个大的企业体系里面参加个多个小体系而且是相互独立的体系，平时之间都是各自为政，相互之间有着较为独立的经济体系，对于监管方和评估部门而言更是一个难题。那么，通过一个大的平台直接对大企业监管之外，再通过对各个分支和节点之间的实时监控（但是不触碰任何一方的利益），就可以有效地进行监管，同时也确保公平、公正以及准确性和真实性。另外，通过多方平台的监管，加大对于代收流动性的实时监控能力，有效从源头上控制大量代收积压的现象，通过代收红线的设置来进行提醒或者惊醒经营者对于财务风险的把控，也最终提高了评估的准确性。因此，未来的多方平台监管的建立与实施，还需要相关部门的协同和配合，最终完成一个有效过程。

（武汉京昌物流蕲春公司　李竹云）

物流阿米巴经营信息化实践

摘　要：在贸易自由化、经济一体化和电子商务模式的有力推动下，物资空间移动的广度和深度也随之扩展，物流经营模式迅速发展，新发展需求对物流企业的活动效率、快速反应能力以及信息化程度都提出了更高的要求。同时，由于物流需求的个性化、多样化和高度化，形成了物流行业的复杂性、动态性和分散性，以及管理模式的多变性，要求物流服务企业必须不断改进和优化企业的经营模式，以提高物流运作效率、适应物流市场的变化，提高企业的竞争力。

物流企业的经营模式是物流企业在生产经营中应用物流功能要素进行生产经营并获得收益的业务运作方式。经营模式是企业盈利的基础，只有具备了一个成功的经营模式，企业才可能为客户提供有利于降低物流成本和提高物流综合服务的水平，并同时获得盈利。物流经营模式是物流企业核心竞争力的体现，物流企业阿米巴经营模式的研究，对于传统物流企业向现代物流企业转变寻找新的思路具有重要意义。

关键词：物流企业；阿米巴经营；信息化；经营模式；物流运作

一、绪论

（一）物流企业阿米巴经营模式研究的意义

物流在社会进步和经济发展中发挥着极为重要的作用，利用阿米巴经营模式加现代信息技术变革物流企业经营模式也逐渐成为了物流发展的新方向。阿米巴化物流经营模式的研究对发展物流和促进经济发展具有重要意义。

（二）国内物流企业经营现状

1. 物流企业管理手段

随着我国物流业从无到有，从有到大的发展，体制上的不平衡，竞争环境的不公平导致行业矛盾多发，行业的发展一直处于野蛮式成长，功利化运作，物流业形成了多种类型物流企业共同发展的格局，成果主义导致行业内市场及管理思想的混乱，但与物流业发达的国家相比，我国物流业仍处在发展初期，物流企业发展还很不成熟，主要体现在现代物流理念淡薄，经营观念落后，缺乏现代物流经营模式的开拓创新。

2. 国内物流企业发展现状

近年来，我国新增物流企业数量每年以16% ~25%的速度增长，但实力超群且具有竞争力的企业却寥寥无几。调查数据表明，国内物流企业收益的85%来自基础性服务，诸如运输管理和仓储管理等，增值服务及物流信息服务等的收益只占15%。从表面上看，物流企业存在的问题主要体现在服务内容单一、物流手段落后、信息化程度低等方面，但通过进一步分析不难发现，造成这种现象的原因是物流企业缺乏对现代物流深层次的研究，缺乏成熟的、适合客户需要的经营模式。

国内一批先进物流企业，积极适应市场需求变化和应对竞争对手冲击，结合自身优势，在开展先进物流服务过程中探索学习阿米巴经营模式，但都停留在理论层面，没有落地的工具。

（三）本课题主要研究内容和基本框架

1. 本文的研究思路

以阿米巴运营模式为理论基础，从物流经营和信息化实践管理模型出发，以定性研究为主，定量研究为辅，将理论研究和实践活动结合起来。本文对具体的物流企业经营手段未予深入研究，主要从信息化实践的角度，结合阿米巴经营的核心理念，构建基本的物流阿米巴经营信息化应用框架，并使之得到理论支持和有效应用。从系统的角度构建一种能够共享的、透明的、动态的、互动的、持续的物流阿米巴经营信息化应用模型。结合阿米巴经营实践而建立的物流信息化管理机制，可以使其经营思路和经营方法在实践中有效应用，减少经营风险，增加物流企业核心竞争力。

2. 基本框架

第一部分：绪论。总结物流运作和经验现状的相关概念，简述课题背景和意义。指出物流企业经营中现存的问题，提出本文的研究思路。

第二部分：阿米巴经营理论概述。简要阐述阿米巴经营的核心概念，结合中国物流企业所处的大环境和经营特点，总结物流企业需要阿米巴经营的原因并提出解决问题的方法和思路。

第三部分：物流行业与阿米巴经营模型的匹配度研究。结合物流经营的关键要素与阿米巴经营核心理念的对照分析，得出阿米巴经营是一套能应用于物流经营的高可行性机制。

第四部分：物流阿米巴经营模型的规划。分析物流行业经营模型，结合阿米巴经营要素建立一套能应用的物流阿米巴经营的机制。

第五部分：物流阿米巴经营信息化模型构建。根据物流阿米巴经营模型的要素，结合信息化实践理论，逐步构建物流阿米巴经营的综合信息化模型。

第六部分：物流阿米巴经营信息化模型的实践。结合信息化管理模型推动能应用的物流阿米巴经营的信息化机制。

第七部分：总结。总结物流阿米巴经营的必要性和目标，展望物流信息化实践物流阿米巴经营的未来方向。

二、阿米巴经营概述

（一）阿米巴经营描述

1. 阿米巴经营的创建者

“阿米巴”是变形虫“Amoeba”的中文译名。变形虫最大的特性是能够随外界环境的变化而变化，不断进行自我调整，适应所面临的生存环境。

所谓阿米巴经营，是日本著名企业家稻盛和夫先生创造的一套组织经营机制。稻盛和夫于1959年时年27岁白手起家创建京瓷公司，靠阿米巴经营经历了多次全球性经济危机都屹立不倒，并且持续发展，连续50年不亏损；1984 年创办了日本第二电力公司，时年 52 岁，两家企业都是世界 500 强公司；2009 年时年 78 岁高龄的稻盛和夫先生临危受命，拯救了一家破产中的世界 500 强企业——日本航空公司，仅仅 1 年半时间就扭亏为盈，重新上市。

这一系列“神话”背后的支撑就是稻盛和夫先生创建的“阿米巴经营”模式。阿米巴经营是一种全员参与型的经营模式，是基于对员工的信任而把每个阿米巴小组织的运营托付给员工，从而建立起一种朝着共同目标努力的强有力的合作关系。

2. 阿米巴经营特点

阿米巴经营通过经营哲学、经营体制和经营会计的导入来培养经营人才，这是阿米巴经营的重大价值。

（1）经营哲学：它赋予企业优秀品格和魅力，是企业的根本所在。

经营哲学是指用什么理念经营企业，阿米巴经营的理论根基是经营哲学的落地，包括“作为人，何为正确?”通过自省，每个人都做好自己的角色，在正确价值观上做正确的决策，并采取确切的行动。

“敬天爱人”，敬天是对人力以外的事情要有敬畏之心，做任何判断，要顺应自然规律，做合乎道理的事情；爱人是按人的本性做人，以心为本，用关怀坦诚之心待人。故有“爱人者，人恒爱之”。

“利他”，做有利于他人的事情，“他”包括客户、领导、员工、利益相关者和社会等。从“他”的角度思考问题，并满足“他”的需求。

“以心为本”，人是决定企业经营成败的核心因素，而心是人的主宰。

（2）经营体制：在正确的经营理念的指导下，把组织划分成一个个小的团体，通过独立核算制加以运作，在公司内部培养具备经营者意识的领导，实现全体员工参与经营的全员参与型经营。其重要思想是“人人成为经营者”；其重大价值是通过阿米巴经营哲学、阿米巴组织划分和阿米巴经营会计的导入来培养经营人才。

（3）经营会计：经营会计是实践阿米巴经营必备的系统量化工具，是直接以促进经营提升为目的，可灵活设定的会计系统。经营会计与“财务会计”和“管理会计”两种会计相比，具有明显的进步性和优势，如表 1 所示。

表 1　　三种会计体系的比较

会计体系	特点	作用
财务会计	专业性强，不利于企业推广事后计算	外部报告
管理会计	在财务会计基础上二次加工繁杂的成本核算	外部报告 + 内部决策
经营会计	过程及结果的计算精准、有效的企业数据系统、家庭主妇式记账管理	即时反映内部经营状况

（二）阿米巴经营三大目标

阿米巴经营的目标非常清晰，“目标清晰”似乎是老生常谈，但其实很多事设定的目标都是假的，根本就不清晰。目标清晰有两层含义：一是团队的目标要非常清晰；二是给员工设定的绩效目标要非常清晰、可以量化。

1. 确立与市场挂钩的分部门核算制度

企业面对瞬息万变的市场，处于在产品生产或服务过程中对成本进行即时管理，需要用活生生的数据才能帮助经营者做出正确的判断，通过“销售最大化、费用最小化”原则，把组织细分成一个个独立核算的单位，进行分部门核算管理，这些数据能直接传递市场动向，企业能快速反应，迅速应对。

2. 培养具有经营者意识的人才

企业规模扩大，单靠经营者和各部分的负责人管理总会感觉有力不能及的时候，把组织细分成几个小的作业单位，并进行独立核算制度，各小作业单位的领导人就能准确地把握自己单位的情况，让员工产生自己也是经营者的意识，从被动到主动的立场转变，从员工的“要我干”，到领导人“我要干”的立场，即把企业划分成若干小单位，把小单位的经营授权给小单位内部成员，培养具备经营者意识的人才。

3. 实现全体员工共同参与经营

将企业各成员形成命运共同体，劳动者和经营者一起考虑整个公司的利益，为公司做贡献，让全体员工以经营者思想投入工作，经营理念共享，信息共享，提高员工经营者意识，让每一个员工在各自岗位立场上，都想为自己的小单位、为整个公司经营目标做贡献，通过设定目标和实现目标，全员能在工作中感觉工作价值，体验成就感。

（三）阿米巴经营与中国式发展模型比较

1. 稻盛经营思想

阿米巴经营模式是稻盛和夫先生经营思想的外在概念，是在日本的政治、经济、法律文化、社会福利制度环境下产生的，其重点关注的是企业的经营哲学、组织划分、经营会计等，如果不能透彻理解其背后的本质，只学习其外在的表现形式和方法，不一定会有好的效果，甚至会付出比较大的代价。

其理念强调企业经营和个人经营是可以一体的，存在相互关联的关系，做好人与做好企业可以在经营逻辑与企业组织形态上发生关联。

2. 西方管理方法

西方管理思想主要对应马斯洛金字塔的物质生理需求层次，是企业建设中不可或缺的部分，而稻盛经营思想则是金字塔中提升上来的部分，两者存在动态发展和相互提升的关系。

西方管理倡导个人价值属于个人的事情，而企业运营是企业的事情，两者没有直接的关系，一个属于八小时外的事情，一个属于八小时内的事情，两者应该分开、分清，互不干涉。是以果为因，以终为始的终端刺激法。

3. 中国式经营模型

当下中国倡导的“大众创业、万众创新”就是全员经营的最好解读，我们到底该学习稻盛经营思想，还是学习西方管理思想呢？我们应该以宽容的态度在中国儒家思想体系内学习两大体系要素知识，大可以用西方的管理思想武装头脑，用稻盛经营思想净化心灵。

4. 模型的比较和分析

稻盛和夫的经营思想根植于日本文化和经营环境，日本人专注付出，强调利他；而中国经过几十年的改革开放，还处在野蛮成长期，普遍更关注当前利益。日本人是物质与精神都在企业内实现；中国人物质在企业内、精神在家庭里实现，我们需要稻盛经营哲学净化心灵，但管理思想的许多概念对正确运作阿米巴经营模式起着不可或缺的基础作用。

西方管理侧重点是企业建设的下限，是如何管理下限的问题，而阿米巴经营更关注如何提升企业的上限，故西方管理思想和阿米巴经营思想的基点不在同一层次，不存在同等层次非此即彼的二选一问题。

（四）小结

随着物流服务的迅猛发展，物流企业业务规模的扩大，企业人员的增加，其管理方式也会相应转变，需要阿米巴经营模式推动物流企业经营模式的变革，具体表现在以下几个方面：

（1）拨乱反正：物流行业的发展，一直是野蛮式生长，功利化运作，成果主义导致行业内市场及思想的混乱，稻盛哲学可以提供持续盈利思路。

（2）协调平衡：物流从无到有，从有到大，总体体制上的不平衡、竞争环境的不公平，导致行业矛盾多发，稻盛经营哲学自利利他的理念可以梳理这种失衡。

（3）适应变化：物流行业内部及外部不断变化，变化的都是人，但心是人的主宰，稻盛哲学以心为本，恰恰做到了以不变应万变。

（4）提升整体：物流是流程化的运作，任何一个短板都会影响整体效率，稻盛哲学全员经营理念可以使物流的末端毛细血管到指挥大脑的整体提升。

三、物流行业的阿米巴特征

（一）物流行业与阿米巴

1. 物流组织与阿米巴

物流企业的组织形态是分布式的结构，其组织的规划与阿米巴经营体制有很多相同特征，如物流企业地域上分布式的组织结构，具有显性的阿米巴特征；物流各业务组织相对独立，可以整合、分解，符合阿米巴随意组合的特性；物流各流程节点是小物流组织单位，能独立完成一项业务，与阿米巴划分条件相符；物流组织都自成体系，可以独立运作各业务，有利于公司整体的目标发展；物流各经营组织多为自主经营，自负盈亏，能清楚掌握收入和支出，符合阿米巴划分条件之一；物流组织都有自己的产品与市场，符合阿米巴经营目标要求。综上所述，物流企业的组织形态适于阿米巴经营体制的导入。

2. 物流业务形态与阿米巴

物流的业务形态包括电商、仓储、快递、专线、货运、配送等，从货物商家到买家的运作渠道，物流业务都可以多维度组合，也可以向下裂变，如快递加专线形成快运，快递又可以分成订单、收件、发件、中转、分拣、到件、派件、签收等小的业务单元，如图 1 所示。

3. 物流核算与阿米巴

物流企业组织结构决定了其核算方式与阿米巴经营的核算诸多匹配之处，如：

（1）分段结算：物流企业的组织结构决定其分段结算的特征，适用阿米巴经营会计的小团体的边界形态。

（2）独立核算：各物流组织及业务都自成独立核算主体，与阿米巴经营会计基本要求匹配。

（3）报价体系：物流组织主体之间独立报价，报价相对独立、相互联

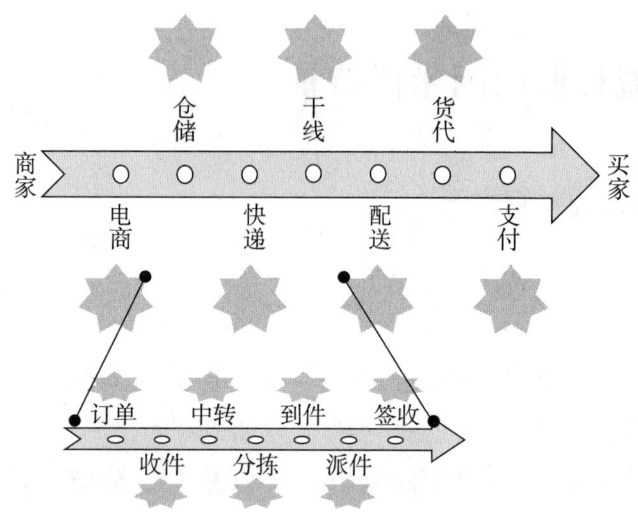

图1　物流业务形态

系，与阿米巴的内部报价相似。

（4）实时数据：物流操作的原始信息为结算提供了实时数据，与阿米巴经营会计所需要的“一手数据”异曲同工。

（5）账务方式：物流企业普遍用虚拟银行及预付款的账务管理方式，使得账务管理更简单，适合阿米巴经营会计的“人人能看明白”要求。

阿米巴核算是一种各小组织独立、实时、“家庭主妇记账”式简单的核算体系。综上所述，物流企业的核算方式与阿米巴经营会计是天作之合。

（二）物流生态阿米巴化

物流生态是指物流可持续发展的一种平衡状态，构成物流的各个因素和环节井然有序，互相依存、互相协调，融合为一，形成统一循环发展的物流生态链。

物流生态阿米巴化最终目的是指为了以最低的成本、最好的服务质量、最便捷的方式，通过运输、保管、配送等物流方式和物流衍生物的信息流、商务流、资金流等有效结合，实现原材料、半成品、成品及相关信息由商品的产地到商品的消费地所进行的计划、实施和管理，达到物流资源优化配置的目的，如图2所示。

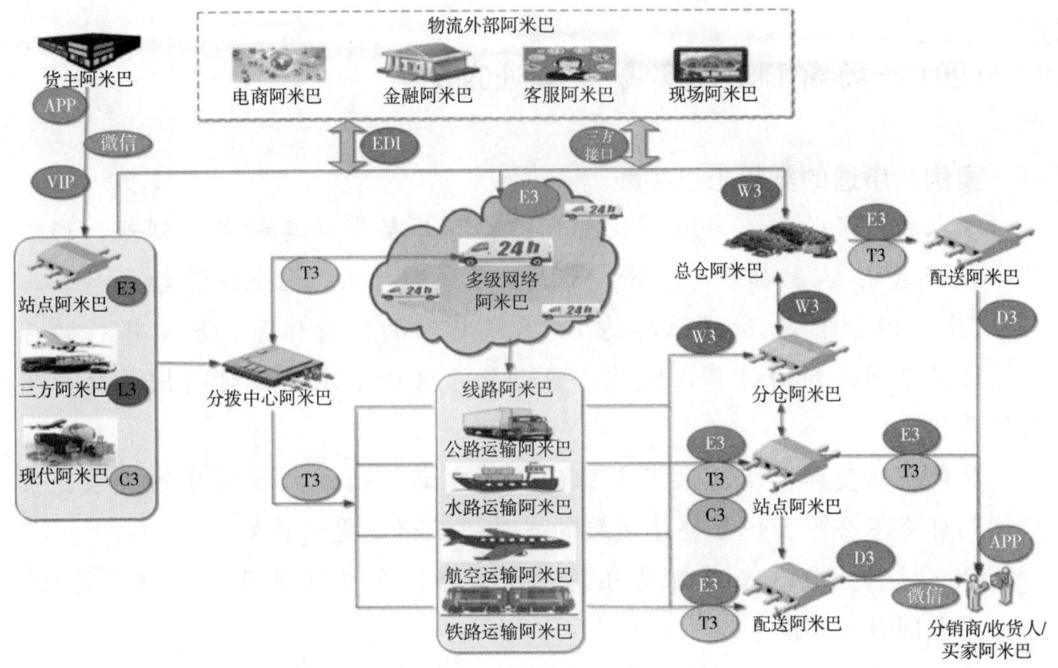

图 2　物流生态阿米巴化

（三）物流行业需要阿米巴经营方法

阿米巴经营方法对物流行业来说有以下几个优点：

（1）使组织结构更弹性。阿米巴的组织规划体系，能推进物流长期发展过程中累积的深层次结构性问题，并进行系统性改进。

（2）推动物流整体最优。阿米巴关注现场最末端，极大提高业务员的整体参与意识，提升物流最末端的经营，带动整体链条最优。

（3）增加物流的现场感。阿米巴的现场管理，透明化管控，实时改进可以强化物流运作的现场感。

（4）使业务伸缩性更高。阿米巴的经营方式，能使各物流业务迅速整合分解，实时适应市场变化。

（5）财务核算简单化。“家庭主妇式”的实时记账管理，实现物流核算简单化。

（6）让物流运作标准化。阿米巴的组织划分原则，内部报价体系，使得物流整体流程更加标准化。

（四）一场类阿米巴的实践——申通的故事

案例：申通的类阿米巴实践

人人成为经营者：申通创业初期，各领导层带动其村里人创业，形成了“桐庐系”，人人都参与经营，都成为了快递行业的优先经营者。

“老板娘管账”：通过敏思达 E3 系统标准的报价体系，虚拟银行的应用，使整个网络内的结算实时化，自动化，形成了比单位时间核算更简单的结算体系。

局部服从整体：申通做了大胆的改革创新，通过免派送费的政策，虽然让局部有不公平，但在整体网络的发展上获得了更大益处。

独立核算：各分公司都是在总部统筹下，自主发展业务，独立运营，分公司之间独立核算。

裂变：申通采用加盟和承包制，网点不断向上整合，同时也向下裂变，组织网络迅速扩张，实现了整体组织的大裂变。

四、物流阿米巴的总体规划

本部分以敏思达信息技术有限公司对物流阿米巴信息化实践为例，根据阿米巴经营方法，对物流行业进行阿米巴经营的总体规划。

（一）物流阿米巴的规划原则

根据多年的物流行业信息化管理项目的落地，结合物流企业的现状，对物流企业按三原则规划：

第一原则：物流状态转移的划分，能够独立完成一段流程并创造价值。

第二原则：资金结算边界清晰，各小组织能够独立核算。

第三原则：各组织的经营主体地位显性，能独立完成经营、责权一致。

（二）物流阿米巴组织划分

根据物流行业的特点，我们多维度、多角度对物流组织进行划分，如物流节点型、业务及功能型、资源及服务型、外部协作型。

（1）物流节点型阿米巴，如图3所示。

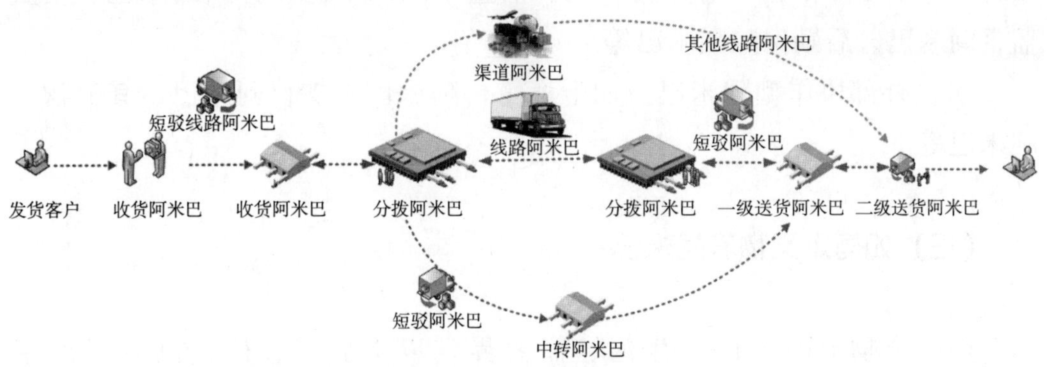

图3　物流节点型阿米巴

物流节点型划分以全国快递申通体系的组织架构为例，如图4所示。

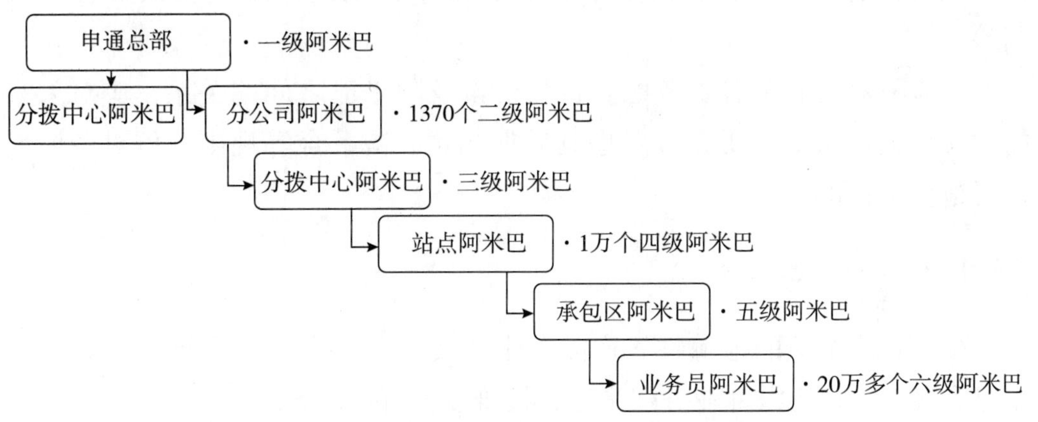

图4　物流节点型阿米巴——申通案例

（2）业务及功能型阿米巴，以“业”划分，能独立完成一种业务且能够创造市场价值，如表2所示。

表2　业务及功能型阿米巴划分示例

总阿米巴（一级）	业务阿米巴（二级）	功能阿米巴（三级）举例
物流供应链	快递	如：订单，发件，中转，运输，到件，派送等
	仓储	如：收货，分拣，包装，上架，发货等
	干线	如：运单，配载，中转，送货等
	货代	如：接货，分拣，外发，送货等
	配送	如：分拣，送货等

（3）资源及服务型阿米巴。以所需资源及服务方式划分的物流阿米巴设计，如市场阿米巴、财务阿米巴、信息系统阿米巴、客服阿米巴、质量监督阿米巴、后勤保障阿米巴等。

（4）外部协作型阿米巴。如电商平台阿米巴、支付阿米巴、其他物流阿米巴等。

（三）如何定义物流阿米巴

当一个物流阿米巴产生时，需要界定以下要素，确定阿米巴的形态，如：组织层级上该阿米巴属于什么层级？功能上能完成什么业务？人员结构包含哪些人员？阿米巴与组织外部及内部阿米巴之间如何定价？结算主体和核算费用哪些？还包括阿米巴之间的位置关系及管理机制等。

物流阿米巴定义需要考虑其自身要素及阿米巴之间的关系，应对未来的发展变化。原则上要充分考虑其后期的增、减、合等规则，可对各要素进行拖拉式管理。

1. 物流阿米巴的命名

根据物流企业的地域性、产品等不同要素，综合考虑多维度的设计阿米巴命名，如司机派件业务阿米巴，按维度分解见图5。

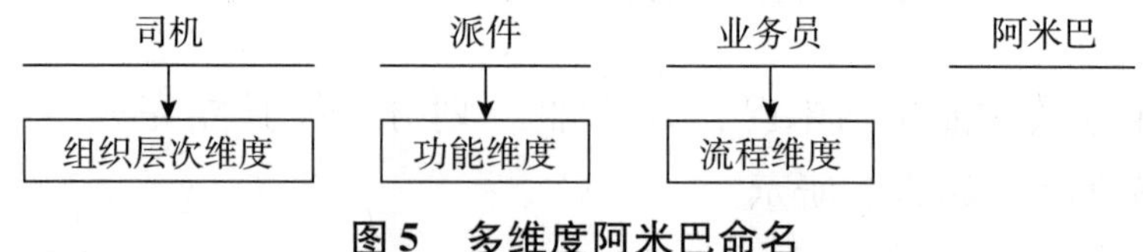

图5　多维度阿米巴命名

2. 物流阿米巴的整合与裂变

阿米巴作为一个独立运营单位及核算单元，拥有明确的志向和目标，是一个能在体系中自主成长与裂变的组织。设计时要考虑其未来向上整合及向下裂变，如图6所示。

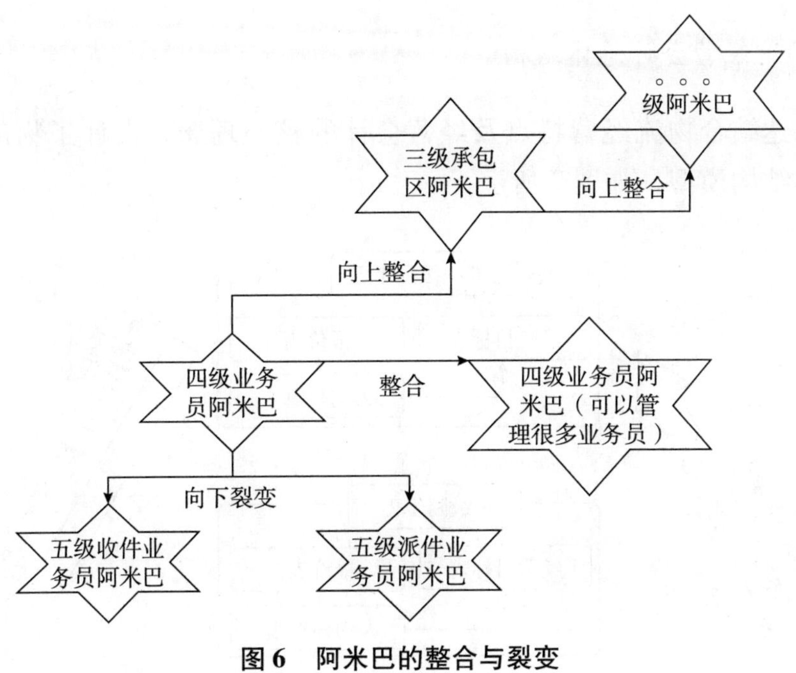

图6　阿米巴的整合与裂变

（四）物流阿米巴的关键——经营会计

1. 经营会计的关键理念

经营会计与其他会计的区别，体现在其关键理念上，如：

（1）通俗易懂。“家庭主妇记账式”简单，人人都能看懂，清楚看清企业的实态。

（2）定价即经营。通过简单与公平的内部定价，将市场压力传递到每个服务角落，激发全员激情。

（3）用内部交易看清全员贡献。内部数据没有任何的人为操作，具有简单、易用、直达经营目标，向经营者百分百反映经营的实际情况，为正确、及时的决策提供保障。

（4）实时比对。实时比对当前经营情况与经营目标，全面了解经营状况，持续改进。

（5）销售最大化，成本最小化。利用市场价格倒逼降低服务成本，以最小的费用做出最让客户满意的服务，利润自然产生。

2. 物流经营会计总体结构

敏思达结合物流经营特点及经营会计的核心理念，设计了物流经营会计的总体结构模型，如图 7 所示。

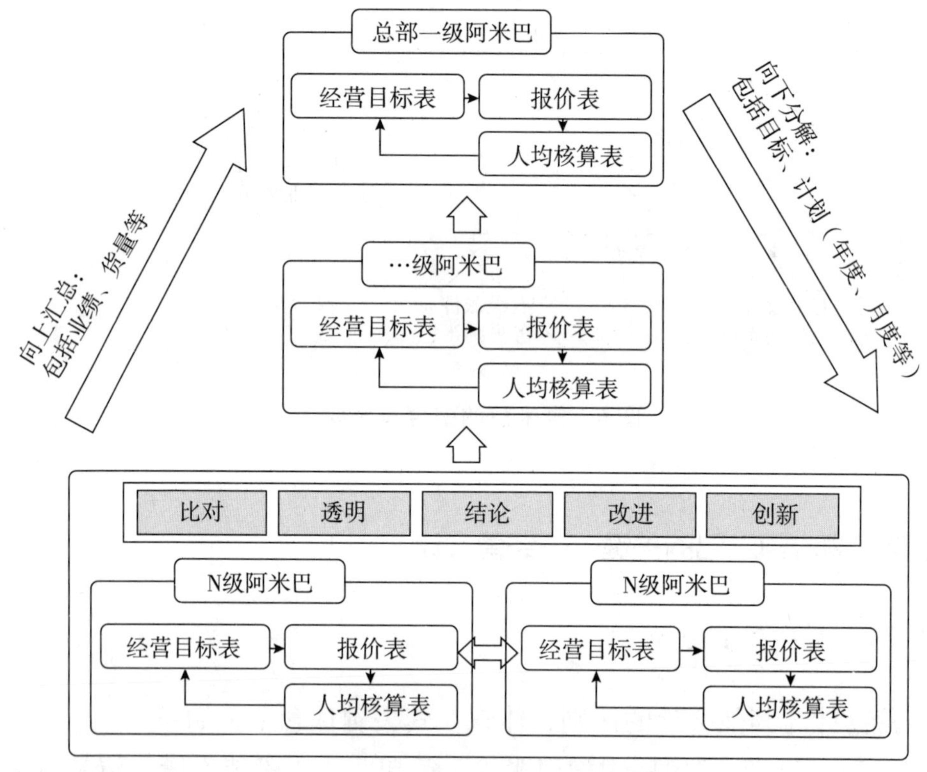

图 7　物流经营会计的总体结构模型

3. 人均核算表

阿米巴经营中“单位时间核算表”主要适用于生产制造行业，结合物流服务行业的特点，人均核算表是敏思达在物流行业的创意化落地，人均核算表让工作留下记录，把工作记录转化为数字，即时掌握阿米巴组织的收支情况，提高员工的工作效率，并且可以动态比较各核算周期的数字，实现每个物流阿米巴组织都是利润中心，用人均核算表实现统一管理，如图 8 所示。

4. 经营目标的制定

物流行业的市场需求变化快，经营目标的制订是物流企业的一道坎，

人均核算表								
阿米巴名称				日期				
分类项目		计算公式	类别					
			运费收益	中转费支出	派费支出	操作费	……	毛利
收益	A1							
	A2							
	合计	A=A1+A2						
支出		B1						
		B2						
	合计	B=B1+B2						
经营毛利		C=A−B						
投入人员		F						
单位人均价值		H=C/F						

图 8　人均核算表

没有基于各物流组织的整体活动结果，没有总目标及判断基准，以人为意志决定的目标，是不切实际的。敏思达结合大数据精准分析，以历史经营数据分析结果作为载体使所有的人员达成目标思想的统一，其实现模型如图 9 所示。

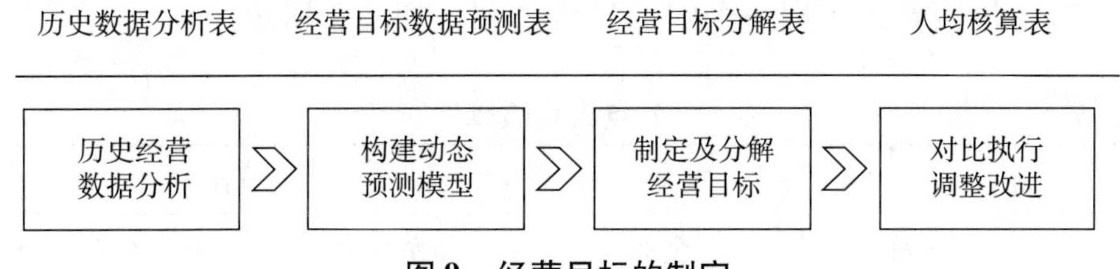

图 9　经营目标的制定

5. 经营报价设定

定价及经营，物流行业的经营报价的设定分物流阿米巴内部定价及与外部阿米巴的定价。阿米巴内部定价即企业内部市场化，其定价原则是考虑物流整体利益和各阿米巴组织的局部利益，使之协调；各阿米巴领导和成员参与其中，促进员工对内部报价体系的认可与接纳；充分考虑市场价格的波动，根据市场变化做出动态调整；避免主观随意性；是企业内阿米巴组织之间相互提供服务引起的结算、转账需要的一种计价标准。外部报价涉及与客户、承运方等外部阿米巴的报价，如图 10 所示。

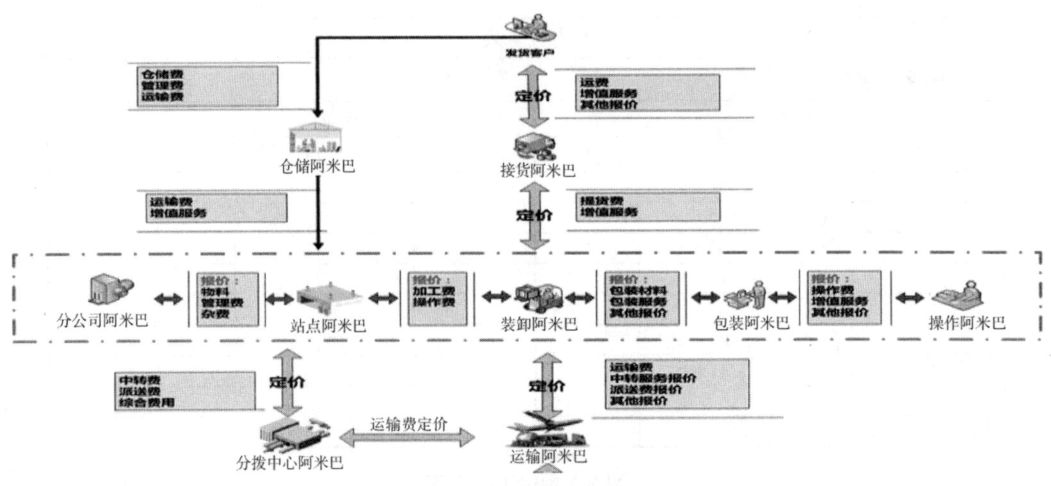

图 10　报价场景

6. 物流阿米巴的核算体系

（1）站点阿米巴核算体系。通过收入与支出，让网点的经营管理人员都能清晰地了解网点的经营状况，通过设定站点年/月经营目标表及费用定价表，自动化核算，体现一个网点是否盈利，如表 3 所示。

表 3　站点人均核算

收入		支出	
费用名称	金额（元）	费用名称	金额（元）
现结运费（发站）	3077	发站回佣	5933
月结运费（发站）	0	到站回佣	1616
到付运费（发站）	18356	发货成本	29782
现结运费（发站）	7506	管理费用	3000
月结运费（发站）	179		
到付运费（发站）	16113		
合计	45231		40331
经营结余	4900	人数	20
人均价值（元）	205		

注：然后配上相关的收入支出的明细报表。

（2）分拨中心阿米巴核算体系。通过收入、支出及核算表，反映出一个分拨中心的盈亏情况，如表 4 所示。

表 4　　分拨中心核算

收入		支出	
费用名称	金额（元）	费用名称	金额（元）
分拣费	20000	外请车费	3000
理货费	1000	设备维修费	1000
装卸费	2000	油费	10000
接货费	1000	管理费用	30000
送货费	2000	路桥费	1000
其他	0	其他	0
合计	26000		45000
经营结余	-19000	人数	20
人均价值（元）	-800		

注：然后配上相关的收入支出的明细报表。

（3）线路阿米巴核算体系。通过收入、支出及核算表，体现出一条线路的盈亏情况，如表 5 所示。

表 5　　线路核算表

收入		支出	
费用名称	金额（元）	费用名称	金额（元）
陆航	10000	维修费	3000
整车	5000	车辆保险	5000
直通车	2000	油费	10000
港澳	1000	停车费	500
航空运输	1000	路桥费	2000
	0	违章罚款	3000
合计	19000		23500
经营结余	-4500	人数	10
人均价值（元）	-450		

注：这里应该是每条线路是一个阿米巴，陆航、整车、直通车。

7. 用虚拟银行实现经营会计

虚拟银行是敏思达为物流企业量身定制，类银行般管理各经营主体的记账系统。经营会计中每个阿米巴都能独立核算，以现金为基础、关注其流动、多重确认、简单化，家庭主妇式记账、透明经营，一目了然掌握经营的实际、实时关注数据，持续改进等要求。

虚拟银行设立了与之一一对应的解决方案，比如：

（1）开账。为各物流组织建立独立账户。

（2）预付款。先充值后消费，自动扣款，虚拟现金流动。

（3）设定多级账号管理，层级审核。

（4）流水账记账方式。具体实时数据详细地展示经营现状，人人可以看懂。

（5）收支明细。每一笔资金的收支都有对应的数据明细，有据可查。

（6）数据分析。历史收支明细量化分析，提供决策参考。

8. 一票运单的经营核算故事

以一票运单从福州到广州天河的运作轨迹为例，说明运费 85 元在各阿米巴间的报价分摊，具体如图 11 所示。

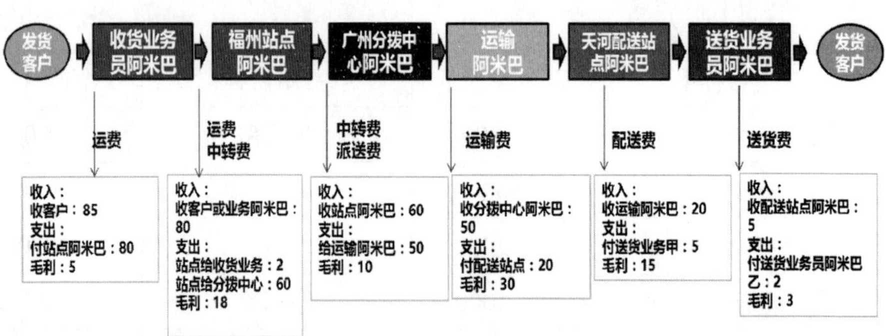

图 11　一票运单的经营核算

五、物流阿米巴信息化支撑模型

本章以敏思达信息技术有限公司 M1000 综合物流管理平台为例，根据物流阿米巴的经营模型，对物流阿米巴进行信息化实践。

（一）物流阿米巴需要信息化支撑

物流阿米巴经营核心是组织管理、经营会计报表、业务分析、内部交易、量化分权等要求，通过人工管理可能性太小，但可以通过手机及移动互联应用可实现组织间实时交互，结算实时化，还可以增加物流现场感，通过内部信息应用可以使操作可视化、财务简单化、内部交易透明化、量化分权清晰化等，这些管理要求通过先进的信息化手段就可以容易实现，故物流阿米巴经营需要信息化支撑。

（二）信息化支撑体系模型——LAM

M1000 是一个供应链物流信息化管理平台，通过信息化手段，将物流行业的各业务模型进行上下游延伸，涵盖了完整的物流链，为物流企业提供一体化的全面物流解决方案，敏思达提出了 LAM 模型，用 M1000 信息系统实现物流阿米巴的落地，模型如图 12 所示。

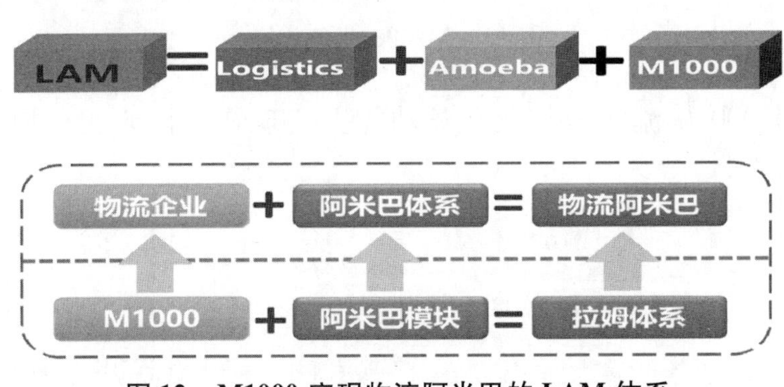

图 12　M1000 实现物流阿米巴的 LAM 体系

（三）用 M1000 实现物流阿米巴信息化

M1000 实现了物流供应链业务总线的概念，让各需求模块可以无缝整合。以核心业务和管理目标为主线，扩充其他功能模块，让整个系统大而全，且主次分明、融汇一起；用 SWITCH（交换机）的理念设计对外通用接口平台，采用标准接口（XML、JSON、TXT），可接收、推送数据，根据业务需要同步或异步传输数据；M1000 平台将实现一个“ANY TO ANY”的平台，其中第一个“ANY”是客户，第二个“ANY”是物流企业提供的服务，如图 13 所示。

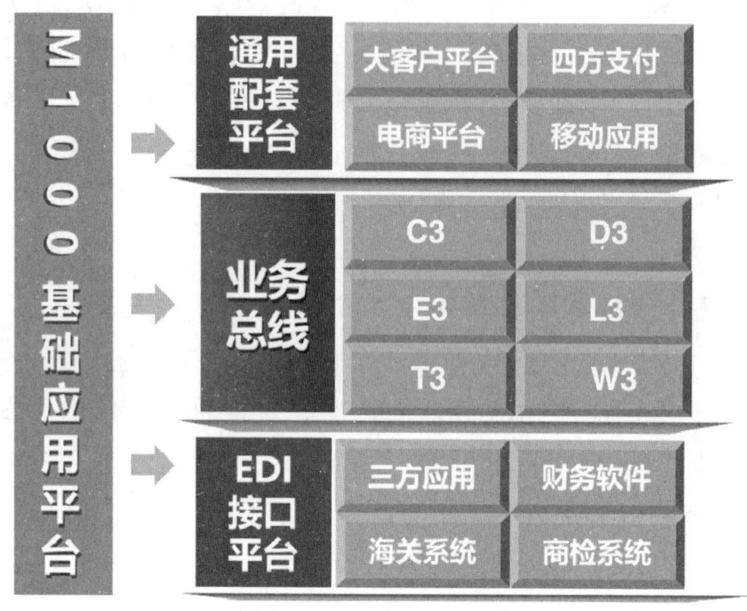

图 13　M1000 业务总线

（1）M1000 从流程节点及业务功能上实现物流阿米巴，模型如图 14 所示。

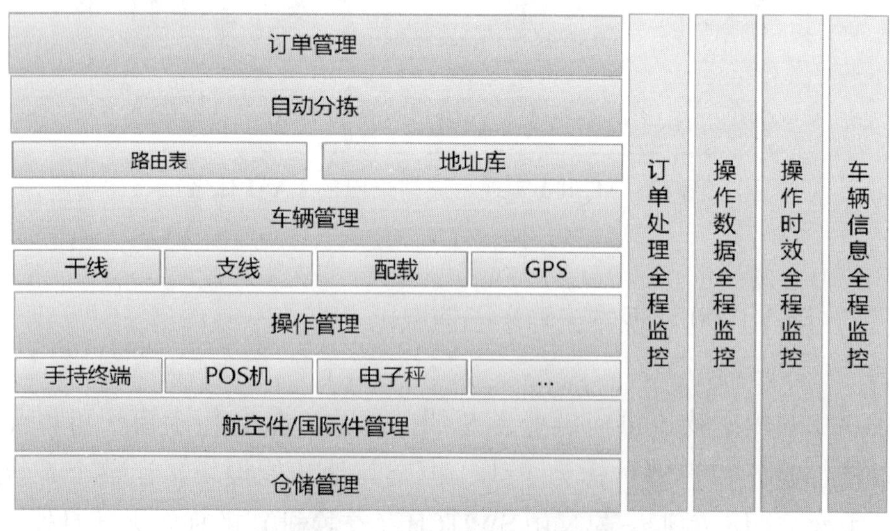

图 14　M1000 业务平台模型

（2）M1000 的结算模型实现阿米巴经营会计，模型如图 15 所示。

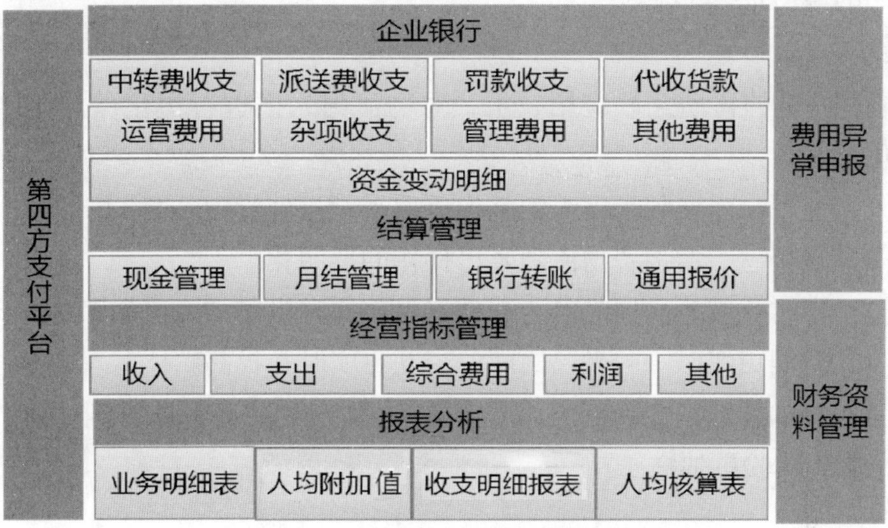

第四方支付平台
企业银行
中转费收支
派送费收支
罚款收支
代收货款
运营费用
杂项收支
管理费用
其他费用
资金变动明细
结算管理
现金管理
月结管理
银行转账
通用报价
经营指标管理
收入
支出
综合费用
利润
其他
报表分析
业务明细表
人均附加值
收支明细报表
人均核算表
费用异常申报
财务资料管理

图 15　M1000 经营财务管理模型

（3）M1000 实现物流阿米巴经营决策分析，模型如图 16 所示。

战略数据分析
·货量分布,发展趋势及预测
管理数据分析
·质量管理，时效分析，签收率分析
业务数据分析
·每日货量，各个中转点货量

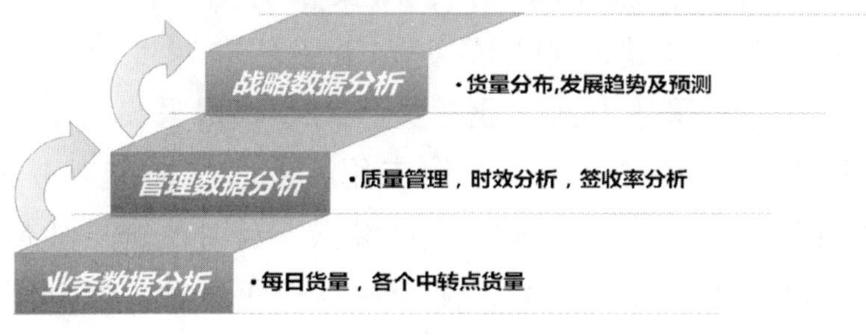

图 16　M1000 决策分析平台

（4）M1000 实现物流阿米巴质量管控，模型如图 17 所示

预防性
规范性
响应性
协助性
可靠性
合理性
□ 交货柔性
□ 误差处理率
□ 需求满足率等
□ 个性化服务比率
□ 沟通质量
□ 协作程度
□ 安全作业率
□ 物完好率
□ 货物精确性等
□ 收费服务合理程度
□ 职能部门配置合理性
质量管控平台

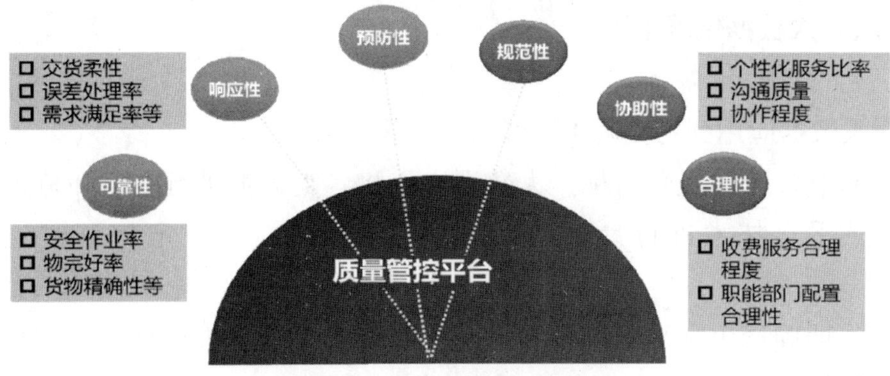

图 17　M1000 质量管控平台

（四）移动改变阿米巴

通过先进的移动互联应用技术，对物流阿米巴进行优化，具体体现在以下几个方面：

（1）扁平化。使阿米巴组织结构更扁平，更好管理。

（2）现场感。增加各物流阿米巴操作的透明化。

（3）即时化结算。通过整合移动支付使得阿米巴结算更加即时。

（4）协同更实时。阿米巴之间的交互更实时，提高整体运营效率。

（5）更加智慧。使物流阿米巴从被动服务到主动服务再到“傻瓜化”服务，服务体验更加贴心。

（五）让最末端阿米巴业务员发声

通过 M1000 综合物流管理平台，凝聚所有阿米巴、所有员工的力量，让物流阿米巴最末端的业务员更有紧张感和速度感，使其变得更强、更高效。在信息采集方面，业务员移动端数据采集、平台填报；信息发布时，决策信息实时公布、查询应用；实现实时交互，即时调度、协同办公、预警提示；持续改进，经验累积、及时改进。让最末端业务员发声可以提高业务员工作效率，使企业运作更敏捷。有利于管理扁平化，加速业务的推进速度，减少业务员不必要的沟通成本，激发业务员工作热情。

（六）大数据化阿米巴

将大数据应用到物流阿米巴经营，实现：

（1）制定分解经营目标。大数据中心将各类数据进行整合和梳理，利用分步式平台技术进行计算和存储，形成经营目标制定与分解的历史参考。

（2）明确量化决策支持。大数据中心将各类数据进行整合和梳理，利用 KPI 量化标准，对各服务节点决策支持。

(3) 构建预警模型。通过比对分析，对各物流服务阿米巴进行主动预警，如短信通知、欠款提醒、及时调仓、异常处理策略等。

(4) 引导阿米巴的裂变。大数据中心通过业务数据分析，形成对组织架构建设的推动，如站点的整合，增加、建设做出数据层面的结论。

(七) M1000 为物流阿米巴插上翅膀

M1000 的多变基因，可柔性制造、柔性组合成各种新型阿米巴，如:

(1) 智慧型阿米巴。被动式服务到主动服务再到被动服务螺旋式上升。

(2) 自由型阿米巴。通过移动互联应用让组织结构更自由现场更自由。

(3) 实时型阿米巴。通过时刻将现场数据与计划比对，让经营者与现场直接关联。

(4) 效率型阿米巴。通过组织量化分权，使经营权下放，快速培养经营人。

(5) 透明型阿米巴。通过大量简单报表事前计划事中控制事后改进贯穿物流全程。

(6) 自助型阿米巴。可通过预设现场设定流程标准管理现场、现况、现物让问题在可控中发生。

(八) 用 M1000 实现阿米巴的 PDCA

(1) 计划 (P)。M1000 用大数据量化目标分解阶段性目标，制订经营计划。

(2) 执行 (D)。M1000 预设的流程及标准化，实时监督进度，组织高效协同运作，实现目标。

(3) 检查 (C)。M1000 监控检查可实现提前预警异常，一级物流阿米巴提早发现风险即时处理，并全程跟踪异常处理情况。

(4) 对策 (A)。M1000 能动态分析各种异常、发现决策失误、改进行为偏差、做出合理应对。

（九）用 M1000 可视化物流实现阿米巴的玻璃般透明

我们对可视化的理解有三个层面，分别是：

（1）客户层面。透过信息一体化，能够提供给客户更高效、更安全、更直接的体验；实现客户接触点可视化，包括发货可视化、交件可视化、签收可视化、结算可视化、客服可视化等。

（2）管理层面。透过对数据的分析，能够清楚地让管理层了解公司在操作、财务、客服、时效、业务量等层面的现状以及问题点，达到帮助企业达到降低成本、提高效率、增加收益的目标；实现物流企业内部管理可视化，包括调度可视化、取派件可视化、货物视频可视化、预报可视化等。

（3）决策层面。通过对大数据的分析，得到对未来的业务量、客户群体、货物流向、货物类型、市场地位、新业务的方向等信息的预判，让企业及时布局掌握先机。通过后台数据的处理及算法，以图形化的方式展现公司内部管理、分析、大数据的情况，实现决策数据可视化。可视化物流恰如其分地实现了物流阿米巴的玻璃般透明化管理，其拥有三大核心技能：

①精明眼：透过数据的分析达到对公司的业务量、网点布局、中转点布局、车线安排、时效设定等内容的合理规划，帮助企业达到降低成本、提高效率、增加收益的目标。

②透视眼：从一点能看到事件整个过程，这样帮助企业发现在操作、财务、客服等各层面出现的问题，提升企业的管理水平、服务质量，最终提升企业的竞争力。

③未卜先知：通过对大数据的分析，得到对未来的业务量、客户群体、货物流向、货物类型、市场地位、新业务的方向等信息的预判，让企业及时布局掌握先机。

六、物流阿米巴的执行

（一）敏思达物流阿米巴实施的十二字方针

（1）适应满足。适应中国物流行业的现状，满足个性化物流需求。

(2) 引导提升。用前瞻性的稻盛哲学与阿米巴理论，结合拉姆系统，引导物流企业全面提升核心竞争力。

(3) 持续优化。让企业和员工在物质和精神的获得上，处于动态优化中。

(二) 稻盛哲学与西方管理的融合

稻盛哲学是经营人，倡导全员自发、自主经营、作为人何为正确；而西方管理是管理事，侧重于流程规范、考核管控、结果导向。我们融合稻盛哲学和西方管理，让物流阿米巴实现业务、财务、管理、监控、考核上的透明化、标准化的经营。

(三) 从“心”开始到以“心”为终

阿米巴经营管理，推荐我们从“心”开始，理论先行，先铺垫经营哲学，再导入阿米巴经营手法。但这样推动的问题是前期比较空洞，受中国的环境、文化特征的局限，周期会很长。

结合中国物流的发展历程，创新的推动物流阿米巴的经营，保留阿米巴的全部核心要素，逆向推动哲学的落地，采用以“心”为终，突出经营的核心手法，落实到位，并通过一系列的引导方法与手段，最终实现经营哲学理念要求。

(四) 物流阿米巴导入难点

物流行业具有很多阿米巴的特征，但是在推动过程中有很多难点，例如，物流各组织分布比较松散，难以管理协调；各物流组织之间的利益难以协调；物流行业从业人员，普遍文化程度相对比较低，理念导入有难度；行业所处的发展阶段不同，管理的侧重点不同，实施上有差异；物流生态复杂，各业务形态多样化，管理标准有差异；中日的文化差异，如社会保障、企业文化的差异，思想转变上有困难。

（五）敏思达对物流行业的阿米巴创新

虽然物流阿米巴的推动有很多困难，但我们认为建立物流阿米巴经营能力的关键在于因地制宜。结合中国国情及物流企业现状，对物流阿米巴进行了以下创新：

（1）结合中国国情，从“心”开始到以“心”为终，降低了物流阿米巴落地难度。

（2）通过信息化手段使物流阿米巴更实时化、透明化、智慧化。

（3）通过把稻盛哲学与西方管理融合，从中获得并消化吸收两者的技术和技能，加以有效整合。

（4）通过用可视化物流实现物流阿米巴玻璃般透明管理，强化物流阿米巴的现场管理能力。

（六）物流标准体系

物流行业的飞速发展，业务需求不断在创新改革，但敏思达一贯的追求是适应行业的变化，形成行业的标准化，在变化中追求固化，在标准中孕育变化。如我们提倡现代物流的四个标准化建设分别是：

（1）流程的标准化。通过规则串联阿米巴，提升阿米巴的协同；

（2）业务模块的标准化。模块的标准化，可以弹性对接新业务的变化；

（3）财务标准化。形成清晰的结算边界，核算体系、报价体系，标准化后简单化；

（4）EDI（电子数据交换）接口标准化。形成与外部阿米巴之间的互联互通，提高组织适应变化的能力。

行业需要标准化，标准化使物流阿米巴体系更规模化。

（七）物流阿米巴的现场

阿米巴经营强调现场管理，我们在实践中把客户当物流阿米巴，将系统前置给客户，让客户及时了解货物情况；对数据、阶段等的状况一目了然，主要对信息进行透明化查询；利用看板形象直观展现操作信息，组织物流现场运作；经营独立化，每个阿米巴对异常问题都能及时介入，即时调整偏差；将货物的每个生命周期节点操作用视频方式保存，动态跟踪；将物流阿米巴的各种各样规范制定标准，每个环节依标准行动等理念，实现物流阿米巴的现场管理。

（八）敏思达应对阿米巴大量增加管理问题

随着企业的发展，各物流阿米巴组织会不断壮大，也会不断增加，随之而来的是管理问题，如管理难度、管理成本上升等，这些 LAM 系统中都能应对。我们需要从全局掌控，从大处思考提问，深谋远虑从小处把关定向。

（1）小信任：各阿米巴是自动、自发、自运营，管理问题都在阿米巴组织内内化，管理成本不会外溢。

（2）小事件：阿米巴之间的边界清晰，大量协同工作都流程化、节点化，大事化小，减低管理难度。

（3）小授权：不同级别的阿米巴有自身不同的管理能力，授权阿米巴内部解决，不会导致管理外溢。

（4）小机制：阿米巴的透明化、实时化管理，使得信息链短，即时解决问题，简化了管理机制。

（5）小定价：阿米巴间的核算、报价体系及人均核算表，无须专业的财务管理，每个人都能看明白。

（6）小组织：组织增减标准化、组织结构扁平化，降低了管理的难度。

（九）推动路径

推动物流阿米巴的指导思想是先易后难、先显性后复杂、推动一个巩固一个，并持续改进，执行路径如图 18 所示。

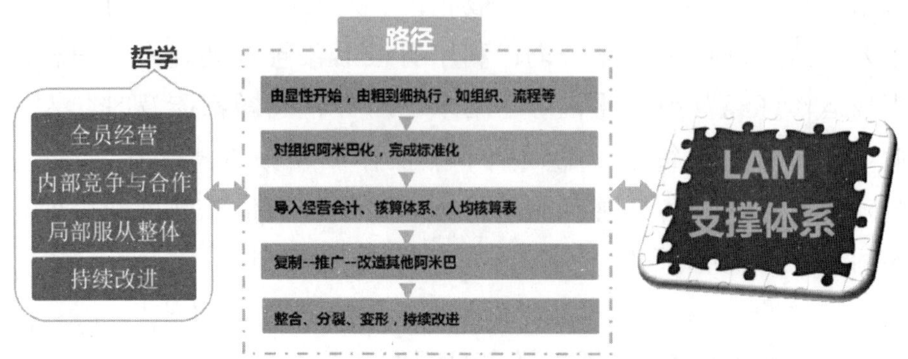

图 18　物流阿米巴的推动路径

（深圳市敏思达信息技术有限公司　刘雪飞）

附　录

卡车司机从业状况调查报告

中物联参阅〔2016〕2号

中国物流与采购联合会公路货运分会

二〇一六年一月

一、调查背景

按照中国物流与采购联合会公路货运分会一届二次理事会议定事项，由新杰物流集团股份有限公司具体负责“卡车司机从业状况调查”的执行工作。此次调查主要采取问卷调查与访谈相结合的方式，面向卡车司机群体，历时5个月，共获取3183份反馈问卷。

本次调查活动，得到了许多企业单位的支持，包括卡行天下、传化公路港、普洛斯、路歌和鸿宝物流等协助问卷发放，卡车之家提供了网上调研渠道，上海海事大学物流研究中心完成了部分问卷的整理工作。对于上述企业和单位，在此表示衷心感谢！

二、问卷分析

（一）卡车司机相关基本信息

1. 司机个人状况

Q1：您的性别是：

Q2：您的最高教育状况是：

女
1%
男
99%

职高
1%
大专及以上
1%
高中
7%
初中以下
11%
中专
21%
初中
59%

Q3：您的年龄属于：

46岁以上
5%
25岁以下
10%
36~45岁
29%
26~35岁
56%

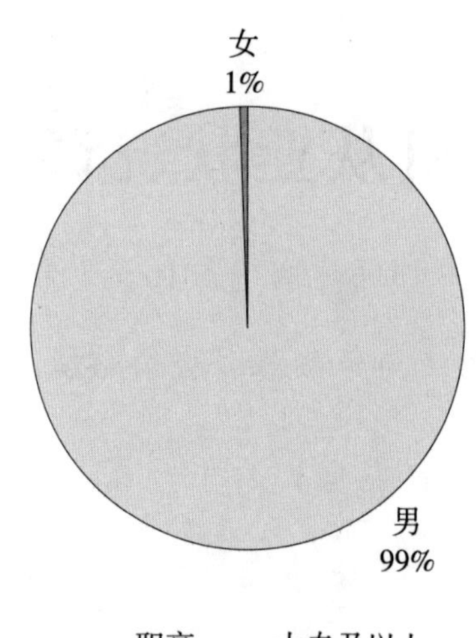

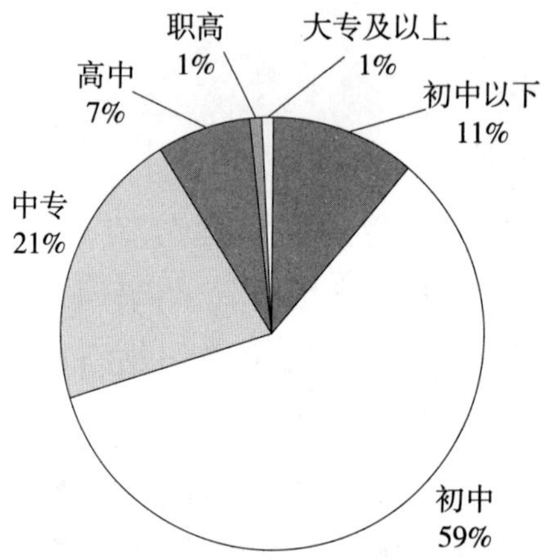

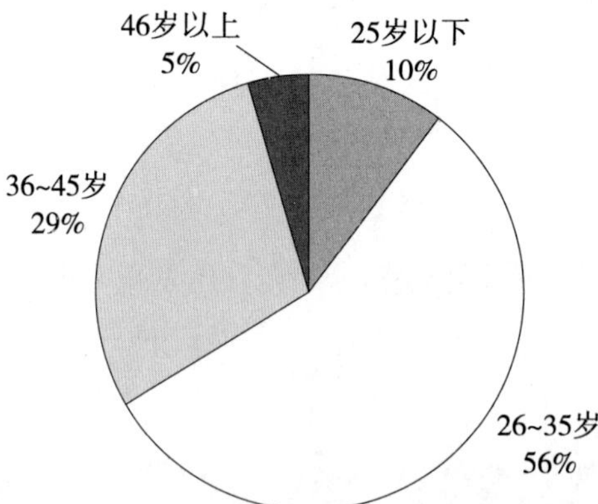

Q4：您的婚姻状况是：

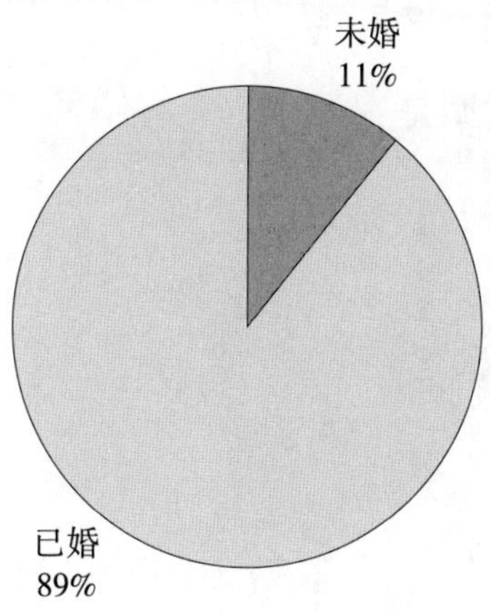

Q5：您的户籍是：

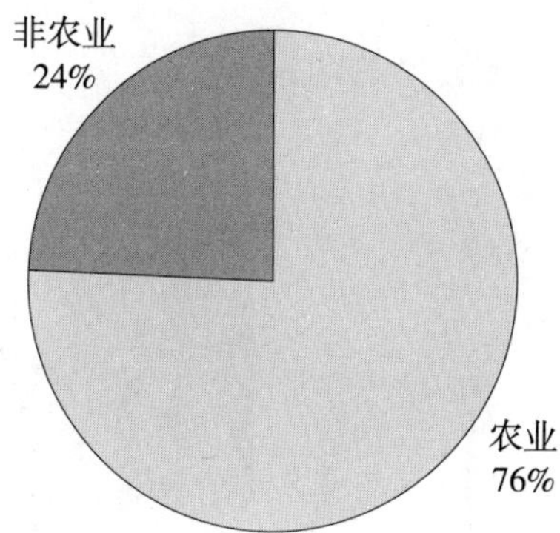

在样本司机中，男性为 3153 人，占 99%；女性仅 18 人，占 1%。对比全国第六次人口普查数据（下同），卡车司机中男性从业人员比例远远高于平均水平。这与卡车司机的职业特点、工作环境、劳动强度等有关。

调查显示，卡车司机从业人员学历不高，70% 的从业人员学历在初中及以下，与全国普查数据（69%）相比较为近似，说明目前卡车司机从业人员文化素质偏低，是广大学历较低人员就业重要渠道。

从年龄来看，26～35 岁占 56%，说明年轻司机已经成为卡车司机的主流群体。36～45 岁占 29%，中青年司机仍然是卡车司机的重要组成部分。

从婚姻状况来看，样本司机中已婚占 89%，未婚占 11%。单身司机相对还是少数。样本司机中农业户口占 76%，说明城镇人口不愿意从事卡车司机这一职业。

2. 司机运营信息

Q6：您现有驾驶证类型是：

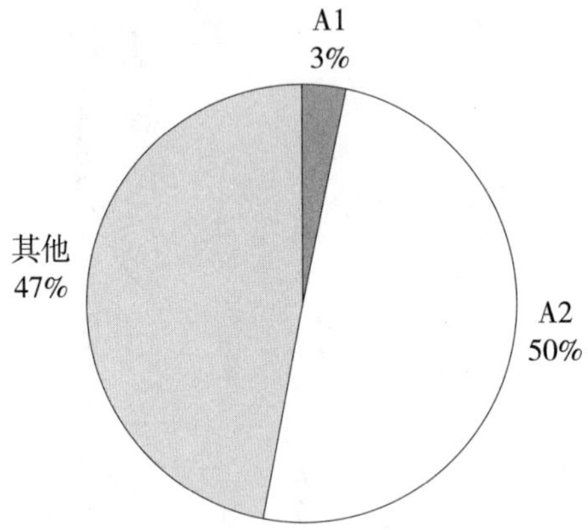

Q7：您初次取得驾驶证距今的时间是：

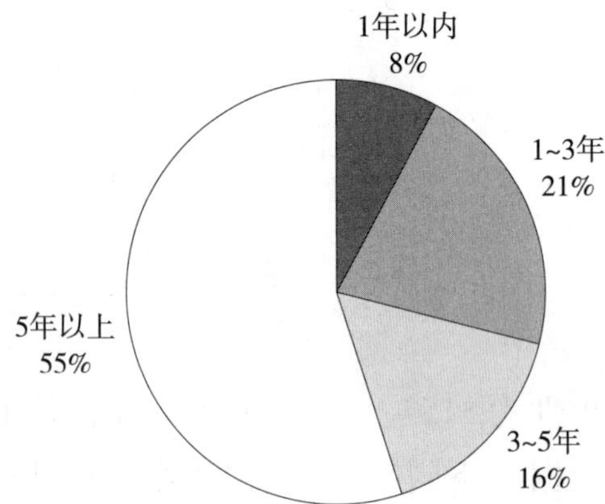

Q8：您现在驾驶的车辆品牌是：

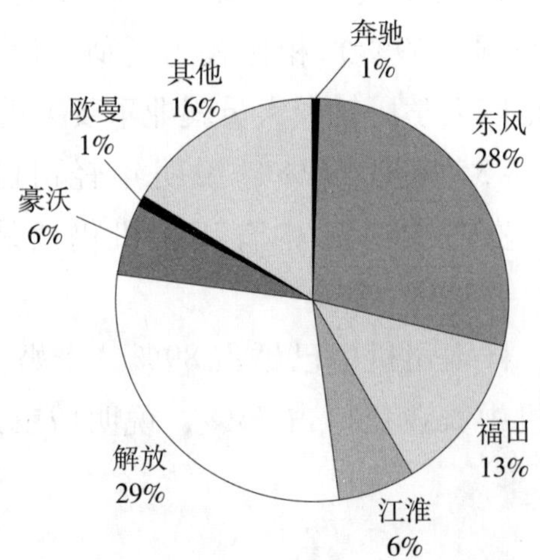

Q9：您驾驶车辆的车牌所在区域是：

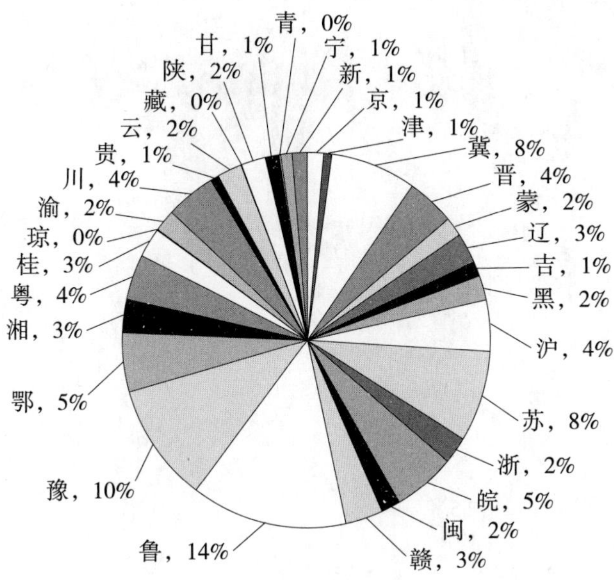

Q10：您驾驶的车辆属于：

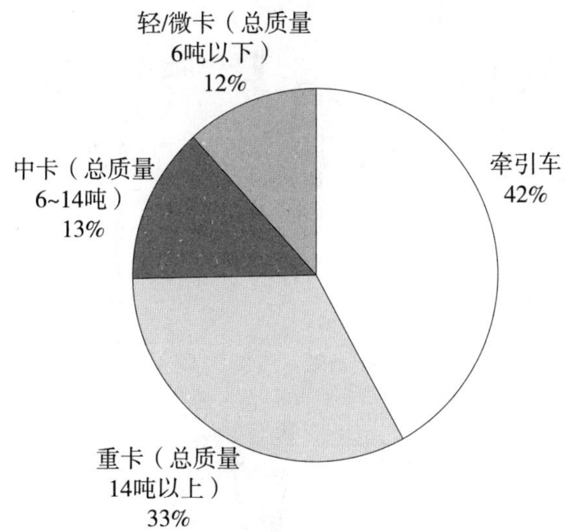

Q11：您驾驶的车辆类型是：

Q12：您驾驶的车辆车长是（指装货长度，如厢车是车厢长度）：

Q13：您驾驶车辆的车龄是：

Q14：您驾驶车辆的排放标准是：

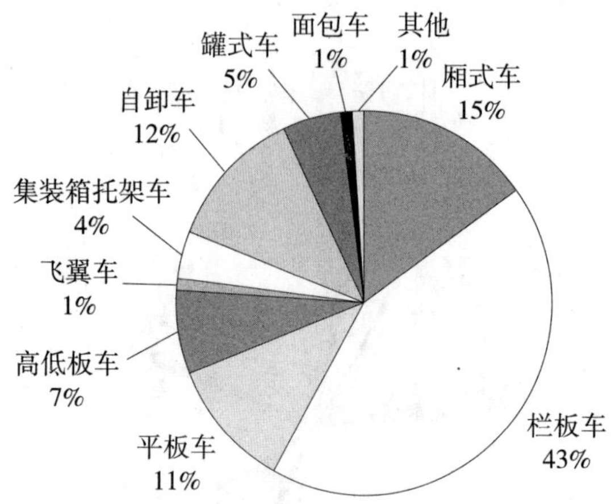
面包车
1%
其他
1%
罐式车
5%
厢式车
15%
自卸车
12%
集装箱托架车
4%
飞翼车
1%
高低板车
7%
栏板车
43%
平板车
11%

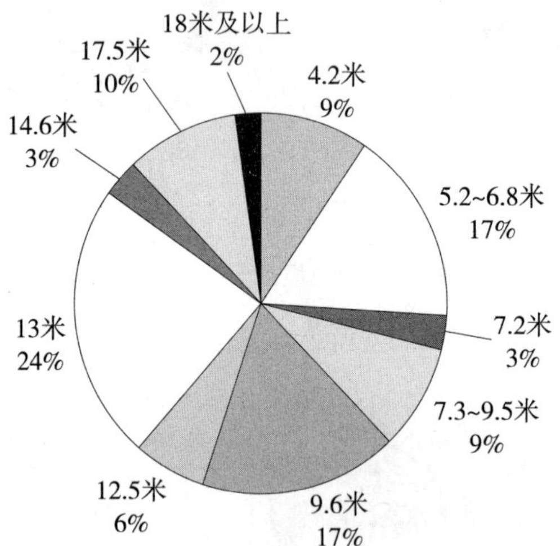
18米及以上
2%
17.5米
10%
4.2米
9%
14.6米
3%
5.2~6.8米
17%
13米
24%
7.2米
3%
7.3~9.5米
9%
12.5米
6%
9.6米
17%

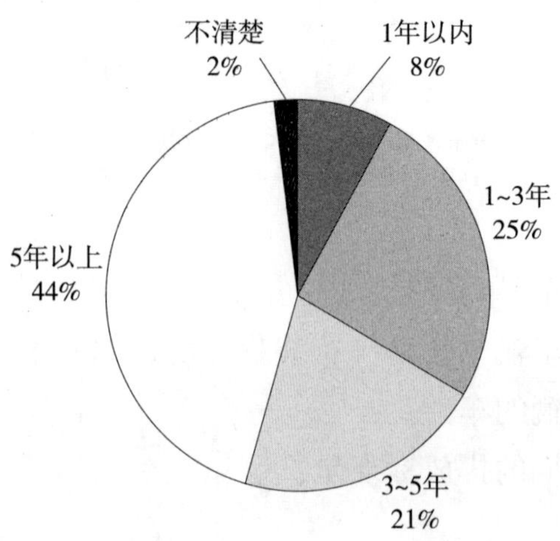
不清楚
2%
1年以内
8%
1~3年
25%
5年以上
44%
3~5年
21%

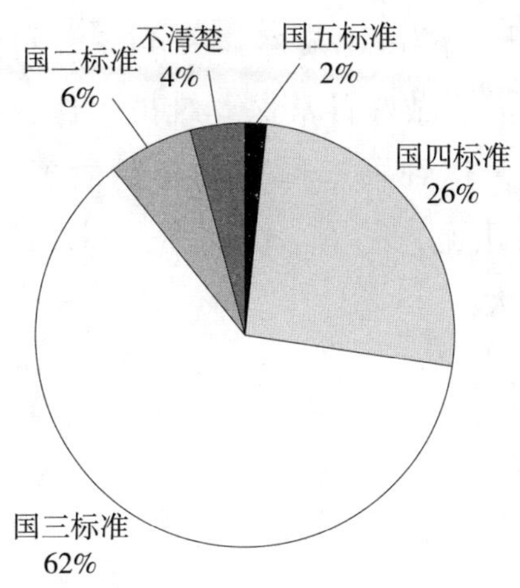

样本司机中，拥有的驾照资质，A1 驾驶证占 3%，A2 占 50%，其他占 47%，说明相当部分卡车司机可能没有符合营运规定的驾驶资质。这也反映了日趋严格的考证制度和交通处罚规定所带来的后果——A2 驾驶证司机增速无法跟上市场发展的需要。未来随着人口红利的消失，如何放松考证管制，保证卡车司机供应，同时调整优化交通法规，需要多方积极思考，认真应对。

样本司机中，驾龄在 5 年以上的最多，占 44%；其次是 1～3 年的，占 25%。虽然老司机依然是公路货运的主要力量，但是新司机正在加快加入这个行列，行业从业人员结构在近几年可能会发生较大的变化。

样本司机中，驾驶车辆的品牌，以驾驶解放品牌的司机最多，占 29%；其次是东风，占 28%。这也客观反映了各类型卡车的市场保有量情况。

车辆车牌号中，山东省最多，占 14%；其次是河南省和江苏省，分别是 10% 和 8%。从司机的常驻地分析，也是山东省最多，说明山东省在中国公路货运业中占有重要地位。

车辆类型中，以牵引车最多，占 42%；其次是重卡、中卡和轻/微卡，分别是 33%、13% 和 12%。当前车辆大型化是行业发展趋势。从车型看，栏板车最多，占 43%。说明我国货运车型整体仍比较落后。厢式车、自卸车、平板车、高低板车分别占 15%、12%、11% 和 7%。从车长看，13 米车长最多，占 24%，其次是 9.6 米、5.2～6.8 米和 17.5 米，分别占 17%、17% 和 10%。非标的 17.5 米低平板运输车仍然是长途干线运输市场的重要车型。

从车龄看，5 年以上车龄占比最多，占 44%。目前在道路上行驶的卡车整体车龄相对较长，更需要做好日常保养维护工作，提高安全意识。

从车辆排放标准看，达到国三标准的车辆最多，占 62%，这与我国大力推进燃油升级的要求相比，还有一定差距。未来升级改造任务任重而道远，也反映市场潜力较大。

（二）经营状况

1. 财务相关情况

Q15：您是否驾驶自有车辆运营：

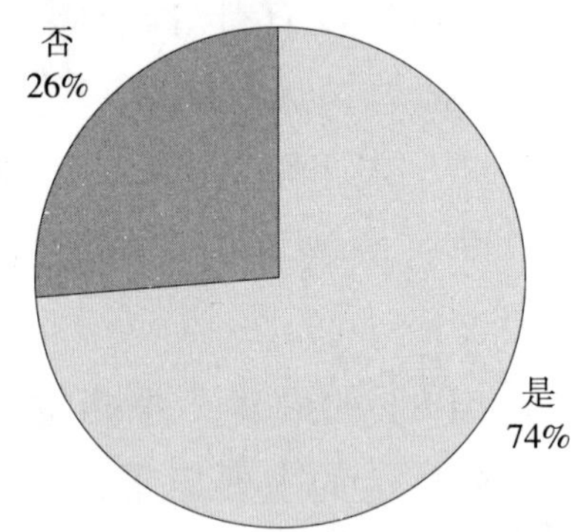

Q16：月均总收入是（不需要减去支出）（车主）：

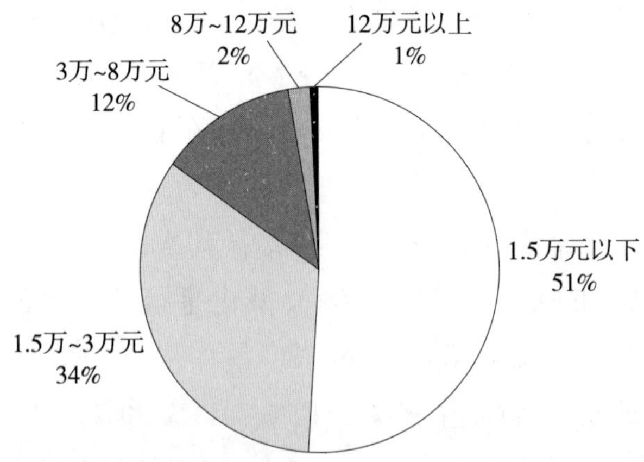

Q17：您与公路货运相关的月平均支出是（包括雇用司机/小工，加油/气，换胎，维修，运输时的住宿餐饮，保险，路桥费等）（车主）：

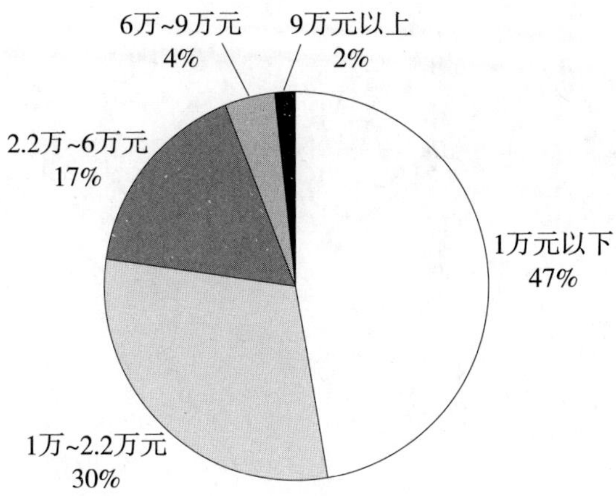

Q18：您自有车辆挂靠关系是（车主）：

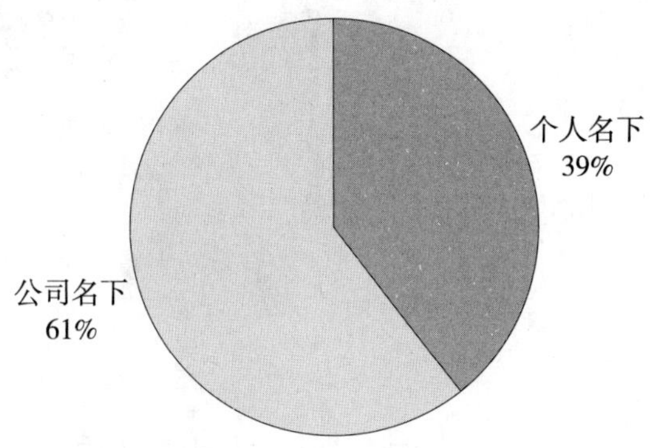

Q19：您每月挂靠费用是（车主）：

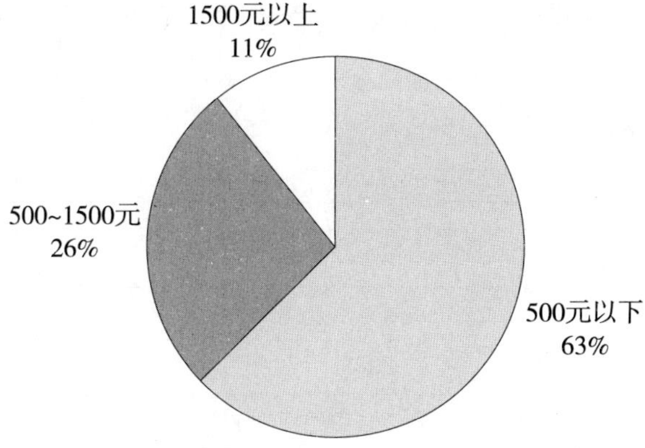

Q20：您除了交强险外，是否给车辆上了商业保险（车主）：

Q21：您车辆的商业保险是通过什么渠道购买的：

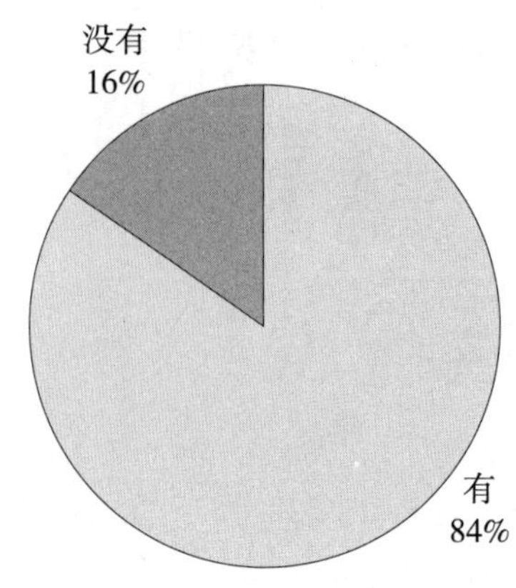

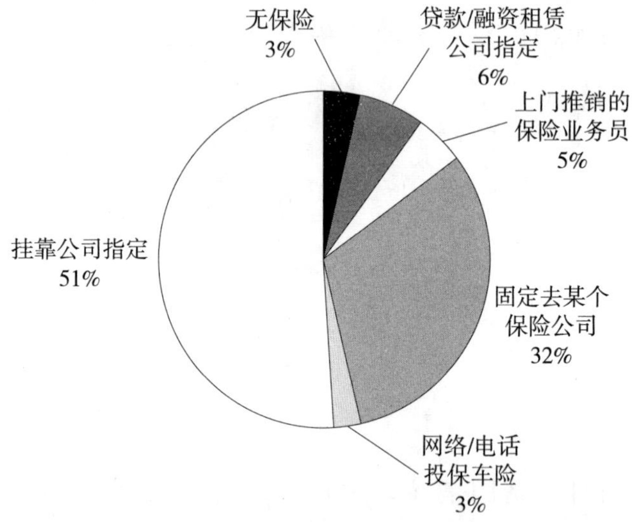

Q22：您给车辆上保险时，主要在意哪些因素？（多选）（车主）：

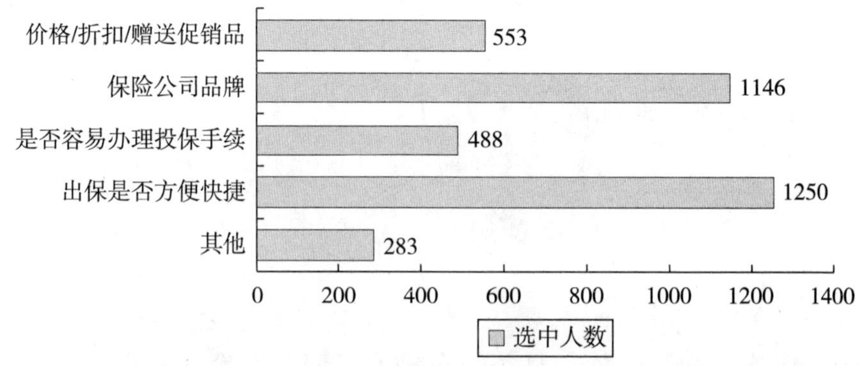

Q23：您的车辆如果有相关的验车、审核办证等情况，您会：

Q24：请问您每月工资总收入是（司机）：

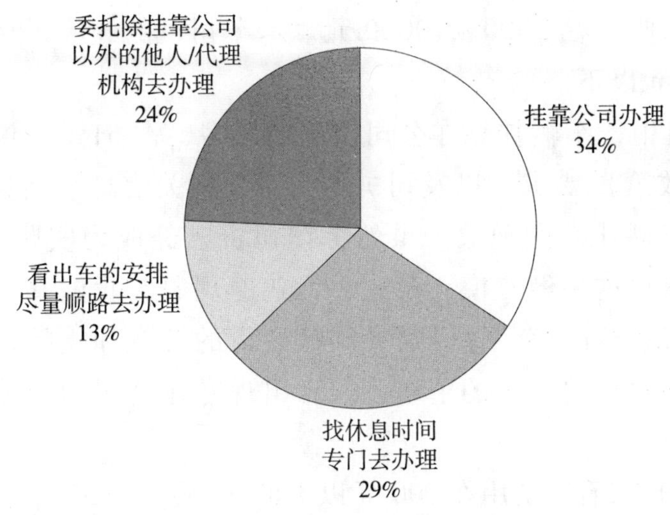

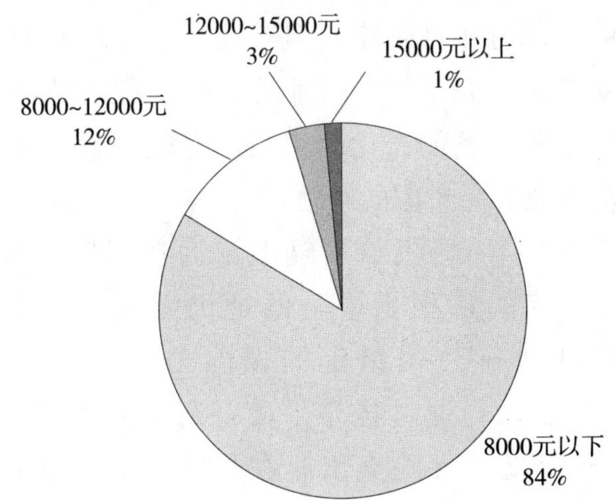

样本司机中，自有车辆占据较大比重，占74%，说明个体司机是我国公路货运业的运营主体。国家各项政策的制定，以及市场的配套服务，应充分考虑到运营主体的特征。例如，针对个体司机，如何有效开展税收征管工作，将个体司机这一巨大群体的收入以及与货运企业的交易纳入税收征管体系，是考验下一步财税改革的智慧，也是有效解决“营改增”后公路货运行业税负增加的重要突破点。

自有车辆司机中，月收入在15000元以下的占51%，考虑到还需要减去日常运营成本支出，从整体上看，自有车辆卡车司机收入水平不高。月均成本支出10000元以下的居多，占47%。这与上一问题显示的，每月收入半数司机在15000元以下是相匹配的。初步估算，半数卡车司机的月纯收入在5000～10000元。卡车司机的纯收入显示，84%的司机在8000元以下。

样本司机中，车辆挂靠在公司名下的居多，占61%。说明目前由于各种客观（政策）要求，以及司机本人对于相关信息掌握难度较大，导致大量存在车辆挂靠的现象。虽然个体司机已经成为实际运营的主体，但是个体工商户这种经营模式没有成为普遍现象，我国基础货运单元的企业组织形态有待改变。这既需要国家政策的转变和支持，也需要卡车司机自身提高对相关知识的了解，或者出现专业公司为个体司机提供相关服务。

从挂靠费用来看，费用在500元以下的居多，占63%。但也有相当比例超过1000元。对于市场总体来说，挂靠公司的存在是应对相关政策的产物，解决了司机的一部分刚性需求，但对社会的实际价值贡献并不大。未来挂靠公司如何走下去，是延续传统业务，还是积极转型，为卡车司机提供更多更有价值的服务，例如，代理记账、货源信息、金融服务、运营管理服务等，是这个行业需要考虑的问题。

样本司机中，84%的司机给车辆上了商业保险，显示出司机对于风险保障已经有一定的认识水平，但是仍需进一步提高。样本司机中，车辆保险通过挂靠公司指定的保险公司购买占比最多，达到51%，这可能是挂靠公司通过挂靠手段进行了强制约束，也有可能通过规模采购为司机降低了保险支出。在司机较为关注的保险的各项因素中，出保是否方便快捷最为司机所重视，其次是保险公司的品牌。每年，司机在办理车辆年检、二保、营运证、上岗证等方面，普遍要花费一到两周的时间，费用在数千元甚至更高。无论从经济上，还是从时间上，都给司机造成了较大的负担。从减轻从业者负担角度，是否可以适当减少一些不必要的审核要求，是交通管理部门和车辆管理部门需要思考的问题。

2. 车辆与运营状况

Q25：如果购买卡车，您最看重的因素有哪些？（多选）：

Q26：请问您会选择哪种方式购买卡车：

Q27：您日常的行车路线是：

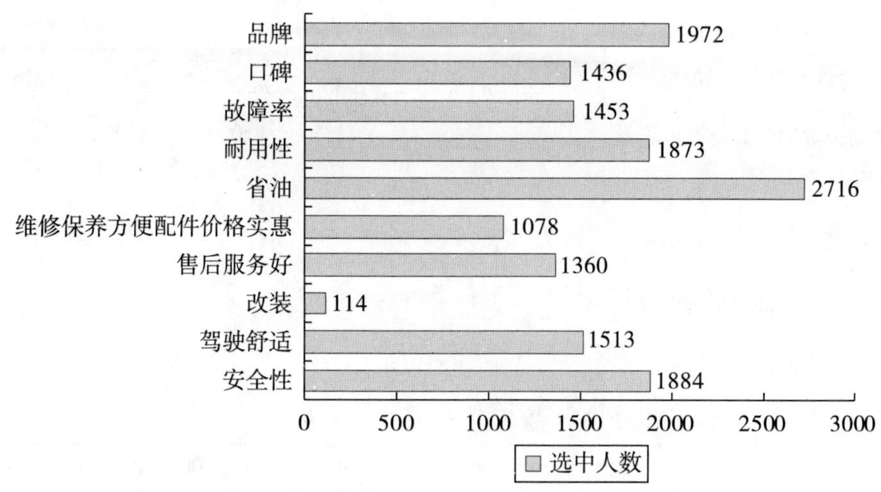

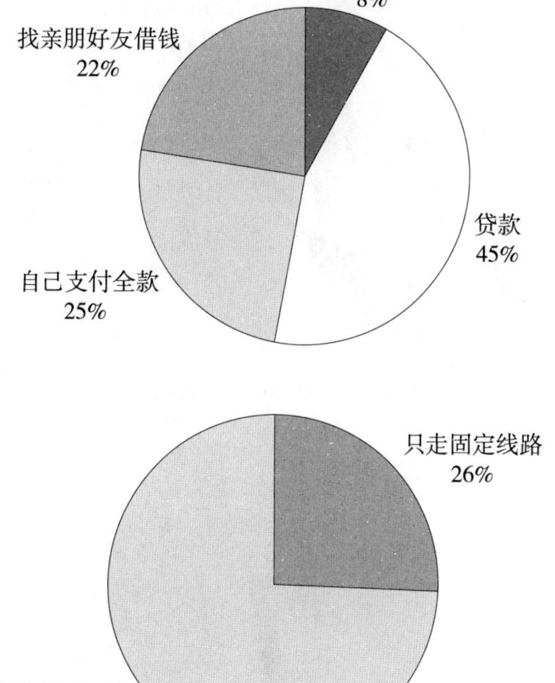

Q28：您的货源主要来自于（多选）：

Q29：您的客户是什么类型的企业：

Q30：您的货款结算方式一般是：

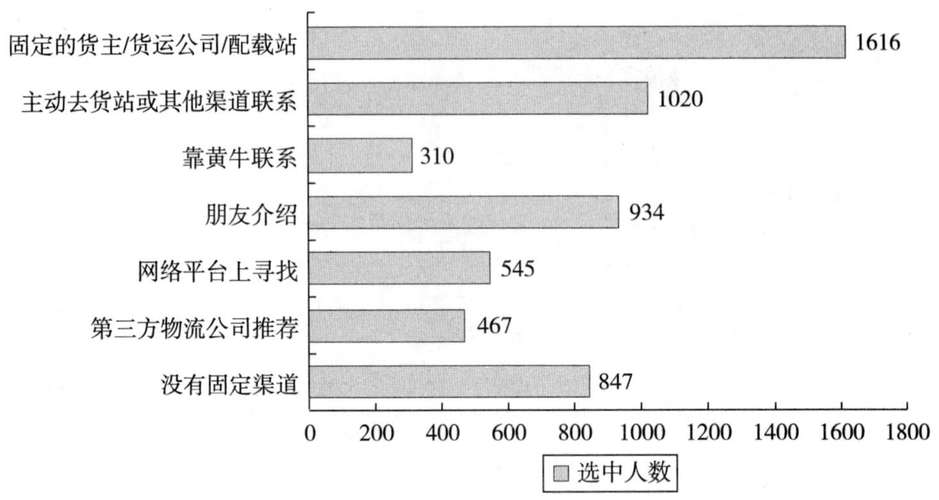
固定的货主/货运公司/配载站
1616
主动去货站或其他渠道联系
1020
靠黄牛联系
310
朋友介绍
934
网络平台上寻找
545
第三方物流公司推荐
467
没有固定渠道
847
0 200 400 600 800 1000 1200 1400 1600 1800
选中人数

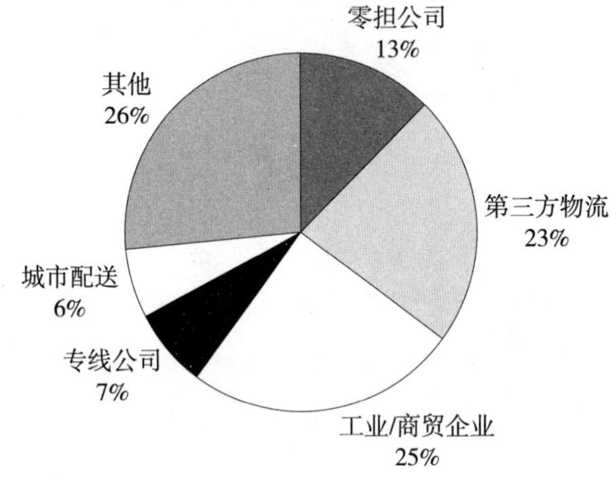
零担公司
13%
第三方物流
23%
工业/商贸企业
25%
专线公司
7%
城市配送
6%
其他
26%

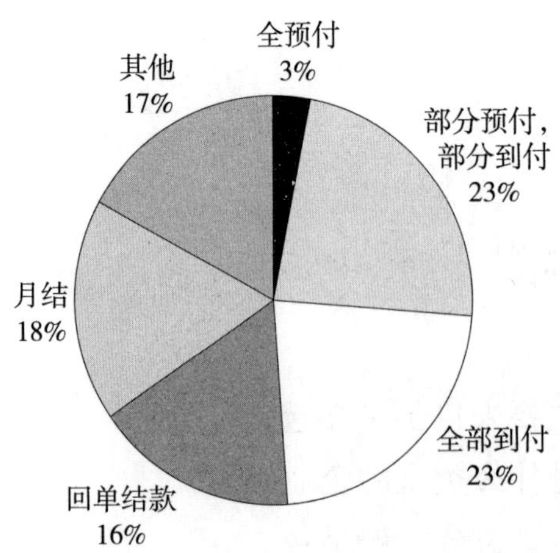
全预付
3%
部分预付，
部分到付
23%
全部到付
23%
回单结款
16%
月结
18%
其他
17%

Q31：您是否经常遇到拖欠结款的情况：

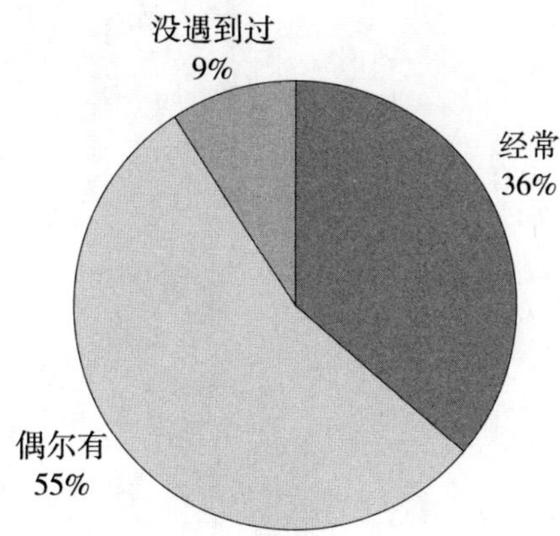

Q32：您是否有固定的维修点：

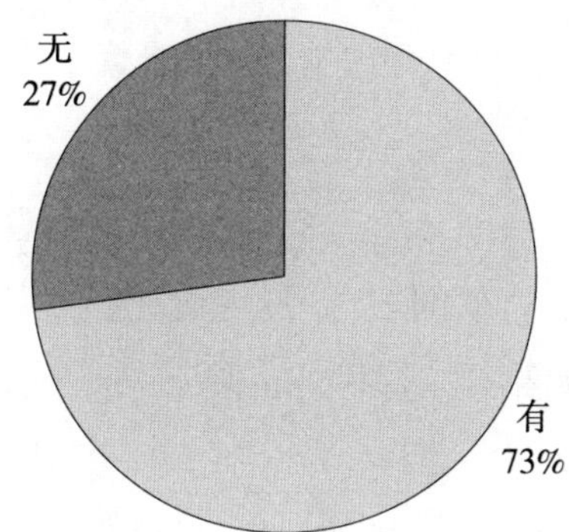

Q33：您是否参加了社保：

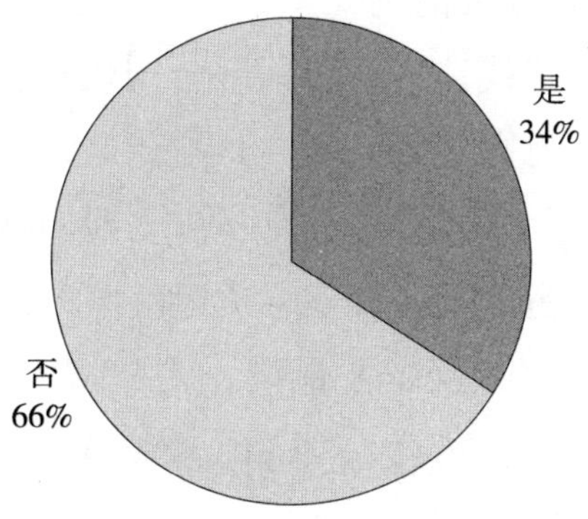

Q34：您是否给自己上了其他商业保险：

Q35：您对自己未来的养老如何计划：

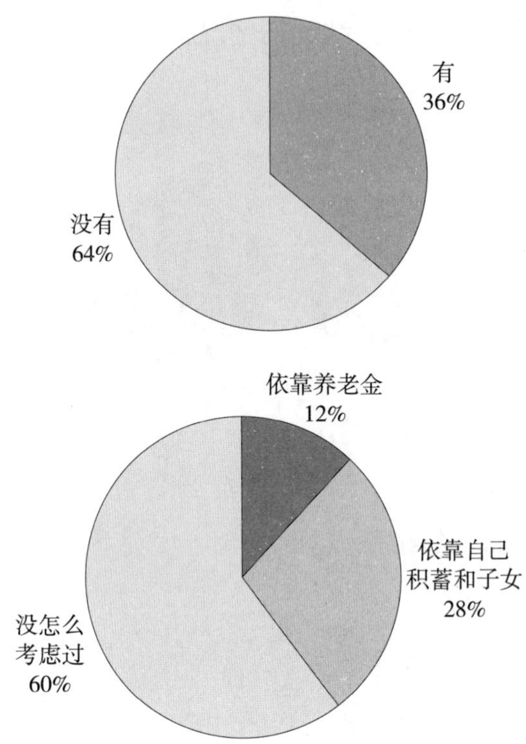

样本司机中，在购买卡车时，省油是最受重视的因素，可见，节约成本仍是卡车司机的头等大事。此外，品牌、安全性、耐用性也越来越成为司机选车的重要考虑因素。

由于卡车司机的支付能力是有限的，所以多数人需要借助各种金融手段来购车，调查显示，通过贷款买车的占45%，融资租赁的占8%，这说明相关的金融和租赁市场有较大潜力。

样本司机中，在行驶路线选择上，大部分司机根据需求决定行车路线，占74%。从货源来看，固定的货主/货运公司/配载站是最多的，其次是主动去货站或其他渠道联系、朋友介绍，同时也有不少人没有固定渠道。由此可见，虽然车货匹配APP的快速兴起，但是在实际货运市场中，传统渠道仍然占据主流。

在客户类型中，工业/商贸企业最高，占25%；其次是第三方物流，占23%；然后分别是零担公司、专线公司和城市配送，分别占13%、7%和6%。

货款结算方式中，部分预付，部分到付最多，占23%；其次是全部到付、月结、回单结款、全预付，分别是23%、18%、16%和3%。这说明在结算市场，有巨大的市场潜力。尤其是针对目前愈演愈烈的代收货款“跑路”现象，需要社会共同努力，加强监管和自律，同时提供更方便可靠的货款结算服务。对于回款，样本司机中没有遇到拖欠结款的只占9%，大部分司机都表示遇到过拖欠结款的情况。

在是否有固定维修点的问题上，样本司机表示有固定维修点的占73%。卡车司机为了放心或者其他因素，还是更愿意选择自己熟悉的维修点。

样本司机中，66%的司机没有参加社保，有64%的司机没有购买除了社保之外的商业保险，多数司机对自己的安全保障还没有足够重视，缺少必要的保障意识和手段。

样本司机中，关于自己未来的养老规划，60%的司机没怎么考虑；28%的司机依靠自己积蓄和子女；12%的司机依靠养老金。目前，卡车司机群体普遍缺乏养老保障和相应安排。随着年龄的增加，养老问题可能会逐渐爆发，应引起社会重视。

3. 路上驾驶情况

Q36：您过去一年在货运中是否因为违章被罚款：

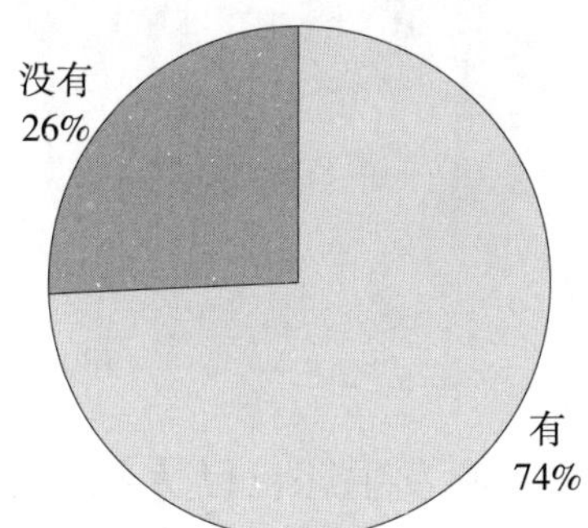

Q37：您跑货运时，是否走高速公路：

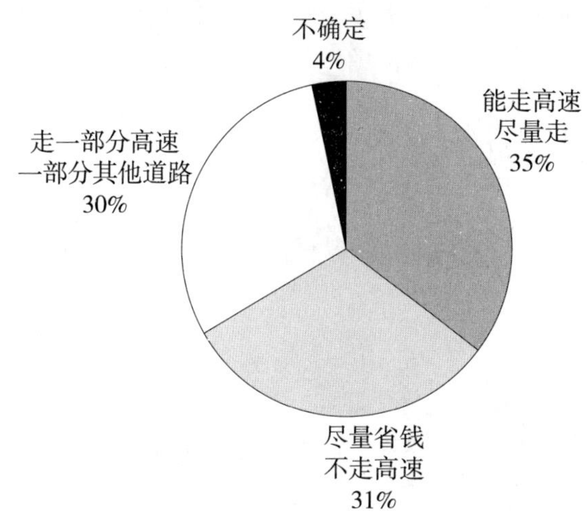

Q38：您的日常换轮胎、维修的时间：

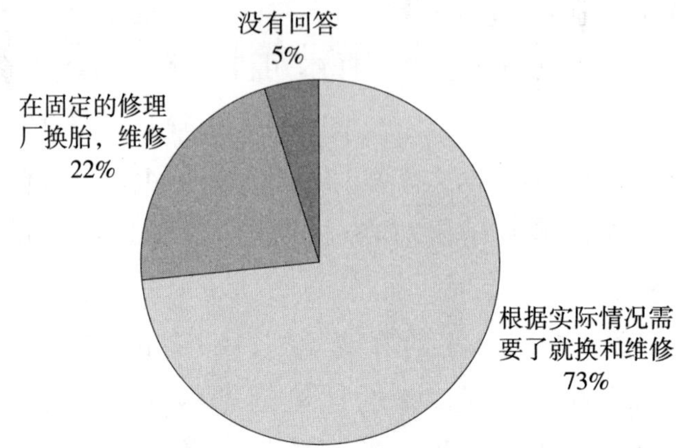

Q39：是否有能力对车辆进行一些维护保养：

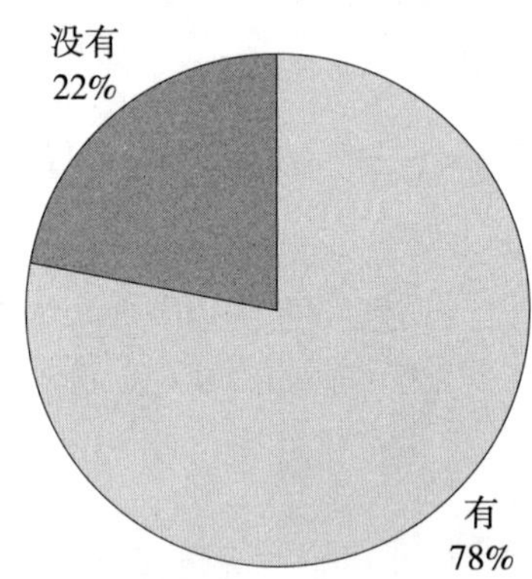

Q40：驾驶途中，如果车辆发生您自己无法修理的故障时，您选择哪种修车方式：

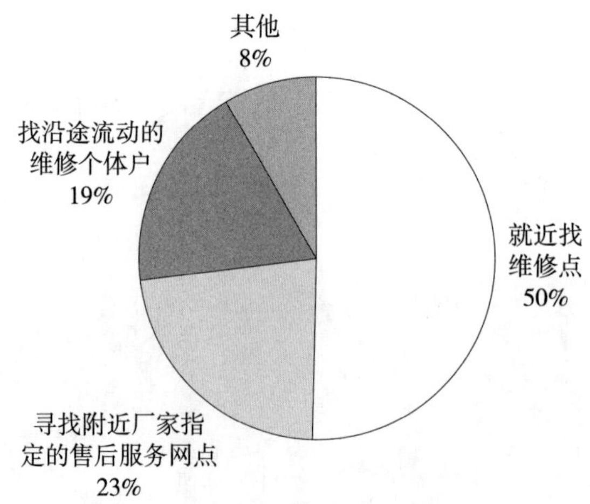

Q41：驾驶途中，在车辆还可以继续行驶的前提下，您如何寻找修车的地方：

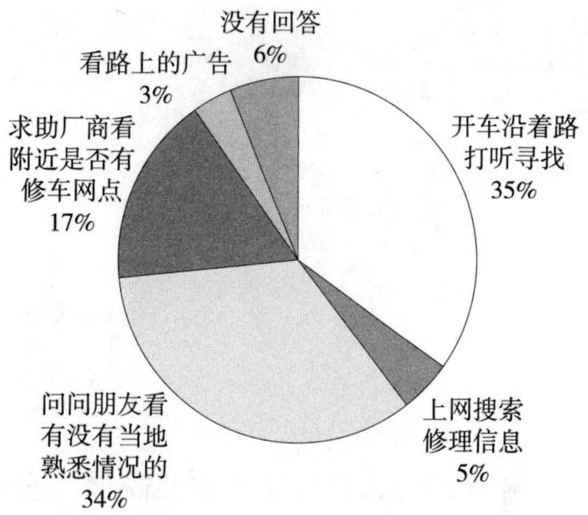

Q42：您是否因长期开车，生活不规律导致职业病（例如胃病、颈椎病、高血压等）：

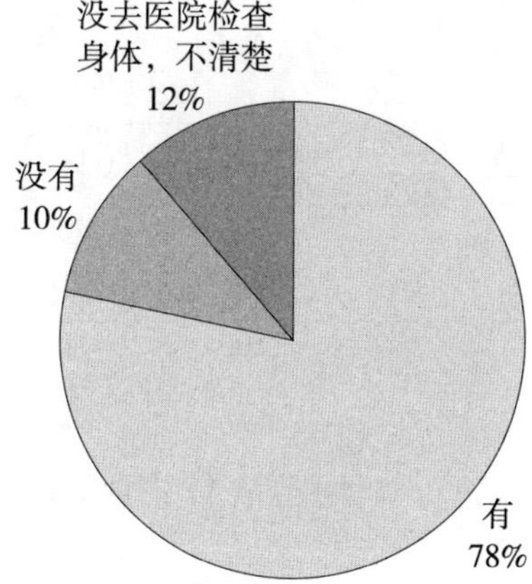

Q43：您在出车时，能否按时吃饭：

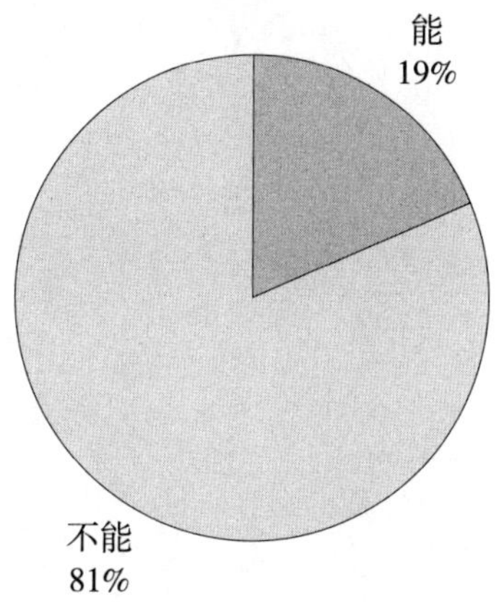

Q44：您在出车时，如何解决就餐问题：

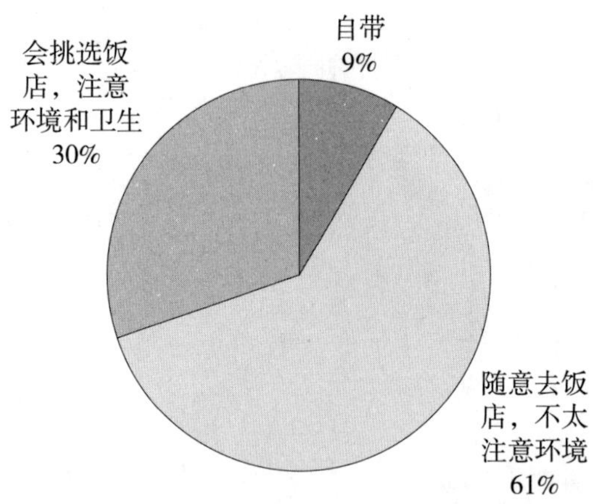

Q45：在运输路上和休息时，您有哪些主要需求（多选）：

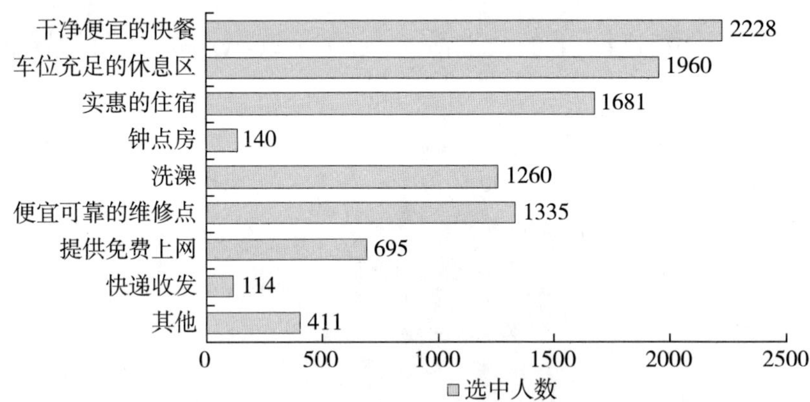

Q46：到达目的地后，您是如何解决住宿问题的：

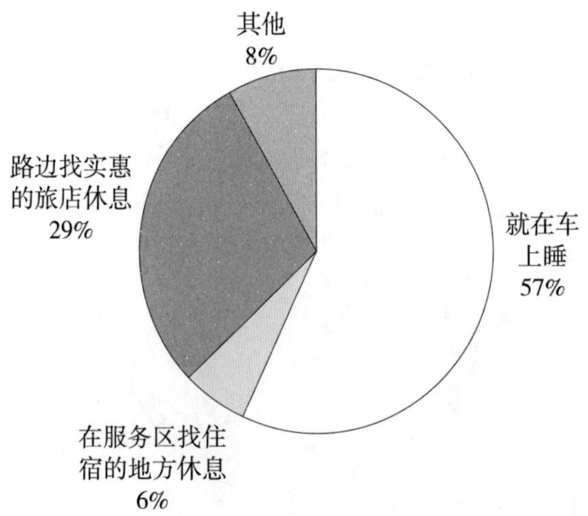

Q47：您每月大概行驶里程是：

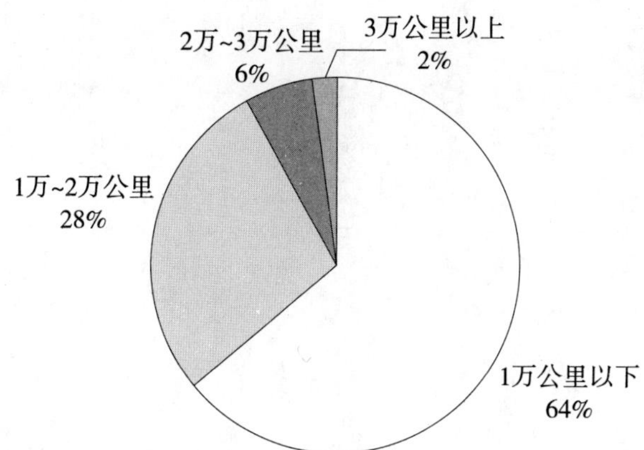

Q48：您平均每天工作小时是：

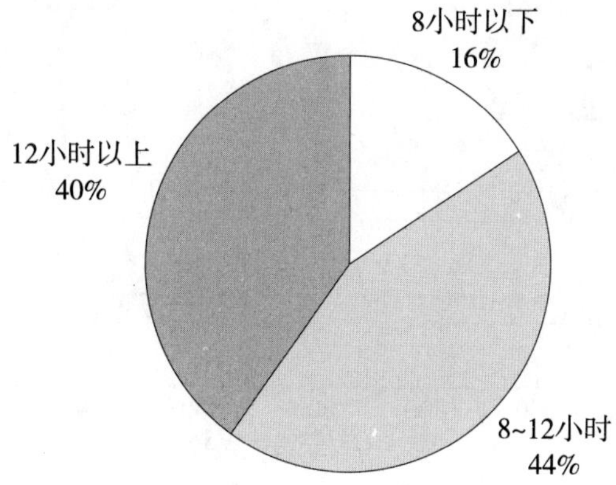

Q49：您开车时一辆车有多少司机：

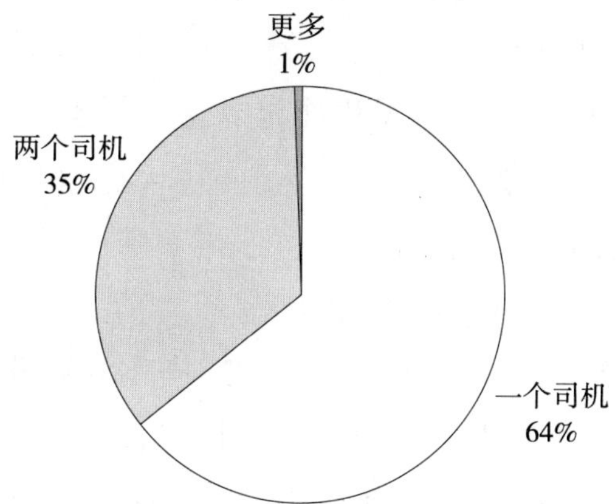

Q50：如果和其他人员一起开车，搭档是：

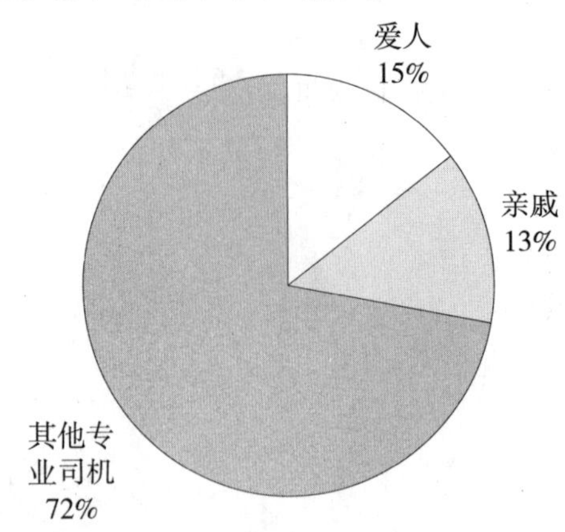

Q51：您主要跑车的区域有哪些（多选）：

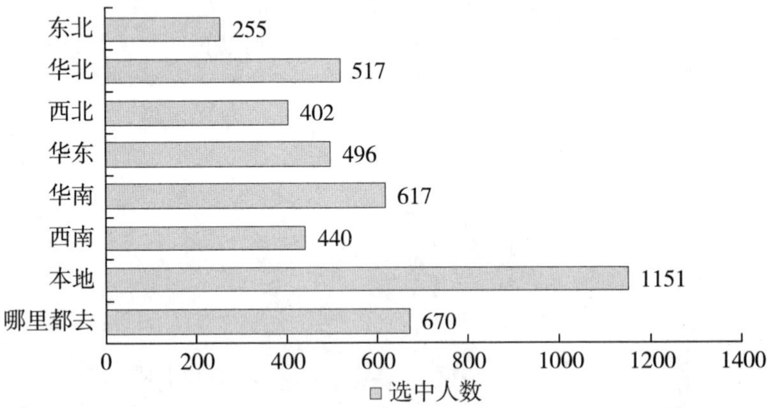

由于公路货运行业的职业特点，卡车司机的工作主要是驾驶车辆，因此受过交通处罚的现象较为普遍。样本司机中，约有3/4的司机在过去一年中受过处罚。

在选择行驶路线时，35%的司机能走高速尽量走高速，31%尽量省钱不走高速，30%走一部分高速一部分其他道路，说明相当一部分司机已经充分意识到成本与时间的相对平衡关系，不再一味节约货币成本，也从侧面反映社会物流已经越来越注重时效性。

当进行日常维修与更换轮胎时，73%的样本司机根据实际情况需要更换和维修，22%的样本司机在固定的修理厂换胎，维修。多数司机没有固定的轮胎保养计划，说明对于车辆的保养还处在较为原始的被动反应阶段。78%的样本司机有能力对车辆进行一些维护保养工作，多数卡车司机具有基本的维护保养知识与能力。当驾驶途中发生自己无法处理的故障时，50%的司机就近找维修点，23%的司机寻找附近厂家指定的售后服务网点，19%的司机找沿途流动的维修个体户。

驾驶途中发生故障但在车辆还可以继续行驶的前提下，35%的样本司机开车沿着路打听寻找，34%的样本司机问朋友有没有当地熟悉情况的，17%的样本司机求助厂商附近是否有修车网点，5%的样本司机上网搜索修理信息，3%的样本司机看路上的广告。这是目前卡车司机的刚需，存在巨大的市场潜力。卡车司机需要像大众点评一样提供维修本地信息服务的应用出现。

78%的样本司机因为长期开车，生活不规律导致职业病，例如，胃病、颈椎病、高血压等，再加上驾驶本身的特点，可以说卡车司机是一个较为艰苦的行业。

当出车时，81%的样本司机不能按时吃饭。在选择就餐方式时，61%的司机随意找个饭店，30%的司机会挑选饭店，注意环境和卫生，司机的就餐问题并没有得到很好的解决。

总体来看，司机在驾驶途中，最需要的服务集中在饮食、住宿/休息、停车和修理方面。而生活服务依然是老大难问题，亟须解决。从另外一个角度看，这也是市场的一个重要机会，为卡车司机提供生活/生产服务，将会拥有巨大的市场潜力。

调查显示，64%的样本司机每月行驶里程在1万公里以下。44%的司机平均每天工作8~12小时；12小时以上的为40%。其中，开车时一辆车有一个司机的最多，占64%。但是从长期来看，也存在业务波动较大的问题。即有活的时候加班加点换人不换车，甚至不换人。由此可见，卡车司机疲劳驾驶的情况与业务量不均衡的问题同时存在。在一起开车的其他司机中，其他专业司机占72%，家人亲戚已经占很少，说明卡车司机正在向职业化迈进。

（三）使用互联网与智能化设备情况

Q52：您是否使用智能手机：

Q53：您是否使用微信：

Q54：您是否经常使用手机或平板电脑上网：

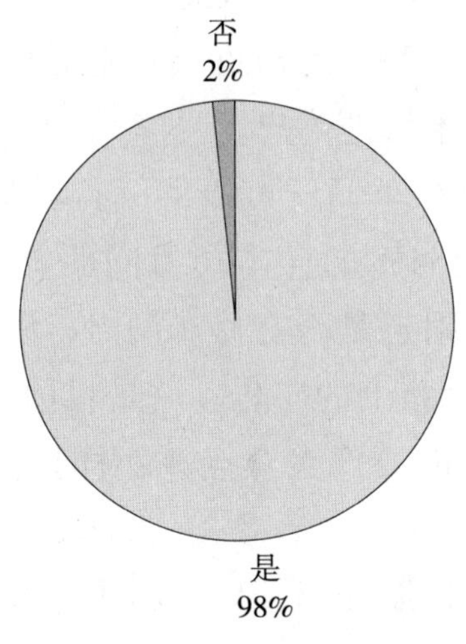

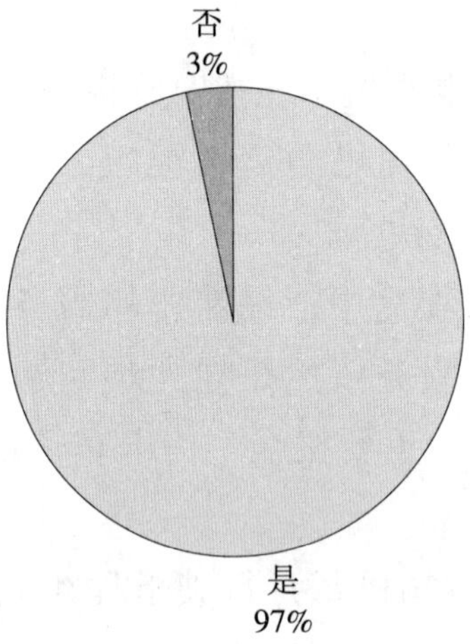

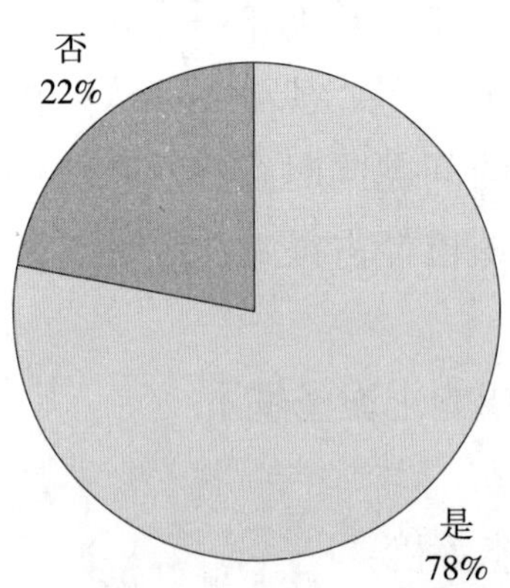

Q55：您使用手机或平板电脑上网的用途主要是哪些（多选）：

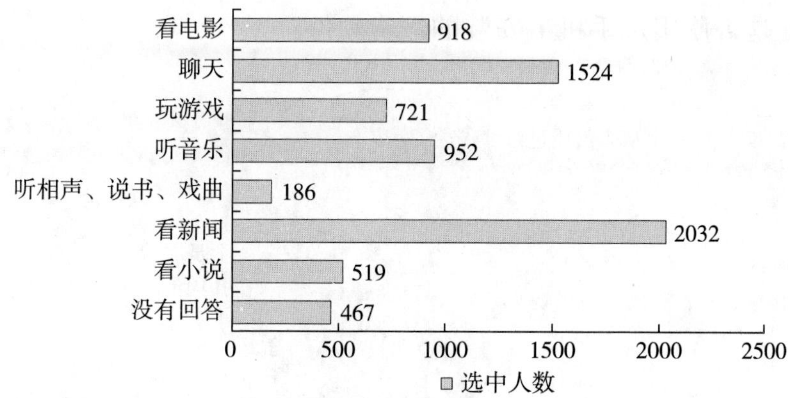

Q56：如果使用智能手机（例如使用手机上的配货程序、微信、QQ群等）就可以方便快捷寻找可靠货源，您是否愿意使用智能手机来找货：

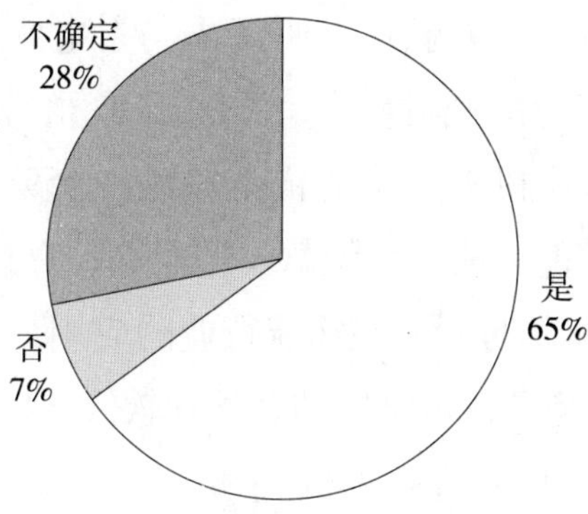

Q57：如果有某个手机软件能帮您直接找货，甚至能完成支付结款、记账等，您是否愿意使用：

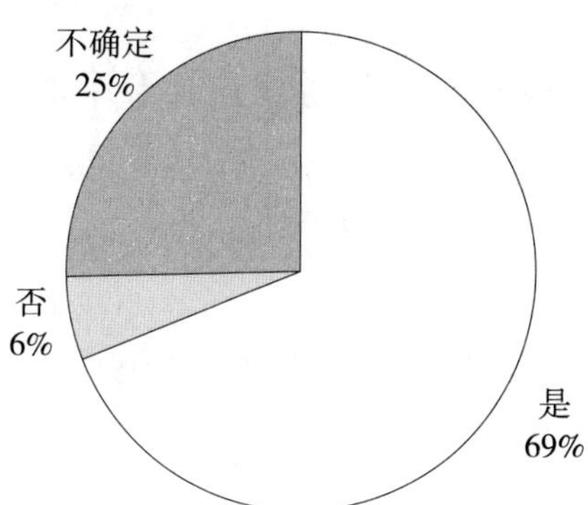

Q58：是否使用过手机上安装的配货软件：

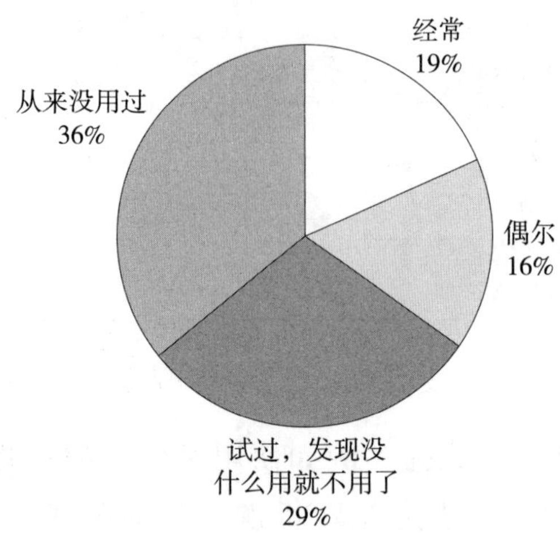

样本司机中，98%的有使用智能手机，97%的有使用微信，78%的经常使用手机或平板电脑上网。聊天、看新闻、听音乐与看电影是主要用途。如果使用智能手机（例如使用手机上的配货程序、微信、QQ 群等）就可以方便快捷寻找可靠货源，愿意使用智能手机来找货的样本司机占 65%。如果有某个手机软件能帮司机直接找货，甚至能完成支付结款、记账等，愿意使用的司机有 69%。

总体来看，随着“互联网 +”在物流行业的应用，各种相关物流 APP 的推广，“互联网 + 货运”已经具备了坚实的硬件和软件基础。其中，除了 36%的样本司机从来没用过手机安装配货软件的司机，大部分司机都接触过配货软件。卡车司机对于配货软件已经不再陌生，市场仍有巨大的空白等待填补。

（四）问题与需求

Q59：作为一名卡车司机，您觉得您在社会中的地位是：

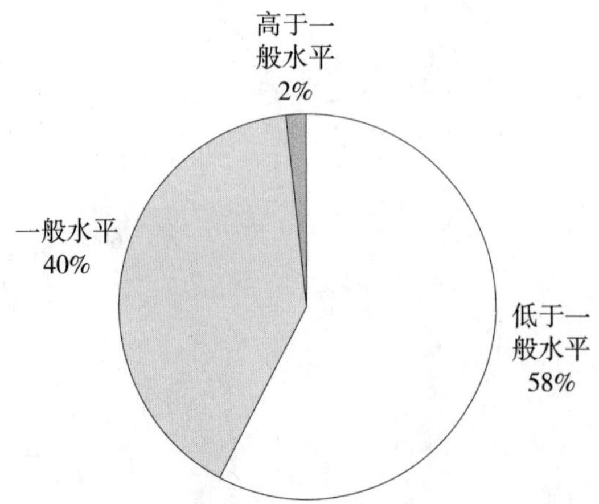

Q60：您为什么选择卡车司机作为自己的职业（多选）：

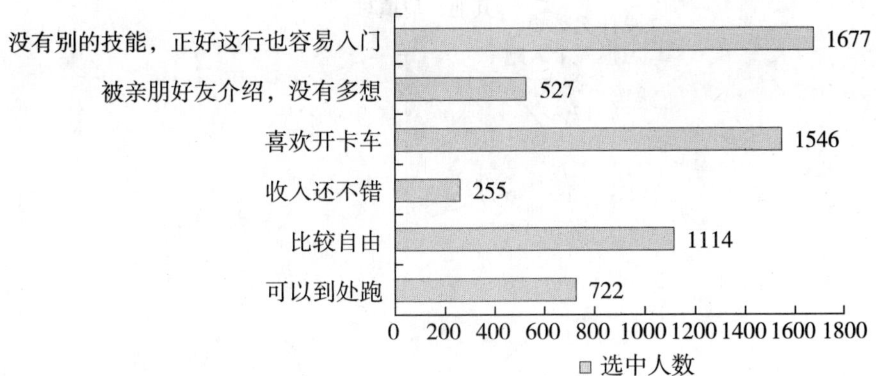

Q61：对于未来的工作发展，您是怎么考虑的：

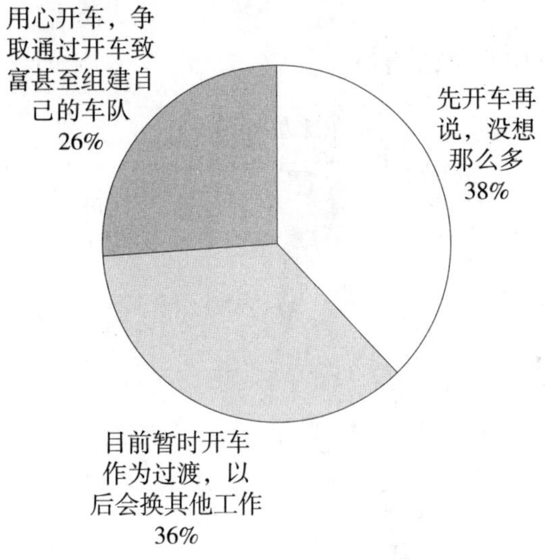

Q62：您觉得长期跑货运，对您组建家庭或者是家庭的稳定的影响是：

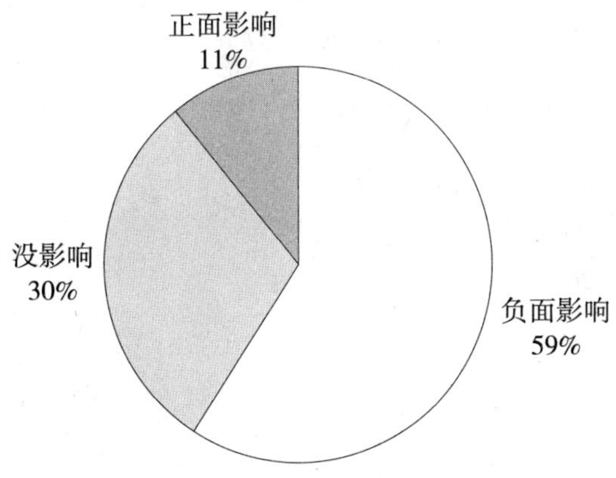

Q63：长期跑货运，对生理/心理的影响是：

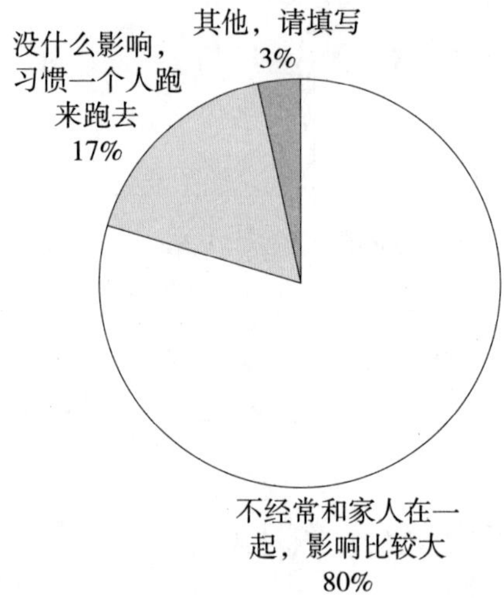

Q64：您的子女由谁来照看：

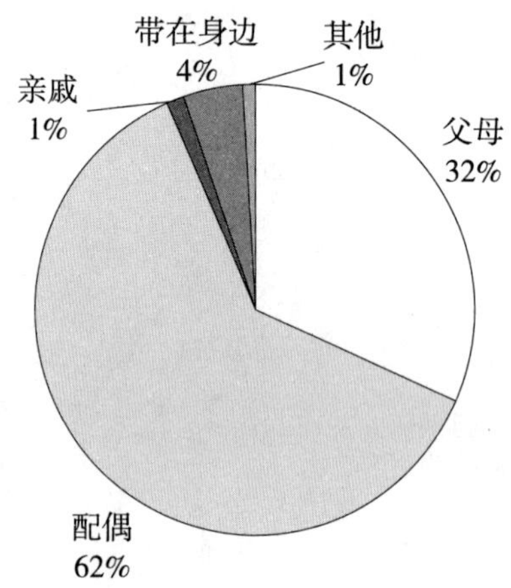

Q65：您对子女的教育问题担忧吗：

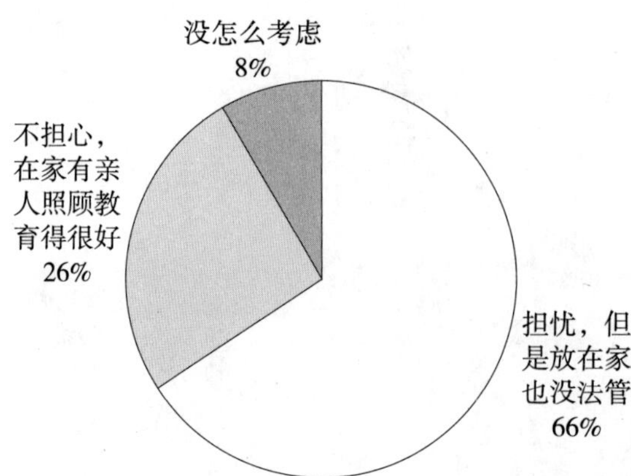

Q66：长期在外，你如何打发时间，排解无聊（多选）：

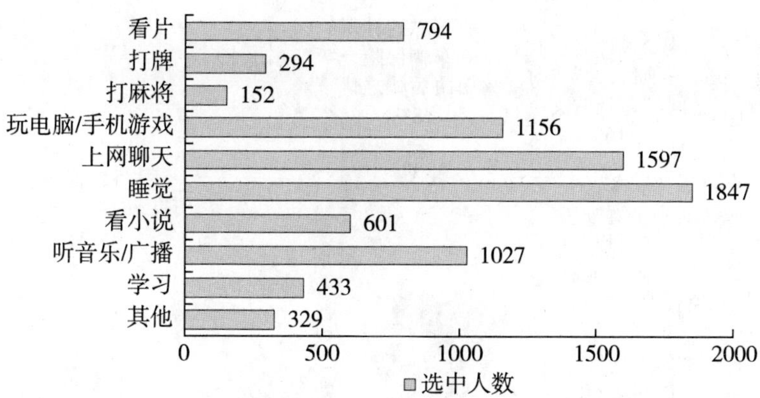

Q67：您日常是否有规律地坚持锻炼身体：

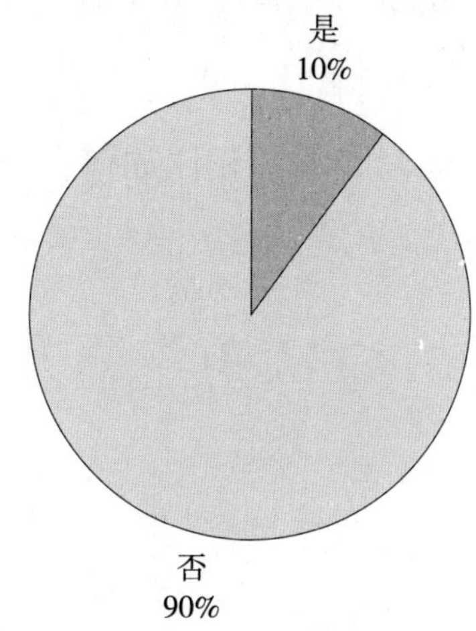

Q68：您认为目前从事货运面临的主要问题有哪些（包括车辆与驾驶员）？（多选）：

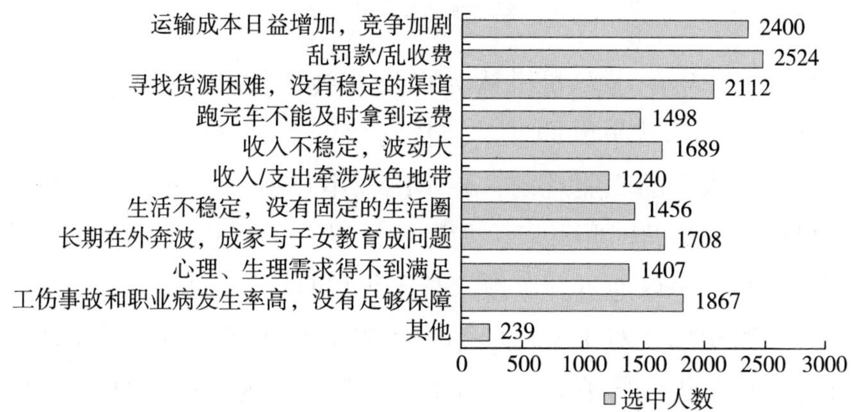

Q69：您最期望能改善的是：

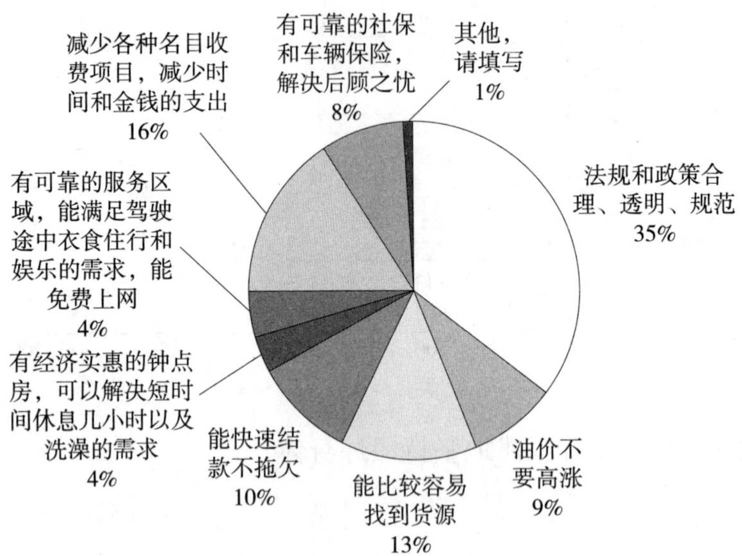

Q70：您认为现在跑货运与5年前相比如何：

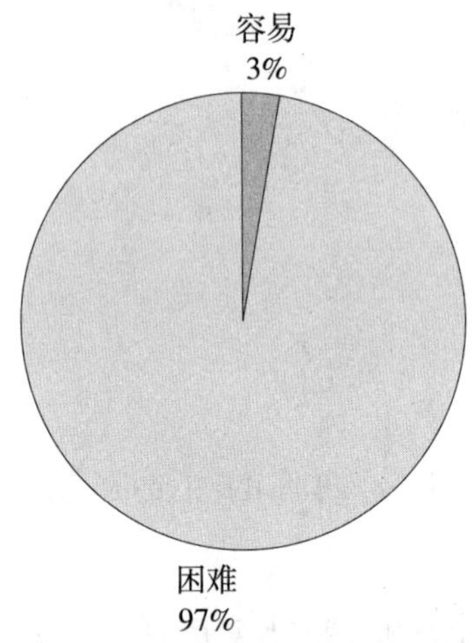

调查显示，58%的卡车司机认为自身社会地位低于一般水平，多数人并不是很认可自己所从事的职业。选择这个职业往往是出于偶然或者比较随意自由。对于未来的职业规划，38%的样本司机抱着先开车再说的想法，36%的司机认为目前暂时将开车作为过渡，以后会换其他工作，26%的司机则计划用心开车，争取通过开车致富甚至组建自己的车队。

长期在外跑运输，对于家庭的影响，59%的样本司机觉得有负面影响，30%的样本司机觉得没影响。对于生理/心理的影响，80%的司机认为由于不经常和家人在一起，影响比较大。至于子女看管问题，62%的司机的子女由配偶照看，32%的司机的子女由父母照看。对于子女的教育问题，66%的司机表示担忧，但是放在家也没法管。而由于长期在外，对于下一代缺乏足够的照顾与关爱。

司机在外跑货运时，也没有很好的文娱生活安排来打发时间，多数都是花在聊天/上网/看片/睡觉等事情上，只有10%的司机坚持有规律的锻炼身体。

在最期望能改善的问题中，35%的样本司机希望法规和政策能够进一步合理、透明、规范，16%的司机希望减少各种名目收费项目，减少时间和金钱的支出。

总体来看，97%的司机认为与五年前相比，跑货运更困难了。如何在艰难的环境下，提升从业人员的素质和行业发展水平，对行业转型升级和政府深化改革提出了新的挑战。

三、反映出的主要问题及诉求

1. 便利驾照资质获取和升级

目前，牵引车卡车司机上路需要具备A2驾照资质，但是从取得C照到取得A2资质至少需要6年时间，花费3万元以上。且目前法律规定扣分超过12分将进行降级处理，导致卡车司机增速难以满足市场需求。一些司机以B2驾照代替A2驾照从事货运工作，存在较大违规风险。

建议：放松卡车司机驾照资质考证年限规定，允许C照培训后直考，便利驾照资质获取。加快驾驶培训的市场化改革，鼓励司机通过市场化培训升级驾照资质，提升驾驶水平。调整相关交通违法扣分规定，放宽降级处罚政策，缓解卡车司机紧缺局面。

2. 简化证照办理和审验手续

卡车司机需要办理从业资格证、车辆营运证、经营许可证等资质，资质要求依然较多，监管内容、管理部门存在重复和交叉问题，导致政出多门，卡车司机往往无所适从。每年按照规定卡车司机还要返回车籍所在地进行年审培训验照等工作，普遍需要花费一到两周时间，花费数千元甚至更高，增加了司机负担。

建议：进一步推进简政放权，除危险品运输等专业性强、安全性要求高的道路运输进行行政许可外，取消或合并道路运输经营许可证、车辆营运证和道路运输从业资格证等证照资质，加快推进相关资质的网上办理、异地年审、网上年审、联合年审、异地培训等便民措施，简化资质办理和年审手续。充分利用公共信息平台，推进政府信息公开，实现部门间信息互联共享，便利司机信息获取、网上申请和审批检验。

3. 清理各项不合理收费

由于管理部门较多，政策不透明，管理不规范，卡车司机面临各种名目的收费，抬高了运输成本，增加了司机负担。国家明令禁止的收费一些地方还在变换名目继续收费。2016 年年初，交通运输部发布《道路运输车辆技术管理规定》（交通运输部令 2016 年第 1 号），不再强制要求对车辆进行二级维护作业，车辆二级维护检测收费和综合性能技术等级评定检测收费有望得到最终取消。但还缺乏地方实施具体细则，政策法规有待进一步落地。此外，高速公路通行费依然较高，一些地方陆续借助计重收费、ETC 联网的实施抬高收费标准，增加了司机负担。而且到期的收费公路，变换花样延长收费。

建议：进一步加强涉企收费管理，制定道路运输收费清单，进行社会公示。清单之内的涉企收费逐步减少收费项目，不在清单内的收费一律停止收费。尽快出台《道路运输车辆技术管理规定》实施细则，指导地方政策落地。公开收费公路收费标准和年限，严禁超标准、延期收费，逐步降低公路收费在运输成本中的比重。

4. 规范车辆路检执法

目前，卡车司机在一年中大部分都受过管理部门路上处罚，罚款问题较为普遍，仍然存在自由裁量权大、标准不统一，只罚不纠、缺乏举报、问责和处罚机制等问题。且路上执法部门较多，联动性不够，执法结果互不承认。路上执法程序不规范，随意性强，缺乏监督。存在“私了”“不开票”等逃避执法行为，一些地方出现“公路月票”怪象，形成了执法“灰色地带”和利益链条。此外，执法单位“以罚代管”“只罚不纠”现象依然存在，助长了超载超限风气，源头治理难以落实。

建议：规范车辆路检执法。整合规范公路监管执法主体，合并执法队伍，推进公安、交通等综合执法。实行执法结果部门间互认机制，解决重复罚款问题。清理各部门不同执法规定，制定统一的执法标准，建立执法自由裁量基准制度，细化、量化行政裁量权。明确路检执法程序，严格规范执法，严禁“只罚不纠”现象。设立公路罚款统一收缴平台，严禁在执法现场收取现金，统一在平台网上或代办点缴纳罚款。充分利用全国交通运输行业公路执法行风投诉举报电话，接受社会监督。

5. 防止卡车司机疲劳驾驶

目前，大部分卡车司机存在疲劳驾驶问题，直接影响交通安全和生命安全，以及从业人员的身体健康。同时，也存在货运业务波动较大，忙闲不均的问题，司机等配货、维修的等待时间较长，直接影响到个人收益保障。

建议：推行定时休息制度，防止疲劳驾驶，保障司机正常休假。鼓励设立卡车司机驿站，为卡车司机提供中途食宿、车辆保养、生活娱乐的场所。鼓励公路货运互联网公共平台发展，提供有效信息，减少等货时间，保障运输任务稳定，提高司机的收入水平。

6. 保障卡车司机身心健康

卡车司机常年在外，不能经常和家人在一起，家庭的温暖和关爱缺失。长期超负荷工作，业余文化生活和体育活动较为贫乏。由于工作时间不规律，工作环境艰苦，多数处于亚健康状态，普遍患有与职业相关的疾病。卡车司机大部分为个体司机，社会保险覆盖率低，社会保障力度不够。

建议：加强公路货运社会保障制度建设，形成全覆盖、可转移的卡车司机社会保障体系，提高行业福利和待遇水平。调动社会力量，丰富卡车司机的业余文化生活，关怀、关注“留守家庭”。设立关爱卡车司机公益基金，为遇到重大困难的卡车司机提供经济援助。

7. 方便个体司机开具增值税发票

目前，司机自有车辆占据较大比重，个体司机是我国公路货运业的运营主体。但是，个体司机被排除在税收征管体系之外，无法提供可供抵扣的增值税发票，导致“个体司机不能提供抵扣发票，而上游货运企业又需要发票抵扣”的矛盾，公路货运业增值税抵扣链条第一个环节就出现断裂，导致行业税负大幅增加。目前，行业中出现用超开燃油费发票抵消税负增加的现象，增加了企业的合规风险，也导致卡车司机工资被油卡替代，增加了司机工资变现成本。

建议：将个体司机纳入增值税征管体系，允许个体司机无论在车籍地、货物起运地、交货地或合同签约地，都能方便开具发票。允许劳务接受单位（通常为物流企业）为个体司机代开增值税发票。利用平台企业或物流园区，开发平台监管和开票的新型征管模式。鼓励个体司机代理经纪公司发展，为个体司机提供代理记账、代开发票等服务，完善公路货运增值税抵扣链条。

8. 解决代收货款难题

近年来，我国公路货运业“跑路”事件时有发生，究其原因，失控的“代收货款”成为最大隐患。由于代收货款从业门槛低和类金融特性，而公路货运行业缺乏完善的信用体系监管和引导，企业缺乏相应的财务管理体系和风险管控能力，挪用代收货款问题已成为影响行业健康发展的重要问题，亟待加以重视和研究解决。卡车司机作为代收货款的经手人，也面临较大风险。

建议：设置代收货款业务准入门槛，保障资金安全。制定相关服务标准，严格业务的细节管控，实施企业认证，完善信用体系。鼓励代收货款管控平台发展，推进银行、第三方支付、物流企业系统对接和风险共担。

9. 加大货运保险保障力度

目前，大部分卡车司机给车辆上了车辆保险，但是对于货运保险方面，货运险和货运责任险责任界定不清，权益保障不够，货运风险难以分散。目前，国家仅规定危险货物运输经营者为危险货物投保承运人责任险，对于一般货物运输没有明确规定。特别是随着无车承运人模式的探索，没有货运车辆而承担全程货运责任的无车承运人货运风险亟待保障。

建议：对于一般货运企业和个体司机，鼓励投保货运责任险。开展无车承运人试点时，明确规定需投保货运责任险。研究货运责任险格式合同，增强险种的科学性和合理性。

10. 有序推进非标车型治理

目前，我国货运车辆中，栏板车仍占了较大数量，主要原因是零散货物仍然是主要货源，货物集装化、单元化比例低。在散货干线运输中，17.5米低平板运输车凭借其载运能力依然是主力车型之一。受市场竞争压力影响，车辆非法改装、超载超限问题依然存在，非标车型淘汰难度较大。目前，国家加快淘汰黄标车速度，国四排放标准正式实施，在一些城市加快落地。但是，黄标车淘汰速度达不到预期任务，货运车辆节能减排任重道远。

建议：推广先进技术，提高安全标准，为卡车司机提供更加安全舒适、节能经济的货运车辆。继续推广甩挂运输，鼓励货物集装化和带板运输。在高等级公路，加快试点和推广模块化运输，研究探索重载高速公路的建设和运营。参考新能源车辆推广模式，充分利用市场化手段，对黄标车淘汰和国四排放车辆更新提供财政支持，鼓励 LNG（液化天然气）等清洁能源车辆发展，引导不符合排放标准的车辆逐步退出市场。淘汰非标车型时，应充分考虑个体司机承受能力，保证平稳有序过渡。

11. 尽快开展无车承运人试点

目前，随着一轮车货匹配 APP 的“大跃进”式发展，大部分卡车司机都潜移默化地接受了线上线下融合发展模式。货运互联网平台整合了大量分散的卡车司机资源，承担货物运输责任，减轻了政府管理压力，有效推进了市场集约化发展。但是，按照现行政策规定，轻资产的互联网平台无法获得道路经营资质，无法从事货运运输业务。此外，在税收征管、保险保障等方面还存在较多问题，影响了互联网平台的健康发展。

建议：尽快出台无车承运人试点政策，鼓励公路货运互联网公共平台参与，承担承运人责任，整合分散的卡车司机资源，利用大数据保障交易真实性，提升市场集约化水平。研究解决货运互联网税收征管、保险责任等问题，保证无车承运人政策的顺利落地。

12. 形成关爱卡车司机的社会氛围

目前，卡车司机普遍认为自身社会地位低于一般水平，对自我职业的认同度低。卡车司机相对来说是一个弱势群体，虽然中国物流与采购联合会等行业协会关注这个问题，近年来中央电视台就相关问题也做了较集中的报道。但总体来看，这个群体的声音还比较弱，行业认同感比较低，社会尊重度不高。

建议：推动卡车司机代表进入各级人大，与货运物流相关行业协会的代表进入各级政协，增加卡车司机群体的话语权。开展星级司机评定工作，建立卡车司机诚信信息联网共享和信息披露机制。完善行业诚信指标体系，加强行业自律和规范发展。开展全行业优秀卡车司机评选工作，表彰先进人物，传播感人事迹，提高行业认同感和社会参与度。在报刊、电台、电视台增设专业栏目和频道，营造尊重卡车司机的良好氛围。

2015 年，交通运输部、公安部、全国总工会与中国物流与采购联合会等单位联合发起“关爱卡车司机倡议”。中国物流与采购联合会公路货运分会作为倡议实施单位，将积极推进系列关爱卡车司机活动，真正让卡车司机实现体面工作、幸福生活。

（本报告由中国物流与采购联合会公路货运分会轮值会长单位——新杰物流集团股份有限公司具体负责执行）

中小公路货运企业经营情况报告

中国物流与采购联合会公路货运分会

二〇一六年一月

一、调查综述

按照中国物流与采购联合会公路货运分会一届二次理事会议定事项，由上海卡行天下供应链管理有限公司具体负责“中小公路货运企业经营情况调查”的执行工作。调查主要面向公路货运市场中的主体——中小货运企业，调查时间从2015年7月到9月，共收到调查样本540份，涵盖了全国17个省市。

二、经营情况

1. 主营业务

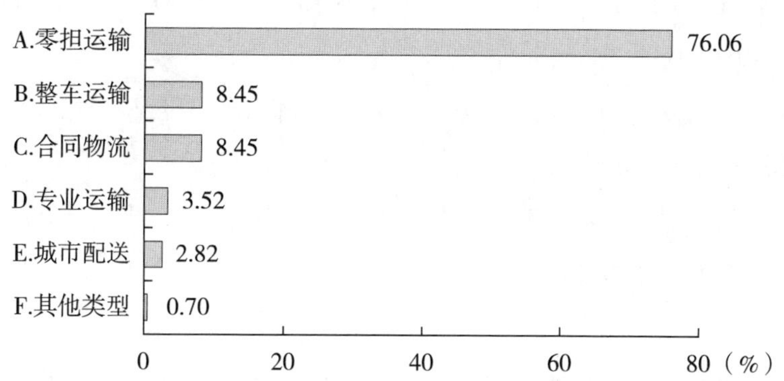

在样本企业中，零担运输企业占76.06%，整车运输占8.45%，合同物流占8.45%。

分析：

中小货运企业中零担运输企业占主要地位，市场货运需求以零担业务为主。

2. 企业基本情况

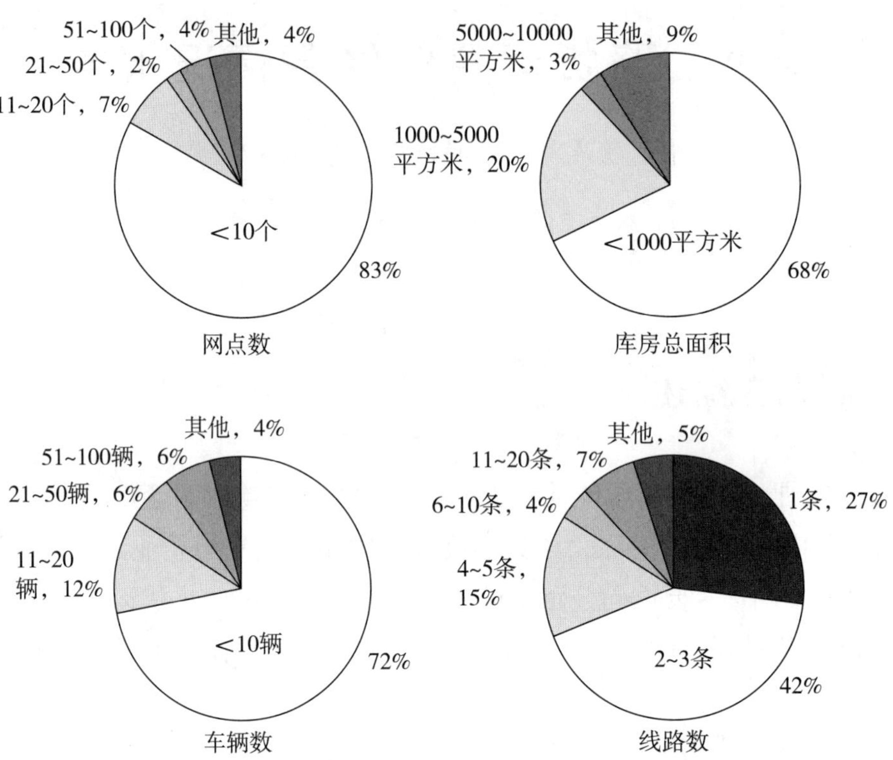

在样本企业中，网点数在 10 个以下的企业占 83%，11 ~ 20 个的占 7%，21 ~ 50 个的占 2%，51 ~ 100 个的占 4%。

库房总面积在 1000 平方米以下的占 68%，1000 ~ 5000 平方米的占 20%，5000 ~ 10000 平方米的占 3%。

车辆数在 10 辆以下的占 72%，11 ~ 20 辆的占 12%，21 ~ 50 辆的占 6%，51 ~ 100 辆的占 6%。

线路数 1 条的占 27%，2 ~ 3 条的占 42%，4 ~ 5 条的占 15%，6 ~ 10 条的占 4%，11 ~ 20 条的占 7%。

分析：

非网络型中小企业占比高，车辆不集中，市场较分散，点对点的线路运输是企业的主要运输方式。

非网络型运输方式要求快速周转、灵活调配，对于库房需求总体不大。

三、营业收入

1. 营业额

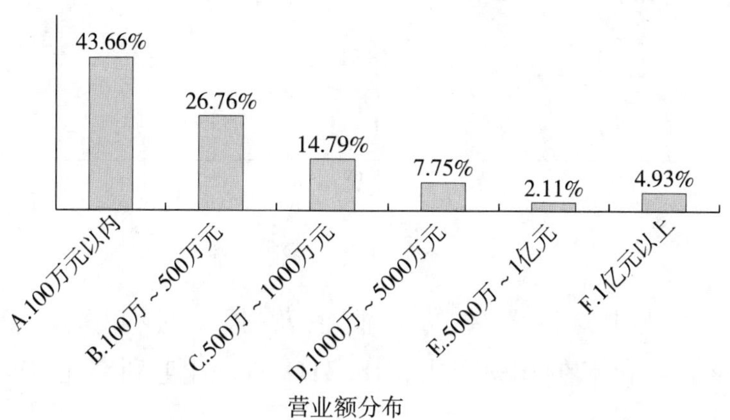

营业额分布

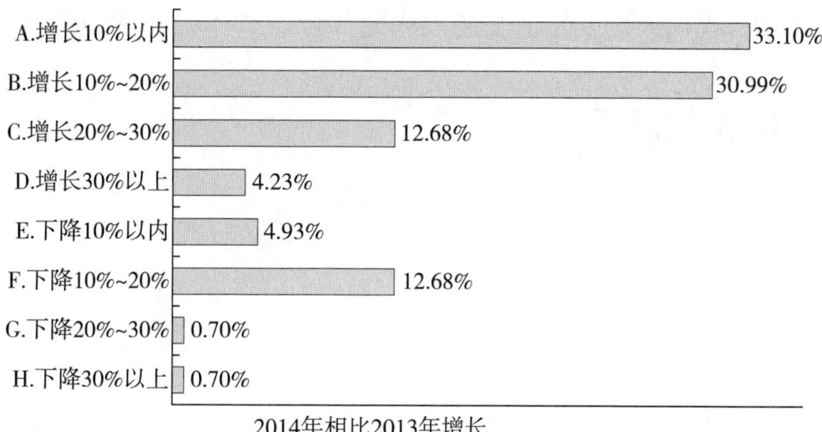

2014年相比2013年增长

在样本企业中，2014 年营业额在 100 万元以内的占 43.66%，100 万～500 万元的占 26.76%，500 万～1000 万元的占 14.79%。

与 2013 年相比，33.1% 的企业增长 10% 以内，30.99% 的增长 10%～20%，12.68% 的增长 20%～30%。12.68% 的下降 10%～20%，4.93% 的下降 10% 以内。

分析：

中小物流企业大部分收入在 500 万元以内。

物流是反映国民经济的晴雨表，12.68% 的企业下降 10%～20% 值得关注。

2. 主营业务毛利率

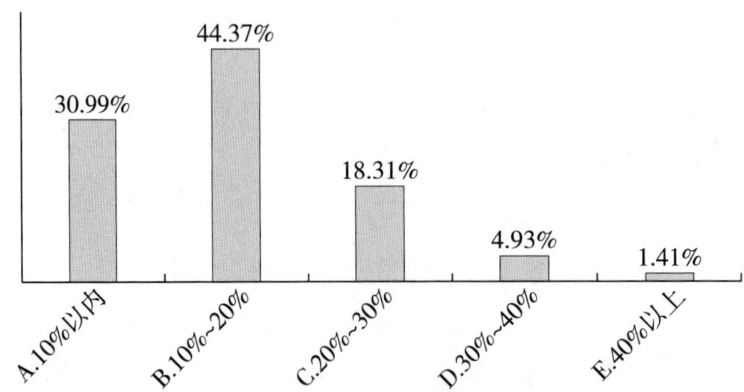

在样本企业中，44.37%的企业主营业务毛利率在10%～20%，30.99%的企业毛利率在10%以内，18.31%的企业毛利率在20%～30%。

分析：

毛利率在20%以下的企业占绝大部分，行业整体毛利率偏低。

四、代收货款业

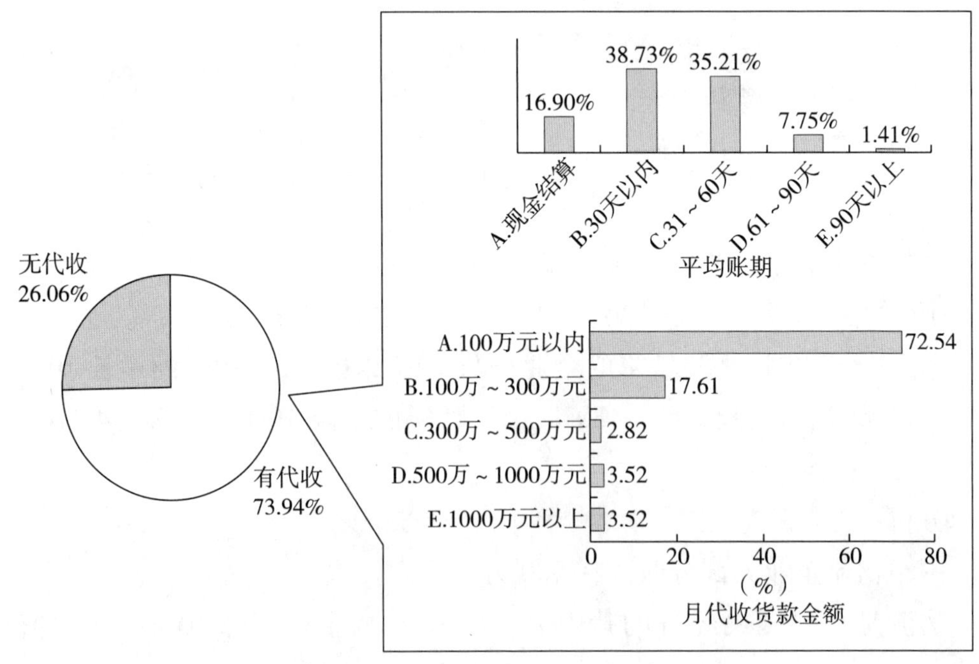

在样本企业中，73.94%的企业存在代收货款业务。

其中，月代收货款金额100万元以内的占72.54%，100万元~300万元的占17.61%。

企业平均账期在30天以内的占38.73%，31~60天的占35.21%，现金结算的占16.9%。

分析：

中小企业普遍存在代收货款业务，金额大部分在100万元以内，回款账期基本在60天以内。

企业现金结算比较低，垫付资金多，资金压力大。

五、其他信息

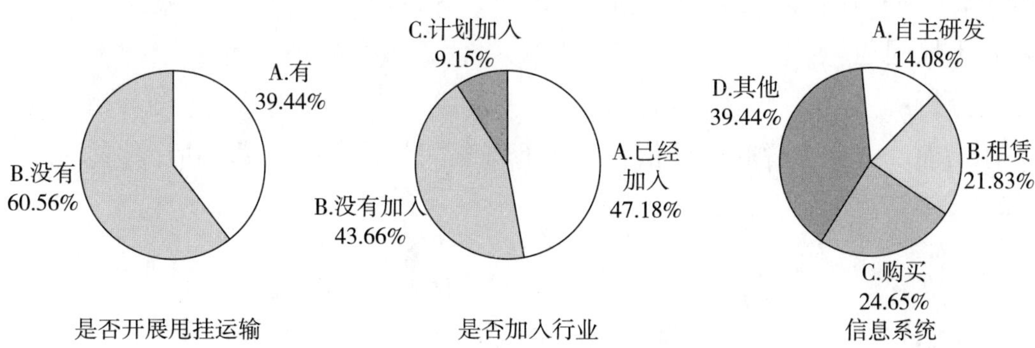

在样本企业中，60.56%的企业没有开展甩挂运输；47.18%的企业已经加入各类行业联盟；39.44%的企业没有信息系统；24.65%的企业购买信息系统；21.83%的企业租赁信息系统。

分析：

甩挂运输在中小企业中应用还没有普及；中小企业希望通过联盟合作实现抱团取暖；中小企业中没有建立信息系统的较为普遍。

六、经营环境

1. 企业最关注的经营环境问题

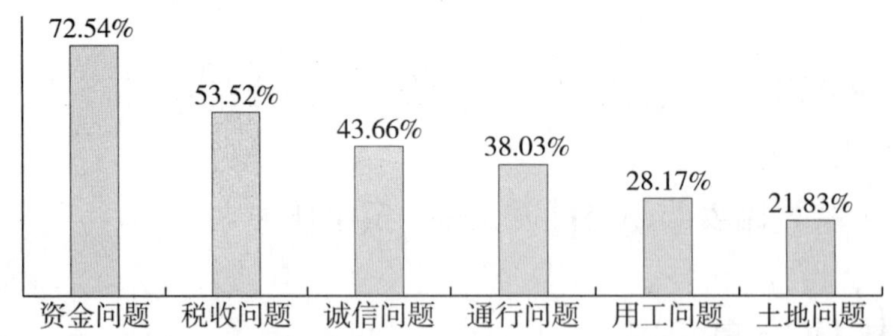

在样本企业中，资金问题最受关注，占 72.54%；税收问题居第二位，占 53.52%；诚信问题第三，占 43.66%；此外依次还有通行问题、用工问题和土地问题。

分析：

当前，资金、税收、诚信是中小企业最关注的三项经营环境问题。

2. 资金问题

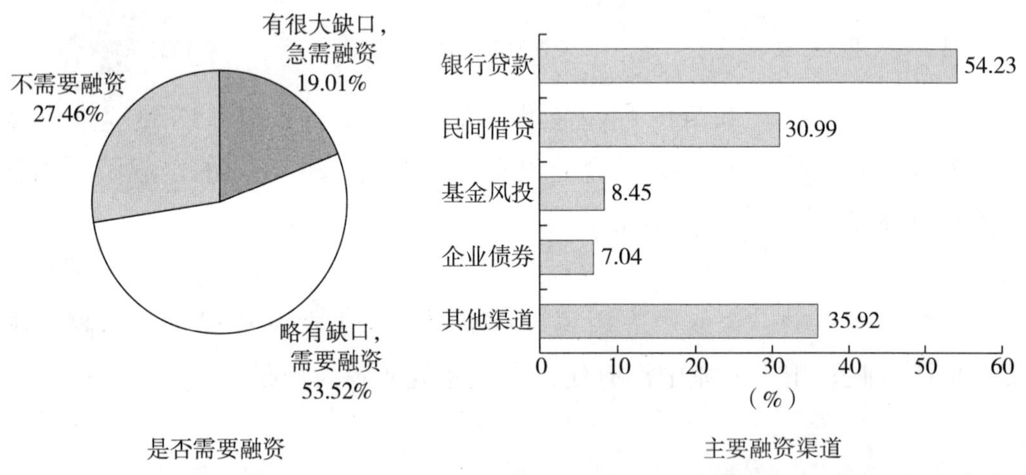

是否需要融资　　　　主要融资渠道

在样本企业中，53.52% 的企业略有缺口，需要融资，19.01% 的企业有很大缺口，急需融资。融资渠道中，54.23% 的为银行贷款，30.99% 的为民间借贷。

分析：

大部分中小企业存在一定的融资需求。融资的主要渠道为银行贷款，由于缺乏可抵押物，民间借贷在行业内较为普遍。

3. 税收问题

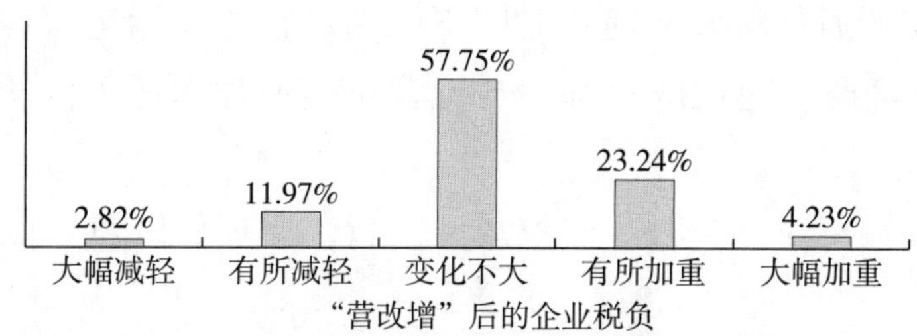

在样本企业中，57.75%的企业认为“营改增”后税负变化不大，23.24%的企业认为有所加重，4.23%的企业认为大幅加重。

分析：

由于大部分中小企业是小规模纳税人，税收征缴渠道不畅，对税制调整敏感度不强。

4. 诚信问题

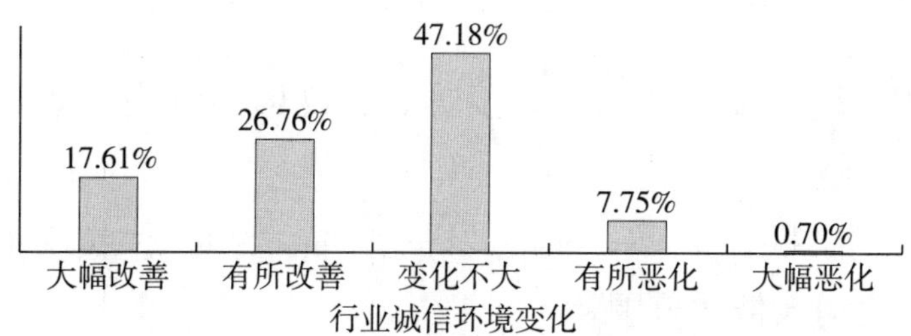

在样本企业中，47.18%的企业认为当前行业诚信环境变化不大，26.76%的企业认为有所改善，17.61%的企业认为大幅改善，7.75%的企业认为有所恶化。

分析：

随着市场日益规范，行业整体诚信环境逐步改善。

七、诉求建议

1. 货车限行及通行证办理方面

（1）规定的通行路段和通行时间不能满足企业实际运营需求，影响企业正常的日常经营。建议政府部门与行业企业加强沟通，科学设计、合理规划。

（2）货车限行时间过长。建议放开限行，用环保绿色车队代替通行证管理。

（3）申请通行证的流程比较烦琐，获取难度大。建议通行证办理点设置更加方便，简化办理流程。

（4）存在一些灰色地带，正规企业拿不到通行证。建议增加透明度，正规物流企业顺利办理通行证。

（5）建议开设城市配送绿色通道。

2. “营改增”及其他税费方面

（1）“营改增”实施后，税率设置偏高，企业负担加重。建议统一增值税税率为6%。

（2）零担车辆以及个体司机开票难。建议尽快解决个体司机和小微企业开票问题。

（3）没有发票抵扣来源，过路过桥费不能抵扣，税收成本太高。建议过路过桥费尽快纳入抵扣范围。

（4）建议简化税收征缴步骤，优化流程。

3. 甩挂运输方面

（1）甩挂运输可提高拉运效率，提高车头利率效率，减少车流量，结合LNG燃料，可减少尾气排放，绿色环保。建议如货源充足，可充分利用甩挂技术，避免造成资源浪费。推广绿色货运相关技术和方案。

（2）建议深化试点工程，引导货主、运输企业共同参与，给予指导和补贴。

（3）建议加强企业间合作，搭建合作平台。

（4）投资要求大，政策享受不到。建议降低投资门槛，提高政策覆盖面。

（5）有兴趣，无实力，缺资金。建议搭建公共服务平台，降低进入门槛。

4. 资质获得和检审方面

（1）车辆运营证的年审和车辆年检雷同，驾驶员从业资格证和驾驶证类似，却分属不同政府部门管理，给企业造成相当多的麻烦。建议合并资质或合并年审。

（2）建议取消从业资格证。

（3）验证频率太高。建议降低验证频率。

（4）建议简化办理流程。

（5）建议车辆二级维护费用尽快取消。

5. “无车承运人”方面

（1）建议简化申报流程，放宽资质办理条件，对达到一定规模和条件，没有自备运输工具的无车承运人给予道路运输经营资质。

（2）建议支持无车承运人，解决开票与抵扣问题。

（3）建议科学设计制度，规避市场混乱，因为参与者多是小车队，个体户，需要引导。

（4）建议通过信息化手段，真正做到运力的资质审核与培养。

6. 企业融资方面

（1）建议放宽物流企业上市条件，畅通融资渠道；银行贷款方面，建议放宽贷款条件，适当降低利率。

（2）建议扩大担保人范围。

（3）建议设立物流银行。

（4）建议降低贷款门槛，简化放贷审批。

（5）建议充分利用企业运营数据，通过大数据方式，融资办理更加方便。

7. 其他方面

（1）路面行政执法存在不规范，给运输环境造成了极大的负面影响。建议充分发挥社会监督作用，严格治理公路“三乱”。

（2）建议政府部门专门规划物流用地，促进物流经营场所集中，节约集约利用土地。

八、调查总结

本次调查地区分布较广，参与企业多，基本能够代表目前中国中小公路货运企业现状。

从调查可以看出，中小货运企业普遍存在收入较低、网络规模小、经营方式单一、资金压力大、经营成本高、融资困难等情况，需要得到各方更多关注和支持。

调查收集到的建议，都是针对中小物流企业实际经营中的难点和痛点，务实可行，希望有关部门加以重视，协调解决。

无论是“营改增”还是其他各项政策对行业的调整，最先受益或影响的基本为大型企业，中小型企业受到的影响较小。希望有关部门重视发挥中小企业的作用，推动货运行业的专业化、组织化、集约化工作。

中国物流与采购联合会公路货运分会将持续关注中小货运企业经营状况，积极反映行业诉求，落实政策宣贯，加强行业自律，通过多种方式，提升运营合理化水平。

调查报告每年调查一次，我们将持续完善。

（本报告由中国物流与采购联合会公路货运分会轮值会长单位——上海卡行天下供应链管理有限公司具体负责执行）

公路货运效率指数简介

中国物流与采购联合会公路货运分会

二〇一六年一月

一、公路货运效率指数的背景

按照中国物流与采购联合会公路货运分会一届二次理事会议定事项，由深圳市易流科技股份有限公司负责中国物流与采购联合会公路货运分会公路货运效率指数研发工作。易流科技组建了专门团队负责该项工作，搭建了基于几十万辆车运行轨迹的大数据分析模型，经过半年多的努力，效率指数逐渐成型、稳定。

2015 年累计发布 11 期指数（从 2 月开始）。从 2015 年 7 月开始，指数所表现的变化趋势逐渐稳定。

二、公路货运效率指数工作内容

公路货运效率指数的相关工作，主要有三个方面：算法修正、样本更新、指数上报。

1. 算法修正

（1）最初的公路货运效率指数的公式为：

月货运效率指数（Sm）：

$$Sm = [(Ta - T)/T \times 50\% + (Oa - O)/O \times 50\% + 1] \times S$$

其中：

Ta：月均单车时长，即样本车辆月均单车有效运行时长；

Oa：月均单车里程，即选样本车辆月均单车有效运行里程；

T：基准月单车时长，2014 年月均单车时长；

O：基准月单车里程，2014 年月均单车里程；

S：基准货运效率指数，$S=100$。

指数自 2015 年 2 月第一次计算并发布，根据 2 月、3 月、4 月的数据计算结果表现，数据波动较大，结果不是很合理。经过深入分析后分别在 2015 年第 5 期及 2015 年第 7 期进行了两次较大的改动。

（2）目前指数的计算方式：

月指数为同一月内日指数的平均。若 n 为当月天数，则月货运效率指数为：

$$(S_m) = \sum_{i=1}^{i=n} S_{di}$$

日货运效率指数为：

$$(S_d) = \frac{(T_d - T)}{T} \times 50\% \times S + \frac{(O_d - O)}{O} \times 50\% \times S + S$$

其中：

T_d：日单车时长，所选样本车辆平均每日每车有效运行时长；

O_d：日单车里程，所选样本车辆平均每日每车有效运行里程；

T：基准日单车时长，2014 年日均单车时长；

O：基准日单车里程，2014 年日均单车里程；

S：基准货运效率指数，$S=100$。

先算出日货运效率的优点，一是能够避免月份天数不一致造成的指数波动；二是能够避免月初报废车辆和月末新增车辆的变动导致的指数波动。

2. 样本更新

随着在线车台数的增加，数据量在增大，样本结构在变化，需要在取样上不断地做调整。指数计算的样本数据，来自易流平台的车辆，按牵引车、吨车、专用车三大类的固定比例（牵引车: 吨车: 专用车 =0. 35: 0. 6: 0. 05）选取样本。

（1）平台的总车辆数与样本容量变化。

如图 1 所示，随着平台在线车辆数的增加，样本容量也在增加，但样本容量的增长速度要低于平台总车辆数的增长速度。这是由于样本的车辆构成比例需要严格按照（牵引车: 吨车: 专用车 =0. 35: 0. 6: 0. 05）的比例；此外，平台中有超过33%的车辆没有备注车型，从而无法被选入样本。

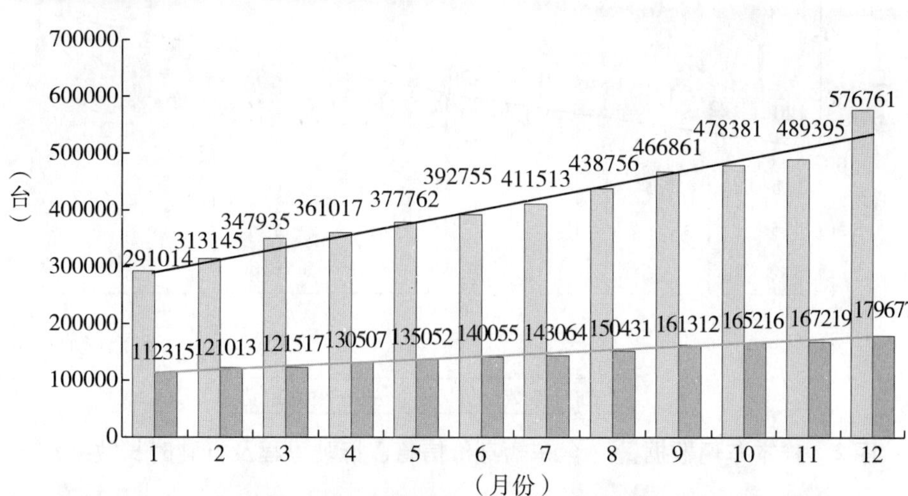

图1　在线车台数与可用样本容量变化

（2）车辆样本的筛选工作比较烦琐。

指数计算所选取的车辆样本是动态性的，每天都有变化。变化的原因，一方面，由于平台车台数的增长，需要对新增长的部分安装车型比例要进行样本筛选；另一方面，由于车辆报废、掉线、停运、设备拆移等导致样本变化，需要调整样本的车型比例。

样本更新是指数计算的日常工作，2015 年投入比较多的时间和精力。随着数据的增加，样本筛选变得越来越烦琐。而目前指数计算平台还不能做到智能筛选样本，因而需要投入比较大的人力成本。

3. 指数上报

自 2015 年 7 月以来，效率指数每月初 3 ~ 5 号计算，经过易流内部审核点评，并于 7 号左右上报给中国物流与采购联合会周志成会长。

4. 全年工作量统计

指数工作主要包含模型（公式）、算法修正、指数计算等方面，需要投入专业的团队来处理数据样本以输出指数结果。

（1）样本处理的数据量。

随着车辆样本容量的增加，每个月的样本数据都有变化，如图 2 所示。

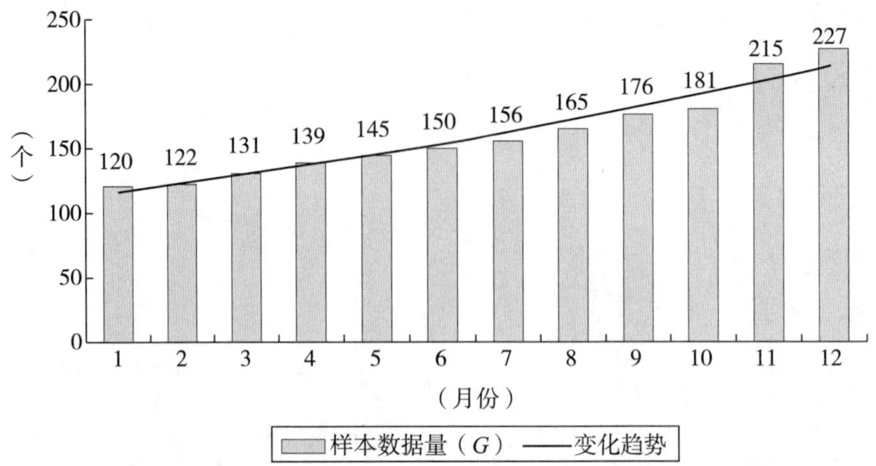

图 2　样本车辆数据量（含车辆身份信息、行驶里程及行驶时长数据）

（2）投入的工作时间和人数。

易流成立了指数工作小组，日常的指数计算工作由张少帅负责。为加强指数工作，5 月调王锡萌博士（在读，西安交通大学管理学院）加入工作小组，负责指数的算法研究工作。根据工作日志粗略统计，在指数工作上，全年投入的工时至少为 960 个小时（120 个工作日）。如下表所示。

易流指数工作小组

月份	投入工作的时间（小时）	参与人数	指数工作小组成员
1	75	3	南兴军、张少帅、石忠佳
2	100	3	南兴军、张少帅、石忠佳
3	25	3	张少帅、南兴军、石忠佳
4	27	3	张少帅、南兴军、石忠佳
5	65	4	张少帅、王锡萌、南兴军、石忠佳
6	200	4	张少帅、王锡萌、南兴军、石忠佳
7	120	4	张少帅、王锡萌、南兴军、石忠佳
8	70	4	张少帅、王锡萌、南兴军、石忠佳
9	74	4	张少帅、王锡萌、南兴军、石忠佳
10	70	4	张少帅、王锡萌、南兴军、石忠佳
11	75	4	张少帅、王锡萌、南兴军、石忠佳
12	60	4	张少帅、王锡萌、南兴军、石忠佳
合计	960	—	—

三、公路货运效率指数的数据表现

1. 2015 年指数数据表现

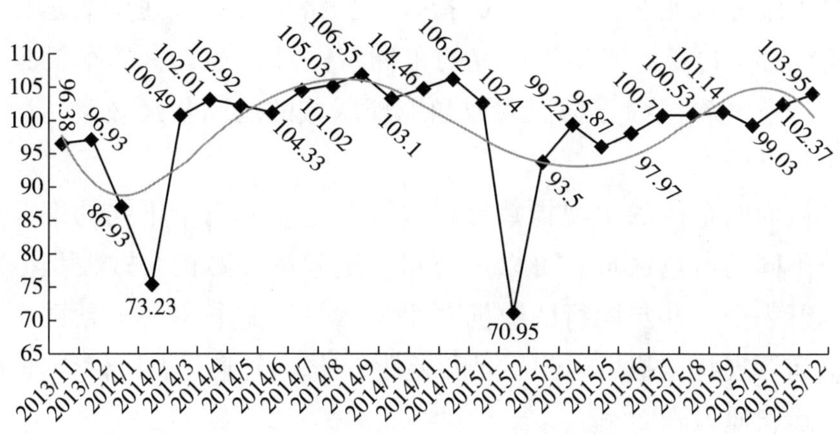

图 3　2015 年公路货运效率指数的数据表现

2. 分析数据表现与宏观经济的关联

从图 3 的公路货运效率指数的表现来看，2015 年的指数变化曲线与 2014 年相似，呈现相对一致的变动，这说明公路货运有相对稳定的周期变化。2015 年上半年 6 个月的指数水平都低于 100，下半年有 5 个月勉强高于 100，但全年的平均水平低于 100，表明 2015 年公路货运行业出现一定程度的萧条。

从指数表现来看，表明公路运输业受宏观经济影响十分明显。将公路货运效率指数与中国物流业景气指数（LPI）相比较，整体趋势相似，但公路效率指数值的变化更加灵敏。尤其在微观表现上，如日效率指数对国庆、新年、周末等各种假期的反映非常直观。

四、2016 年效率指数工作计划

易流科技受中国物流与采购联合会公路货运分会委托，2016 年将围绕

“以指数为抓手，协同推进高效运输”的指导思想，持续做好公路货运效率指数相关工作，主要有以下三点想法：

一是做好指数开发的延续性工作。把工作做深、做精。可以在样本容量和样本比例的合理性等方面再下功夫，在合适的时机推出公路货运效率指数的“周指数”和“日指数”。

二是做细分行业和细分区域的指数。公路货运有长途干线运输、城市配送；有快递、冷链、零担等；有的车辆跨区域作业，有的车辆只在一定的区域内作业。深挖细分物流领域和地理区域的公路货运效率指数，还有很多的工作可以做。

三是做面向企业的微观指数分析。每个企业都属于不同的细分物流领域，属于不同的市场区域。可以用公路货运效率指数的公式模型分析企业的车辆运行表现，并与同行的数据（平均水平）进行对标，帮助企业把握自身车辆运营现状，找出运营不足和差距，推动企业开展运营合理化工作，提升企业运营质量和效率。

（本指数由中国物流与采购联合会公路货运分会副会长单位——深圳市易流科技股份有限公司提供技术支持）

关爱卡车司机倡议书

二〇一五年六月　中国　镇江

物流业是基础性、战略性产业，公路货运是物流运行的主动脉，是经济社会发展不可或缺的基础性运输方式，卡车司机是当之无愧的主力军。3000万名卡车司机常年奔波在路上，挥洒汗水、浇灌梦想。他们的辛勤劳动，服务着千万家企业，连接着亿万个家庭。

劳动最光荣、劳动最崇高、劳动最美丽。卡车司机的劳动创造应该获得全社会的尊重，更应该获得合理的回报。他们需要稳定的收入待遇，需要良好的工作条件，需要公平的市场环境，他们更需要温馨的家庭关爱、平等的社会认可和尊重。

为让卡车司机体面工作、幸福生活，我们倡议发起“关爱卡车司机”行动：

我们倡议：推进综合运输体系建设，科学确定道路货运的发展定位。优化综合运输组织模式，逐步引导长途重载运输向铁路、水运转移，通过发展接驳甩挂、共同配送等组织方式，保障每一位卡车司机能够适时休息、按时回家，降低劳动强度，推动运输生活方式的变革。进一步简化行业证照办理和审验程序。发布运价指数，引导行业公平议价、良性竞争。规范涉路执法行为，为行业发展营造公平、公正的发展环境。

我们倡议：营造平等、和谐、包容的工作环境。货主企业尊重卡车司机的劳动创造，不一味压低运价，及时支付运费，不占压物流企业资金。物流企业不拖欠司机工资，保证他们的合理薪酬和福利待遇。推行定时休息制度，防止疲劳驾驶，保障司机正常休假，让卡车司机享受与家人团聚的欢乐。物流园区、货运场站通过贴心的生活服务，让司机工作更轻松、身心更健康。通过便捷的信息平台服务为卡车司机提供真实有效的货运信息，减少配货等待时间。

我们倡议：卡车司机文明行车，不超速、不超载、不疲劳驾驶、不野蛮危险驾驶，保障驾驶安全。不开带病车，自觉抵制非法改装、超限超载、恶意竞争等行为。提倡礼让行车、文明装卸，维护行业群体形象。

我们倡议：提高卡车装备制造人性化水平。倡导人性化设计理念，为卡车司机提供更加安全舒适、节能经济的货运车辆。推广空气悬挂技术、ABS、降噪装置等先进适用技术装备在货运车辆上的普及，降低驾驶劳动强度，提升安全保障水平。

我们倡议：关心卡车司机的身心健康。为卡车司机提供卫生常识、心理健康咨询以及定期体检等健康保障服务，预防职业病，疏导心理压力。开展送文化志愿活动，组织卡车司机参加健康有益的文体活动。设立关爱卡车司机公益基金，为遇到困难的卡车司机及其家属提供经济援助。开展卡车司机从业状况调查，倾听卡车司机的心声和诉求，唤起全社会更多人对这一群体的关注、关心和关爱。

我们倡议：为卡车司机提供公益性法律援助。设立法律咨询服务热线，建立法律援助服务团队，为卡车司机提供交通运输、事故处理、劳动保障等法律咨询等法律援助服务，增强卡车司机的法律意识，提高他们依法维权的能力。

我们倡议：营造关爱卡车司机的舆论环境。开展“星级司机”评定和“中国好司机”评选活动，加大对卡车司机群体的宣传力度，表彰先进人物，传播感人事迹，展现卡车司机的风采，提高对行业的认同感，形成全“关爱卡车司机”的良好氛围。

让我们人人都献出一份爱心，共同参与关爱卡车司机行动。让卡车司真正实现体面劳动、幸福生活，让货运行业成为具有吸引力、充满朝气和活力的行业。

发起单位：	交通运输部运输服务司	公安部交通管理局
	中国海员建设工会全国委员会	中国物流与采购联合会
	中国道路运输协会	惠龙易通国际物流股份有限公司
	传化物流集团有限公司	德邦物流股份有限公司
	新杰物流集团股份有限公司	中国联想集团
	中国重汽集团	卡车之家
	山东省交通法学会	物留客——物流教育互联网平台
	卡友地带	中国交通报
	现代物流报	交通科技传媒

中国物流与采购联合会公路货运分会简介

The Sub Committee for Freight Industry of CFLP

中国物流与采购联合会公路货运分会是中国物流与采购联合会在公路货运领域的专业分支机构，是全国性的行业组织。

会员由中国境内从事运输、配送及相关物流服务的企业和装备设施提供企业、货主单位以及社会团体、咨询机构、科研院所、高等院校等单位组成。

分会作为政企之间、行业之间、企业之间的桥梁和纽带，以“反映企业诉求、把握行业趋势、关爱卡车司机”为定位，努力打造成为货运与物流行业的“会员之家”！

——反映诉求、争取政策的主渠道；
——结交朋友、获取商机的朋友圈；
——行业自律、创新发展的推进器。

分会采取会员制，吸收相关企业和单位入会。

分会选举理事单位和副会长单位，会长单位实行轮值制。

分会设立专家委员会，由业界资深人士、著名专家以及对行业发展有较大贡献和影响的人士组成。

分会秘书处设在中国物流与采购联合会，负责分会日常工作。

微信平台：

入会微信申请：

分会联系人：陈征（15210612351）

联系电话：010 - 58566558 - 190　58566588 - 113

E - mail：glhyfh56@ 163. com